GALIENO

O IMPERADOR QUE SE DOBROU AO CRISTO DE DEUS

MARCELLUS CAMPÊLO

GALIENO

O IMPERADOR QUE SE DOBROU AO CRISTO DE DEUS

PELO ESPÍRITO JOEL

2ª Edição

MANAUS, AM

CASA BENDITA

2015

Dados Internacionais de Catalogação na Publicação (CIP)

Joel (Espírito).
Galieno: O Imperador que se dobrou ao Cristo de Deus / Marcellus Campêlo ; pelo espírito Joel. -- 2. ed. – Manaus : Casa Bendita, 2015.
325 p. ; 23 cm.

ISBN 978-85-65300-04-9

1. Espiritismo. 2. Psicografia. I. Campêlo, Marcellus. II. Título.

CDD 133.93

Composição e editoração:
Casa Bendita
Fundação Allan Kardec (FAK)
Av. Mario Ypiranga, 1507, Adrianópolis
69057-001 – Manaus, AM – Brasil
Fone: (92) 3642-6638
http://www.faknet.org.br

Projeto gráfico: Edson Queiroz e Gleise M. T. de Oliveira

Capa: Mayana Nobre

Edição (2011): 1.000 exemplares
2ª Edição (2015): 1.000 exemplares

"A ilustração da capa foi baseada em busto de Galieno, pertencente ao acervo do Museu do Louvre (Paris, França)."
"A ilustração de abertura dos capítulos foi baseada no 'Arco de Galieno', construção que perdura até os dias atuais, em homenagem ao imperador e Salonina (Roma, Itália)."

O produto da venda desta obra é destinado à manutenção das atividades assistenciais da FAK, de Manaus, AM e da Sociedade Boa Nova, de Catanduva, SP.

SUMÁRIO

PREFÁCIO À 2ª. EDIÇÃO

A primeira edição desta obra veio à lume sob o título de "Galieno". O sucesso foi imediato em âmbitos institucional, regional e nacional. Editada sob responsabilidade da Fundação Allan Kardec, por meio de sua editora Casa Bendita, mas distribuída para todo o Brasil pela Boa Nova, essa primeira versão rapidamente esgotou-se, e as demandas por uma segunda edição intensificaram-se.

Antes, porém, de proceder a uma nova edição, a instituição entendeu útil coletar impressões do distribuidor, sondar opiniões de leitores e suscitar, entre seus próprios dirigentes, reflexões sobre o que requereria ajustes. E, de fato, surgiram aspectos relevantes, a começar pelo título e pelo formato. O primeiro deveria ser mais atraente, uma vez que "Galieno" parecia pouco atingir os potenciais interessados. O segundo teria que ser alterado em suas dimensões com vistas a se ajustar a tendências de mercado.

Dos ajustes, os mais significativos foram a mudança do título – nesta edição escolhido a partir das palavras dirigidas a Galieno por um dos personagens centrais da obra (Domênico

Lúcio) – e a inclusão de informações históricas no posfácio, intitulado Galieno e a História.

As principais alterações de conteúdo do posfácio visam a enfatizar a visão institucional acerca do imperador Galieno e da presente obra, construída com base no amplo e sistemático trabalho de pesquisa, e cujas conclusões podem ser sumarizadas da seguinte forma: Galieno tinha cumprido um importante papel na implantação do Cristianismo na Terra; por razões políticas, sua memória permaneceu distorcida por mais de 1.700 anos; no início do século XX, haviam sido iniciadas pesquisas que implicavam em completa reviravolta no que se sabia a seu respeito; a tese belga e o trabalho australiano referidos no prefácio da primeira edição representavam, em língua inglesa, as mais amplas, atualizadas e recentes obras sobre ele, e a obra "Galieno" estava, no geral, de acordo com essas novas visões da História.

Com isso, espera-se contribuir para que o obscuro tratamento que a História oficial dedicou a Galieno seja revisto, a fim de que se lhe conceda a honrosa condição de "o imperador que se dobrou ao Cristo de Deus".

Também foram identificados e corrigidos equívocos de grafia, parágrafos que exigiam maior clareza, além de passagens que demandavam esclarecimentos doutrinários.

Para os que nos envolvemos com sua revisão, na primeira e nesta edição, a obra porta valores especiais. Ao lado da trama envolvente, desfilam os grandes movimentos da História, levando-nos à compreensão de que se os homens fossem mais dóceis aos planos superiores, o progresso coletivo não se faria tão árduo, demorado e sofrido.

É com esse sentimento que a Fundação Allan Kardec, por meio de seus trabalhadores, honra-se em colocar em tuas mãos, nobre leitor, a nova edição desse inusitado e marcante livro. Esperamos que ele represente para ti, o mesmo que tem representado para nós – uma fonte de emoções superiores, de aprendizados transformadores e de exemplos nobilitantes.

Manaus, 27 de setembro de 2015

Fundação Allan Kardec

PREFÁCIO À 1ª. EDIÇÃO

Era o dia 24 de julho de 2010, um sábado, no período da tarde. Pelos corredores, salas e pátios da Fundação Allan Kardec[1], o bem movimentava-se, frequentadores buscavam socorro ou aprendizado e os trabalhadores voluntários assumiam seus postos nas dezenas de atividades que começavam a funcionar. O ambiente acolhedor e fraterno dava o tom de mais um dia normal de trabalho. Uma dessas atividades era o Correio do Amor, ainda em fase de experimentação, criada para receber mensagens psicografadas de consolo e orientação, dirigidas àqueles que os benfeitores espirituais entendessem necessitados. Naquela tarde tudo prosseguia normalmente, quando, de inopino, o médium **Marcellus Campêlo** começou, em ritmo mais acelerado que o habitual, a produzir páginas e páginas até o fim da atividade.

---

[1] **Nota da Editora**: a FUNDAÇÃO ALLAN KARDEC, abreviadamente FAK, fundada em 21 de outubro de 1979, é uma organização religiosa e também de caráter científico, filosófico, beneficente, educacional, cultural, de assistência social e espiritual, sem finalidade lucrativa, sendo de Utilidade Pública Municipal conforme Lei N° 315, de 11 de dezembro de 1995.

O texto, aparentando ser parte de uma narrativa maior, relatava um banquete entre dignitários do Império Romano em uma de suas províncias, durante o martírio de um pregador cristão, no início da segunda metade do Século III d.C. O produto daquele dia de atividade psicográfica apresentava-se totalmente inusitado, nunca sequer tendo sido imaginado pelos trabalhadores encarnados responsáveis pelas experimentações em curso. Passada a surpresa inicial, encetou-se uma rápida pesquisa visando a averiguar-se a procedência dos fatos, circunstância que permitiu a constatação de que se estava diante de personagens históricas conhecidas e de enredo que tinha completo nexo com o contexto e com a época apresentada.

O autor identificava-se como Joel, Espírito com o qual o médium relatava ter bastante afinidade e de quem havia recebido, anteriormente, mensagens avulsas, cuja produção fora interrompida pela redução de circunstâncias propícias.

Por se tratar de produção diferente daquela que se esperava da atividade onde fora recebida, o médium, após ser convidado a refletir sobre as graves responsabilidades que passaria a assumir, foi orientado a colocar-se ao dispor do autor espiritual em local e horário específicos para tal fim.

Entre os dias 17 de agosto e 31 de outubro daquele ano, em sessenta e nove sessões de trabalho, o texto integral da obra Galieno foi recebido. O resultado de cada sessão era avaliado de imediato, com propósito inicial de acompanhamento e apoio, na suposição de que análises mais criteriosas só seriam adequadas após concluído o processo.

Em 06 de novembro, durante reunião ordinária da Diretoria Colegiada da Fundação Allan Kardec, o médium entregou os originais do trabalho para os dirigentes da Instituição, com a seguinte mensagem do autor espiritual:

> Irmãos
>
> Entrego-vos este humilde trabalho, que para mim é o desnudamento de minhas parcas memórias, quando enveredava ainda pelo erro e pelos insanos sentimentos do egoísmo e do orgulho. Grato me sinto pelo amparo do Senhor Jesus, pela assistência benfeitora desta Casa, pelos mentores que aqui me acolheram e que em mim confiaram a continuidade da tarefa de trazer a lume, cenas e fatos que a história do homem não teve como registrar. Minhas memórias, por certo muito falhas ainda, são pequenas gotas singelas no oceano do que ainda existe para o homem da Terra navegar, descortinando muitos mistérios da história, com o testemunho de tantos mártires que morreram em nome do Cristo, cujos exemplos nós outros também tivemos a honra de, depois, seguir.
>
> Considerem esse humilde trabalho como um ósculo do meu amor por essa equipe que me acolheu com sincera fraternidade e que hoje me permite honrar o nome do Cristo com meu próprio testemunho. Este presente vos dou sem ter a mínima pretensão de que ele seja divulgado, mas com a esperança de que todos vós dele sejais conhecedores, para a necessária análise imparcial e racional, como nos orienta as exortações de Allan Kardec, nos cuidados necessários às publicações de obras desse gênero. Fiquem, pois, à vontade quanto a isso, sabedores de que este irmão vos ama por demais, sendo eternamente grato pela atenção a mim dispensada todas as vezes que

> a esta Casa me dirigi. O tom parece, mas não é de despedidas, pois muitos trabalhos ainda estão programados pelos meus orientadores, que também participam desta Casa.
>
> Que o Cristo vos abençoe sempre e que o início desta jornada seja coroado com as bênçãos que Deus nunca deixou de nos enviar.
>
> Paz!

O clima espiritual no momento da entrega foi inusitadamente solene e emocionante. Pioneiros do Movimento Espírita do Amazonas fizeram-se presentes, manifestando-se jubilosos e informando que o fato era parte dos planos espirituais para a Instituição, visando a ampliar seus compromissos com a divulgação doutrinária.

Estava, assim, sob a responsabilidade da FAK, uma obra tratando do Império Romano, sobre um imperador pouco conhecido e narrando momentos dramáticos da implantação do Cristianismo na Terra. Entre os partícipes da Instituição, nenhum tinha qualquer proximidade com aquele conteúdo e, embora os sentimentos e as emoções sugerissem que se estava diante de algo portentoso, não havia como avaliar. O que fazer, então?

Sob a responsabilidade do Núcleo de Pesquisas Espíritas (NPE) da Instituição, constituiu-se um grupo para fazer a revisão doutrinária da obra, tanto no conteúdo, quanto na forma. A parte histórica, dada a falta de conhecimento dos envolvidos, seria buscada posteriormente, junto a especialistas do meio acadêmico. Porém, mesmo para a avaliação apenas doutrinária, seria necessário conhecer-se algo do contexto que era narrado. Foi então que se deparou com uma surpresa: o personagem central – o imperador Galieno – era considerado pela História de uma forma completamente oposta àquela contida na obra. Na verdade, sua memória parecia ser a de alguém que fora extremamente nocivo e com pouco valor digno de respeito, ao passo que, na obra, comparecia como um benfeitor do Cristianismo. Como submeter à especialista de fora da Instituição um material que parecia ostensivamente contrastante com o que era conhecido pelos cânones históricos? Como tratar o impasse?

Foi então necessário que integrantes do NPE, com titulação acadêmica adequada para os labores da pesquisa, improvisassem-se em pesquisadores da História do Império Romano. Inicialmente, pouco material significativo foi encontrado sobre o imperador e seu período de governo, sendo, portanto, indispensável empreender pesquisas mais amplas em referências bibliográficas idôneas adicionais que pudessem ajudar na compreensão desta primeira análise.

Todos saíram a pesquisar, virtualmente, pelas bibliotecas do mundo, livrarias, universidades, grupos de pesquisa envolvidos com o tema, e nas lojas de livros usados e antigos, os chamados sebos. Do que foi encontrado, a quase totalidade era em inglês, alemão, italiano e latim, porém, nada relevante em português. Entretanto, dois trabalhos adquiridos por meio de livrarias norte-americanas chamaram a atenção: uma tese de doutorado apresentada e transformada em livro, na Holanda, na década de 70, e um estudo recompondo a vida do imperador, publicado na Austrália, na década de 90.

As surpresas para os pesquisadores, revisores e dirigentes da FAK, porém, ainda não haviam terminado. Ao longo do processo de revisão, descobriu-se que o nobre imperador fora citado na própria literatura espírita por Emmanuel[2], nos seguintes termos:

> Egnácio Galieno, o filho do imperador humilhado, subira ao poder. Pessoalmente, tinha simpatia pelo Cristianismo torturado, do qual, pouco depois, ofereceria públicas demonstrações. Mas, no rigor dos conflitos sociais, o novo imperante devia curvar-se aos desejos das classes dominadoras.

Paralelamente à pesquisa histórica[3], foram realizadas as revisões doutrinárias, de forma e de outros aspectos relevantes do conteúdo, com tarefas específicas encomendadas para cada membro da equipe, e dezenas de reuniões para ajustar entendimentos.

Concluídas essas etapas, novas equipes foram constituídas: uma Comissão Editorial para responsabilizar-se pelo andamento dos trabalhos dali em diante e outra para revisão da língua portuguesa. Ao longo de todo o processo, variadas questões foram submetidas ao médium e ao autor espiritual, que forneceram ajustes ou explicações convincentes, inclusive a aprovação final de toda a obra.

---

[2] XAVIER, Francisco Cândido. Ave, Cristo! Ditada pelo Espírito Emmanuel. 17.ed. Rio de Janeiro: FEB, 2000. p. 358.

[3] **Nota da Editora:** o resultado da pesquisa histórica encontra-se no Posfácio intitulado "Galieno e a História". Sua leitura não é obrigatória ou requisito para o bom aproveitamento da obra. Porém, ampliará a compreensão sobre o papel de Galieno, esquecido personagem da História Humana e, sobretudo, do Cristianismo.

Assim, com o apoio dos dirigentes espirituais, chega-se ao momento de entregar ao leitor a obra Galieno. A Fundação Allan Kardec, por intermédio dos seus trabalhadores, sentindo-se honrada, agradece a Jesus poder participar da materialização de surpreendentes páginas junto aos homens, nutrindo ainda a expectativa de que ensejem, para cada um, as mesmas emoções, reflexões e aprendizados propiciados a todos aqueles que, até agora, tiveram a oportunidade de tê-las nas mãos e admirá-las.

Manaus, 18 de dezembro de 2011.

Fundação Allan Kardec

NOS PALCOS DO MUNDO

O espírito humano é aprendiz por natureza. Ao ser criado por Deus, inicia seus passos na direção do infinito, em longa jornada de aprendizado, experimentando quedas e reabilitações muitas, no necessário burilamento espiritual com que o Altíssimo o presenteia para a sua felicidade. Ao viajar nas horas do tempo eterno, o homem acumula suas experiências em inúmeras reencarnações, ora exercendo o papel do protagonista de sua época, quando as responsabilidades são maiores, ora figurando anônimo na vida, em existências nas quais se volta, no íntimo, à tarefa do exercício da humildade e da resignação. Nessa viagem maravilhosa de aprendizado constante, busca o homem, inexoravelmente, construir a sua felicidade, estado de espírito que todos possuímos latente em nossas consciências, que move todas as ações humanas, de acordo com seu estágio evolutivo.

Na tragédia em que se desenrola a curta passagem de Galieno pelo mundo, verificamos o quanto a Providência Divina ampara os homens, oferecendo oportunidades de redenção em todos os momentos. A pujança declinatória do Império de Roma, atravessado pela anarquia militar de "imperadores sem impérios", ensina ao homem moderno o quanto é frágil o poder temporal outorgado às autoridades do mundo. Basta um sopro da vontade de Deus para que toda a honra e toda a glória efêmeras dos reinos humanos caiam, experimentando humilhações e rebaixando-se diante das verdadeiras posições de hierarquia, provenientes da ascendência moral.

Nesta trama que humildemente apresentamos como registro, ainda que imperfeito e resumido de nossa história humana, revivemos a saga da vida de conflitos íntimos que o jovem imperador vivia, compartilhando suas emoções, principalmente com sua mãe e confidente, de quem, além do nome, herdou grande afeto espiritual, fruto da convivência de outras épocas. Na oportunidade que teve de redimir-se para a luz de Jesus, através do convívio com o pregador cristão Domênico Lúcio, com quem compartilhou alguns anos nas Gálias, Galieno simboliza o homem que, diante do poder e de suas próprias fraquezas, tem a chance de encurtar séculos de dores e sofrimentos, remédios necessários à cura da alma renitente.

Relembraremos a formação de sua família, desde seu pai Valeriano, imperador austero e cruel, passando pelas imagens de sua personalidade, cujo pendor para as artes e para a cultura já mostrava sensibilidade de espírito evoluído nas ciências, mas ainda necessitado de exemplificação do amor ao próximo. Galieno – que ao perdoar Salonina, sua companheira de lutas, conquistou seu coração – é capítulo importante e fundamental na organização do Cristianismo primitivo, e suas ações o credenciariam a tomar a decisão de sua vida, no sentido de mudar a história da Humanidade, o que poderia antecipar em cem anos o seu curso rumo às verdades do Cristianismo. Entretanto, os intrincados labirintos do poder não o permitiram assim realizar[4].

Apressar-se-ão muitos exegetas do mundo em querer contestar fatos e cenas aqui elencados, lançando anátemas precipitados antes da necessária reflexão. Não há aqui a pretensão da revisão dos livros históricos, nem tampouco a esperança de que novos nomes sejam incluídos neles, mesmo a despeito da justiça de que eles sejam merecedores. Há tão somente a intenção humilde de lançar luzes a pequenos exemplos de vida, cujos roteiros, muitas vezes dramáticos, pode o leitor tomar para si como motivos de reflexão, comparando suas ações de hoje com aquelas escolhidas pelas personagens, haurindo daí ricas oportunidades de melhoria interior.

Na força exagerada de Valeriano ou na conscienciosidade de Galieno; na queda moral e posterior elevação de Salonina, ou mesmo na ambição desmedida de Salonino, contrastada pela humildade e entrega ao bem dos pregadores Domênico Lúcio e Lúcio Paulo, poderá o nobre amigo que folheia estas despretensiosas páginas de vida tirar suas próprias conclusões

---

[4] **Nota da Editora**: indagado sobre o papel do imperador Galieno na história da Humanidade referenciado nesse parágrafo, o autor espiritual informou que, segundo o Plano Superior, caberia a Galieno o reconhecimento das Verdades do Cristianismo como sendo as suas verdades pessoais, as quais, consequentemente, influenciariam todo o império. Seus antecessores, todavia, alteraram o clima propício a tal mudança de elevada envergadura. Os mensageiros do Senhor, então, trabalharam no sentido de que Galieno pudesse recomeçar a marcha, para que a Igreja se recuperasse e se fortalecesse, deixando para o futuro a rendição formal de Roma aos desígnios do Cristo, o que ocorreu cem anos depois, com o reinado de Constantino.

sobre nosso papel no mundo, em cujo palco estamos constantemente sendo convidados a atuar, cabendo a nós a escolha de nos dirigirmos às luzes do protagonismo redentor, ou estacionarmos na escuridão das coxias de nossas paixões efêmeras.

Manaus, 18 de agosto de 2010

Joel

TEMPOS DE TESTEMUNHOS

CAPÍTULO I

A noite já caía célere naquele dia agitado pelo qual passava a pequena Vila de Sexto, no Cartago. O abafado ar, ainda quente pelo verão que se demorava naquele ano de 258 d.C., inquietava ainda mais as mentes da população local, por conta da presença do procônsul Galério Máximo, conhecido homem de confiança do Imperador Valeriano. Eram dias de constantes sobressaltos na sociedade dominada pelo decadente Império de Roma, militarizado que estava em suas lideranças, em face das famosas décadas da Anarquia Militar, que se sucederam durante aproximadamente cinquenta anos, período no qual os historiadores buscam, até mesmo nos dias atuais, evidências que possam delimitar os mandatos daqueles Césares, tendo em vista suas rápidas ascensões e quedas, movidas por traições constantes dos exércitos, os quais legitimavam mais a força que as tradições da famosa democracia romana, que um dia habitou o coração daquele povo.

Públio Licínio Valeriano, autointitulado César Augusto, chegou ao poder pela força de suas tropas, após se recusar a admitir a ascensão de Emiliano como novo imperador de

Roma. De caráter enérgico e disciplinador, característica formada por sua criação eminentemente militar, assumiu para si a missão de erradicar das tradições da sociedade romana as estranhas seitas cristãs, que se espalhavam rapidamente no seio do povo humilde e miserável, nas castas dos escravos e libertos, começando a influenciar as camadas mais nobres do império. Foi conhecido por decretar os mais cruéis éditos de perseguição aos cristãos, ficando seu nome marcado, junto aos de Domício Nero e Diocleciano, nos anais daqueles que trabalharam contra a instalação do Reino de Jesus na Terra.

O Cristianismo, entretanto, crescia organizado nas diversas igrejas espalhadas no mundo oriental e ocidental. A estrutura da organização eclesiástica primitiva já possuía as figuras dos papas, bispos e demais integrantes, contudo, muito diferente do que vemos hoje, tendo em vista os desvios que viriam a ocorrer após a imersão de Roma na estrutura da igreja cem anos mais tarde. Os primeiros membros da primitiva organização cristã tomavam para si os ensinamentos e orientações exaradas nas cartas do apóstolo Paulo, reunindo-se com humildade, amparando-se uns aos outros, no exercício de olvidar as diferenças sociais criadas pelo homem. Reuniam-se às escondidas, nas catacumbas e cemitérios, pela parte da noite, únicos locais e horários seguros para a congregação da comunidade, pois a crendice popular dos pagãos costumava afastar dos campos de paz os curiosos ou mesmo aqueles que desejavam perseguir e caluniar.

Na atmosfera tensa e agitada daquele treze de setembro, encontramos o procônsul Galério Máximo deslocando-se, sozinho, à residência do bispo de Cartago, com o qual manteve o seguinte diálogo:

– Meu caro Cipriano, sabes da minha amizade para contigo, em memória de nossa convivência de outrora, quando a inocência de nossos pensamentos nos permitia ficar à margem de posicionamentos sociais e políticos. És para mim como um irmão dileto, por quem tenho enorme carinho e respeito, sendo este o motivo pelo qual me dignei de estar aqui sozinho para te pedir um favor.

Sensibilizado pelas palavras afetuosas daquele homem cujo coração o bispo conhecia profundamente, o experimentado cristão relembrou os momentos da infância alegre ao lado daquele Galério ainda sonhador, que desde cedo demonstrava pendores para a formação militar, enquanto que ele preferia os livros da Ciência e da Filosofia. Profundamente emocionado com aquelas lembranças e pelo modo inusitado como aquele homem se despia de sua autoridade legítima concedida pelo imperador, a fim de estar ali como simples amigo de outrora, o representante da Igreja Cartaginense aduziu sorrindo:

– Meu caro amigo Galério, a tua presença em minha pobre casa honra-me sobremaneira. Não pelo cargo que ocupas, muito digno e fruto do teu merecimento de homem preparado para exercê-lo, mas sim pelo amigo de ontem que eu conheço muito bem, em cujo coração sei que há plantada a semente do nosso Deus, no amor de Nosso Senhor Jesus.

Embaraçado com aquelas últimas palavras, o procônsul mudou de expressão subitamente, entristecendo o olhar, como se estivesse com fardo muito pesado a carregar nos ombros.

– Táscio, já conversamos algumas vezes sobre tuas crenças e sobre essa doutrina que não entendo, não obstante encontrar nela uma simpatia que não sei explicar. Entretanto, amigo, é exatamente sobre isso que venho falar-te, em face das determinações que nossos imperadores, os Augustos Valeriano e Galieno me impuseram, como se fosse um teste à minha fidelidade ao império. Por certo estás sabendo do último édito publicado em toda a Roma, relativamente à seita cristã?

– Sim, meu nobre irmão – respondeu o bispo calmamente. – Temos notícias da capital do império e dos éditos determinados por Galieno, a mando de seu pai. Temos a consciência dos sacrifícios que teremos que sofrer em honra da memória de Cristo Jesus.

A ilustre autoridade levantou-se agitada, como quem deveria repreender uma pessoa por quem tinha respeito e que julgava ter de proteger.

– Vê bem, caro Táscio, estou aqui na minha mais dolorosa missão, cujas determinações me doem a alma, dainte da crueldade que tenho presenciado na perseguição imposta aos cristãos, muitos deles conhecidos nossos. Por isso, o favor que peço é no sentido de que te coloques em posição favorável aos deuses e às tradições de Roma quando estivermos diante do público amanhã, na audiência por mim ordenada.

O bispo baixou a cabeça e refletiu sobre o momento que se construía à sua frente. Se de um lado via o bondoso amigo de infância e juventude preocupado e solícito em querer preservar sua vida, por outro enxergava o preposto de César, impondo suas vontades absurdas de ditador das consciências alheias. Ao levantar os olhos, já marejados pela emoção, como se formosa inspiração espiritual lhe revelasse o brilho no olhar, obtemperou carinhosamente:

– Meu amigo Galério, não posso enxergar em ti, neste momento, somente o preposto da autoridade romana, encarregado do cumprimento das leis, independentemente de seus conteúdos. Meu coração cristão, acostumado a conviver com diversas personalidades humanas, percebe neste teu gesto o amor que já possuis, sentimento este que está a um passo de te tornar digno da misericórdia de Deus. Não poderei aceder positivamente ao teu pedido, porque em mim já não habita a minha vontade, mas a vontade dAquele que nos libertou do cativeiro de nossas paixões, mostrando o caminho correto e a luz divina que devemos seguir. Jesus Cristo, meu amigo, é todo amor, porém, porque nosso mundo ainda está longe de ser o Reino de Deus que virá até nós, conforme sua promessa, só poderemos verdadeiramente segui-Lo por meio de muitos sacrifícios. Nesses sofrimentos com o Cristo, quem sou eu para evitá-los, quando muitos já me precederam nesse exemplo de fé, e vieram até nós, em espírito, para testemunhar a glória que experimentaram por perseverarem até o fim? Sim, meu caro amigo. Sei que tua missão é difícil, pois, colocando-me na tua posição, sentiria o mesmo amor e compaixão que tu vives neste momento. Todavia, impossível é retroagir nos erros do meu passado. Como fugir ao testemunho, quando sabemos que o próprio Cordeiro de Deus se deixou imolar por todos nós?

A autoridade romana, meio que hipnotizada pelo magnetismo daquelas palavras, virou-se de costas ao amigo, demorando-se na resposta, pois, em sua mente, enxameavam milhares de informações simultâneas, levando-o a relembrar tenros momentos junto daquele nobre interlocutor. Aquelas palavras, proferidas com imensa sabedoria, revelavam não somente um Táscio inteligente e culto ao qual estava acostumado, mas também um homem movido por uma força superior, muito acima de sua compreensão atual. Jungido pela lembrança da forte amizade que nutria por aquele quase irmão, o procônsul deixou-se desarmar pela emoção, cuja denúncia lhe fora percebida pelas lágrimas que lhe escorriam dos olhos, incontrolavelmente, numa catarse emocional nunca dantes vivida, como a lhe indicar, naquela hora de sua existência, um momento ápice, um divisor de águas em sua vida. Virando-se lentamente para o amigo clérigo, desnudou-se de forma sentida, falando-lhe quase em soluços:

– Não sabes o que sinto neste momento, Cipriano. Sou metade emoção e metade razão. Quando vejo em ti aquele amigo de ontem, fanfarrão e alegre, muita vez bonachão e irresponsável, mas profundo conhecedor da mente humana, com quem frequentemente me confidenciava, sinto que a emoção me invade, principalmente ao ver-te professando tua fé por esse Deus e por esse Jesus Cristo, que para mim são lendas do imaginário judaico. Por outro lado, quando tu te enches de uma energia superior, denotando que os deuses realmente estão contigo, vejo minha razão falar também, incitando-me a maiores reflexões a respeito dessa doutrina estranha, uma vez que, pela transformação que exemplificas para mim, deve mesmo haver algo de divino a mover-te o destino. Entretanto, vejo-me obrigado a penosamente ter de cumprir meus deveres de homem de Estado e dar contas aos meus superiores, relativamente à missão a mim imposta. Neste sentido é que vim até aqui, numa tentativa sigilosa e absolutamente pessoal de tentarmos chegar a um termo que não me obrigasse a ter de executar até o fim as ordens que recebi, frente ao teu eventual posicionamento de abjuração ao Cristianismo, em público, o que evitaria uma pena capital.

O experiente bispo de Cartago, no auge de seus quase sessenta anos, encheu-se de compaixão pelo amigo sincero, pois sabia que aquelas lágrimas eram raríssimas naquele coração endurecido pela rotina dos exércitos romanos. Elas representavam ali a água pura e cristalina a que Jesus se referiu quando conversou com a jovem samaritana junto ao poço da região inesquecível da Samaria. Encarava aquele momento como inolvidável na vida de ambos os companheiros. Procurando não invalidar os sentimentos espontâneos do amigo, Táscio levantou-se em sua direção, abraçando-o demoradamente, quando, após alguns momentos do choro emocionado de ambos, afastou-se e falou-lhe, endereçando o olhar na direção dos olhos de seu diletíssimo companheiro:

– Galério, tua emoção neste momento é compartilhada pelo meu amor por ti. Jamais esperaria ter a graça de viver momentos tão belos, cuja energia resultante é um bálsamo para minha pobre alma, hoje solitária, mas feliz. Teu gesto é cristão, meu amigo. Ele denota toda a grandeza do teu espírito, cuja vontade, eu sinto, já é de experimentar a libertação que nós já vivenciamos desde quando decidimos seguir os caminhos de Nosso Senhor Jesus. Em verdade, sem ter a ousadia de desvalorizar este momento, é meu dever inverter nossas posições, indagando ao meu irmão: desejas conhecer o Cristo Jesus? Não queres que eu te batize agora, em nome de Deus?

Surpreendido pela inusitada pergunta, o procônsul, instintivamente, desvencilhou-se dos braços do amigo e, afastando-se, novamente virou-se de costas, evitando o olhar do seu interlocutor, a fim de não ser influenciado em suas palavras. Emoção forte invadiu-lhe o ser, quando sentiu um estranho torpor na mente e no corpo, enfraquecendo as pernas ao ponto de obrigá-lo a sentar-se. Logo lhe veio à mente, entretanto, a fama de feiticeiro que o bispo Cipriano possuía junto ao povo de toda a região. Assim pensando, reagindo do alto de seu orgulho de patrício, recompôs-se e, enchendo-se da altivez presunçosa das autoridades do mundo, falou-lhe secamente:

– Por acaso desvairas? Tua convivência com esses feiticeiros cristãos parece que te fez perder a razão, qualidade marcante da tua formação no passado. Não percebes a inconsistência do que acabas de propor? Não preciso te esclarecer os motivos pelos quais é impossível que eu aceite tal propositura. Vim ter contigo para te oferecer a preservação da tua vida, revestindo-me de amigo e esquecendo minha posição social. Todavia, tu pareces não conseguir fazer o mesmo, pois poderias deixar de lado o teu cargo de autoridade religiosa para estudar a minha proposta sincera, em vez de descartá-la. Não vês que possuo a autoridade para te libertar, bastando apenas que colabores comigo, evidenciando a tua renúncia pública a esse Cristo e exaltando os deuses e as tradições de Roma?

Cipriano novamente baixou a cabeça e orou em pensamento, pedindo força e sabedoria a Deus, para que Ele dirigisse suas palavras, com o duplo objetivo de salvaguardar aquela amizade sincera, como também de manter a fé no testemunho iminente pelo qual iria passar. Olhando novamente nos olhos do amigo, o bispo falou resoluto:

– Não posso, meu amigo. O homem velho que tu conheceste no passado não existe mais. Outrora, certamente não hesitaria na escolha e fugiria novamente do testemunho redentor. Hoje, porém, sinto que chegou a minha vez de exemplificar todo esse amor que já me invade o coração. De tua parte, não te preocupes comigo. Cumpre a tua missão até o fim, pois meu amor por ti será ainda maior. Não precisarei te perdoar, pois não me sentirei ofendido por ti. Ao contrário, eu sou quem implora o perdão se te ofendi, rogando que entendas esse momento ímpar em nossas vidas. Só o futuro dirá quem fez a melhor escolha.

O procônsul respirou fundo e, ajeitando-se como quem se despediria, falou formalmente:

– Pois bem. Fizeste a tua escolha. Saio daqui com a consciência tranquila, reconhecendo que tudo fiz para te salvar. Não obstante lamentar muito a tua decisão, que para mim é absurda e irracional, sempre terás o meu respeito em minha memória. Não tenho mais nada a tratar aqui.

E, executando o gesto formal de saudação dos romanos, em nome de César, partiu Galério Máximo de volta à hospedaria, deixando Táscio Cipriano para trás, envolto em suas últimas reflexões e orações desta vida.

O CALVÁRIO DE CIPRIANO

CAPÍTULO II

O dia amanheceu triste para Galério Máximo. A onomatopeia da natureza o despertara de um sono intranquilo e, por muitas vezes, interrompido por pesadelos que lhe dificultaram o descanso. A figura de Táscio Cipriano, eivada de sabedoria e a abraçar-lhe a alma, convidando-o a seguir a seita do Profeta Nazareno, não lhe saía da mente. Não conhecia muito sobre Jesus, apenas sabia de alguns relatos de fatos isolados, contados por escravos que com ele trabalhavam. Sabia de um ou outro fundamento de sua doutrina, como o amor aos inimigos, realização que lhe parecia impossível de se executar no mundo. Também conhecia o gênero de morte que Lhe sucedeu a vida de profeta e as lendas sobre sua suposta ressurreição e ascensão aos céus, o que achava ser criação do imaginário de um povo simples e ignorante da Judeia. Não obstante o preconceito sobre esse Cristianismo, por cuja erradicação tanto se mobilizavam os imperadores, o procônsul, naquela noite, experimentou muitas reflexões, chegando até mesmo a imaginar como seria o impacto de uma eventual conversão sua, perante a sociedade e perante os seus familiares. Ao chegar à conclusão de que seria brutalmente reprimido, tendo em vista as características de traição que tal ato assumiria, rechaçou de imediato qualquer pensamento neste sentido, apesar de, no íntimo, já admitir uma certa simpatia pela forma como muitos dos servos e alguns de seus amigos se transformaram em docilidade e bondade quando se converteram à nova religião.

Absorto nesses pensamentos, Máximo despertou assustado, percebendo que as horas de insônia noturna o fatigaram sobremaneira, fazendo com que perdesse o horário da audiência que havia ordenado realizar na região para executar as ordens imperiais. Após ligeiras abluções higiênicas, Galério Máximo vestiu a indumentária oficial, tomou as rédeas de seu cavalo e, acompanhado de alguns subordinados que lhe garantiam a segurança pessoal, dirigiu-se ao átrio central da cidade, local aprazado para a reunião dos magistrados que deliberariam sobre a execução da pena imposta àqueles que eram os chefes da Igreja Cristã. Ao chegar ao famoso átrio Sauciolo, o procônsul percebeu o quanto lhe seria penoso aquele dia, não somente pela amizade pessoal que tinha pelo réu, mas também pela repercussão que a audiência parecia ter causado na população de Cartago. Uma multidão aglomerava-se às portas da entrada principal do local escolhido, causando dificuldades de controle aos guardas responsáveis pela ordem no recinto. Ao parar no local destinado à guarda dos animais, tendo sido percebido pela gente que burburinhava, o procônsul viu-se cercado por centenas de pessoas que começaram a gritar palavras de apoio ao bispo Cipriano:

– Deus salve Cipriano! Deus salve Cipriano!

Sendo afastada a patadas pelos pretorianos, a multidão recuou, deixando aberta a entrada de acesso ao prédio público. Ao passar pelo chefe dos guardas, Galério ordenou:

– Ilísios, não permitas que essa turba insolente adentre o recinto para perturbar a ordem!

O oficial romano, acostumado com aqueles dias de frequentes execuções, aconselhou ao superior:

– Excelentíssimo Máximo, não querendo jamais desobedecer vossas ordens, mas conhecendo essa população de cristãos fanáticos, asseguro-vos que eles não ficarão passivos se não permitirmos que ao menos uma parte ocupe a área destinada às galerias do átrio. Se desejardes, posso escolher a dedo algumas pessoas que conheço, mais pacatas, e que, pela cultura que já possuem, não representariam ameaça à ordem de vossa audiência.

O procônsul romano, vendo neste fato uma questão mais técnica que de imposição de autoridade, usando o bom senso, acedeu à sugestão do subordinado:

– Pois bem, Ilísios. Assim o faça, limitando em cinquenta o número máximo autorizado a assistir à audiência. Além do mais, o testemunho ocular dos cristãos é interessante que ocorra, para que a sentença ordenada pelos imperadores lhes cale na alma e sirva de exemplo para que se motivem a retornar às tradições romanas.

E assim procedendo, os guardas romanos relacionaram o máximo autorizado de cristãos, que se posicionaram silenciosos no local determinado, mantendo-se em preces e enchendo o ambiente de maior tensão ainda.

Ao chegar ao salão, Galério Máximo já encontrou o Colégio de Magistrados posicionado, no aguardo de suas ordens para o início da sessão. À medida que se ia dirigindo à tribuna, o barulho das conversas foi diminuindo, cessando completamente quando o procônsul levantou o braço, no sinal característico em honra aos imperadores.

– Salve, César! Em nome dos Augustos imperadores Valeriano e Galieno, dou como iniciada esta audiência, cujo objetivo é a aplicação da pena imposta pelos decretos imperiais às autoridades da religião cristã, seita sacrílega e ilegal. Antes de chamar ao recinto o acusado, devo chamar a atenção dos ilustres magistrados para o fato de que aqui não estamos para julgar, e sim para executar as determinações imperiais, cabendo aos senhores apenas ratificar a aplicação das mesmas, caso não haja reconhecida renúncia por parte do réu, única chance que terá de salvar a própria vida.

Os magistrados, em número de vinte, todos escolhidos dentre os cidadãos romanos da sociedade cartaginense, já acostumados com aquele tipo de audiência de ratificação, apenas estranharam o destaque que fez o procônsul quanto à possibilidade que teria o réu, no sentido de abjurar suas convicções religiosas e, assim, poder preservar sua vida. Normalmente duros e inflexíveis, os prepostos de César sequer levantavam esta hipótese, mesmo sendo elas possíveis, levando em conta o ódio com que já estavam imbuídos quando chegavam para audiências daquela natureza.

Interrompendo o burburinho causado por suas últimas palavras, a autoridade romana ordenou que trouxessem o acusado ao recinto, sendo imediatamente obedecido pelos guardas que chegaram trazendo Táscio Cipriano, o bispo de Cartago, em cujo semblante não se notava nenhuma aflição ou tensão, normalmente presentes nos prisioneiros. Ao contrário, irradiava serenidade desconcertante para os assistentes, principalmente para o amigo procônsul, que de imediato relembrou os fatos ocorridos na noite anterior.

Quando viram o bispo adentrando o local, os cinquenta cristãos escolhidos por Ilísios ajoelharam-se e baixaram a cabeça em sinal de respeito. Como se fossem iniciar uma prece, cantaram em uníssono um cântico composto pelo próprio Cipriano, que passou a ser a marca de sua igreja:

O Senhor Jesus me fez mudar,

Ele, em sua luz, me ensinou a amar,

Glória ao Salvador do mundo,

Glória ao Eterno criador de tudo!

Profundamente impressionado com tamanha dedicação por parte dos seguidores da Igreja Cristã, Galério Máximo deixou-se extasiar por alguns segundos, como se uma energia desconhecida tivesse adentrado o local com a chegada do bispo. Percebendo, entretanto, sua condição de condutor daquela reunião, ordenou:

– Silêncio! Ordem no recinto! Não precisarei, assim o espero, alertar a todos quanto à necessidade da ordem neste lugar. Aviso que não pretendo me demorar muito nesta audiência, em face das outras obrigações que ainda tenho de cumprir na região norte da África Imperial. Portanto, ordeno que não haja manifestações da galeria, para que não me obriguem a usar da necessária reprimenda e punição que casos como esse requerem.

As pessoas presentes imediatamente se calaram, não obstante os cristãos todos permanecerem ajoelhados, em oração silenciosa.

Galério Máximo, apressado em terminar aquela reunião que lhe angustiava a alma, caminhou em direção ao bispo Cipriano, falando-lhe em tom solene, parecendo entoar uma fala já decorada, de um rito que se repetia frequentemente:

– És Táscio Cipriano? – indagou o procônsul como se não o conhecesse.

– Sim, o sou.

– Saibas que és acusado de comandar uma seita sacrílega e ilegal, cuja organização, além de ferir as mais caras tradições da família romana, afronta nossos deuses, e com isso encaminhas junto contigo milhares de fiéis à perdição e ao erro. Este Colégio de Magistrados, reunido em nome dos augustos imperadores, benévolos que são, oferecem-te a chance de tua defesa, franqueando-te a palavra, na esperança de resgatar o cidadão romano de volta ao seio protetor de nossos divinos imperadores.

O bispo de Cartago, cujo olhar mirava os olhos do amigo procônsul, respirou profundamente antes de se posicionar em juízo, considerando ser esta oportunidade a sua manifestação derradeira, como testemunho de sua fé e amor à Igreja do

Cristo. Fechou os olhos em rápida concentração, como se estivesse buscando a inspiração do seu anjo da guarda e, ao abri-los, falou emocionadamente em voz firme, porém mansa:

– Caros irmãos romanos e amados irmãos em Cristo, honra-me muito a deferência do nobre preposto de César, no sentido de me facultar a oportunidade da manifestação, quando sabemos que nossos destinos já foram selados pelas leis questionáveis dos homens. Talvez todos aqui conheçam as minhas origens e a minha história de homem pecador, cuja vida, até aproximadamente meus quarenta anos de idade, era de perdição e devassidão, sem rumos, apesar da profissão honrada de advogado. No auge de minha crise existencial, que me convidava inclusive ao suicídio criminoso, fui apresentado à minha Santa Igreja, com o acesso que tive ao Evangelho de Nosso Senhor Jesus Cristo. Imediatamente após haurir as verdades do Senhor, que deram um sentido novo à minha existência, converti-me alegremente, abandonando toda a vida e os bens que possuía, para me dedicar à missão episcopal. Desde então, aquele velho homem que em mim habitava foi morrendo lentamente para dar lugar ao novo homem, rico na fé e no trabalho com Jesus Cristo. Nesta hora em que sou chamado ao testemunho final, em nome de Jesus, como renegar-Lhe o Santo Nome, quando foi por Ele que consegui chegar até aqui, em uma sobrevida de salvação e glória? Como abjurar da fé que hoje move as montanhas dos meus erros e me faz caminhar rumo à glória dos céus? Não, meus nobres magistrados e nobre procônsul. Hoje, nada me faria desistir do Cristo, pois é Ele que já habita em mim, que comanda as minhas decisões, e não os governantes do mundo, cujas ações não passam de prepotência desatinada, possivelmente comandada pelas forças do espírito maligno, que deseja fortemente, mas em vão, que a Igreja de Jesus não se instale na Terra!

Ao proferir essas últimas palavras em referência clara aos imperadores romanos, todos os magistrados, que ouviam concentrados as palavras do venerável bispo, reagiram ardorosamente, em gritos e insultos:

– Como ousas questionar César?! Morte ao traidor! Morte ao feiticeiro!

O procônsul, que ouvia a tudo bem próximo de Cipriano, surpreendido pela ousadia do amigo, já que nutria a esperança de que renunciasse sua fé para salvar a vida, percebendo que não havia mais remédio para curar aquela doença que julgava acometer o bispo, levantou o braço em sinal de ordem, falando após se completar o silêncio no ambiente:

– Vejo que a magnanimidade de nossos imperadores não te sensibilizou o coração quando te reportas de modo insolente ao Império de Roma. Todavia, romano que és, tenho o dever de dar-te a última chance, perguntando: os imperadores ordenam que tu sacrifiques em nome dos deuses de nossas tradições, estás disposto a fazê-lo?

Os magistrados levantaram novamente a voz em protestos, estranhando a atitude de Máximo. Porém, calaram-se quando o bispo de Cartago fez o sinal da cruz, respondendo secamente:

– Não o farei. O único sacrifício que posso ofertar será o testemunho de entregar a minha vida para redimir os meus pecados, em nome de Jesus.

O representante de César, demonstrando tristeza profunda no olhar, redarguiu em voz alta:

– Deves pensar bem no que acabas de dizer!

– Já o fiz – respondeu o bispo – e nada me fará renunciar ao amor de Jesus Cristo!

Virando-se de costas ao acusado, como quem o entregasse à própria sorte e dirigindo-se aos magistrados que falavam entre si, indignados com tamanha ousadia do bispo de Cartago e ao mesmo tempo surpresos com a atitude insistente do procônsul, Galério Máximo sentenciou:

– Táscio Cipriano, bispo de Cartago, há muito tempo diriges essa seita sacrílega e ilegal, desencaminhando milhares de cidadãos romanos contra nossas tradições. Nem mesmo a magnanimidade dos Augustos Valeriano e Galieno conseguiu mover-te da insanidade a qual te associaste, nesse Cristianismo que invade como praga nossa sociedade e tradição romanas. Por isso, e por seres cidadão romano culto e instruído, que poderia contribuir muito com o império, a contragosto, consulto o Colégio de Magistrados quanto à aplicabilidade da pena de morte decretada por Roma ao réu aqui presente. Aquele que desejar pronunciar-se, a palavra está franqueada.

Os magistrados olharam-se entre si e num gesto típico das arenas de Roma, unanimemente, estenderam os braços para frente, apontando o polegar para baixo, imitando as sentenças dos imperadores aos gladiadores dos circos romanos, selando de uma vez a sorte de Cipriano. Desarmado em espírito e demonstrando profundo pesar em suas palavras, Galério Máximo decidiu:

– O réu então foi condenado à morte por seus crimes. Ordeno que seja imediatamente executado por meio da decapitação. A sessão está encerrada!

Ao proferir essas palavras, o procônsul foi surpreendido pela reação dos cristãos que começaram a gritar:

– Todos nós queremos morrer com o santo bispo!

A turba aumentou o coro no instante em que a população que aguardava fora do átrio Sauciolo invadiu o recinto, vencendo a força dos pretorianos. A confusão parecia incontrolável quando o populacho cercou o bispo, levantando-o nos braços, como se fosse resgatá-lo à força dali. Cipriano, entretanto, percebendo que aquela reação só iria causar mais danos à Igreja, ordenou aos simpatizantes:

– Deixem-me aqui! Que seja feita a vontade de Deus!

A ordem do líder religioso foi prontamente obedecida e, a um sinal do bispo, o silêncio foi restabelecido, quando falou em voz alta:

– Irmãos! Essa atitude não pode ser oriunda dos verdadeiros cristãos. Lembrai-vos de que o próprio Jesus não reagiu à prisão, deixando-se imolar na cruz dos martírios. Porventura poderia eu, pecador que sou, desejar fugir à obrigação do testemunho? Abandonai, portanto, o espírito maligno que moveu as vossas atitudes de agora e retornai aos vossos lugares, para que a ordem seja restabelecida e a vontade de Deus seja cumprida.

Os cristãos, então, saíram do salão lentamente, dirigindo-se ao Campo de Sexto, que era o local normalmente utilizado para execuções como aquela.

Enquanto a população e todos os demais presentes no átrio Sauciolo se deslocavam agitados ao campo de execuções, Galério Máximo permaneceu em pé, absorto que estava em seus pensamentos, refletindo sobre se era conveniente que estivesse presente no momento da execução do amigo. Decidido a não comparecer ao sumário ato, alegando profunda indisposição física, preferiu permanecer em uma das salas anexadas ao grande salão, para se recompor e aguardar a volta dos seguranças, que já haviam se deslocado juntamente com as tropas destacadas para o ato supremo do dia.

O bispo Cipriano, praticamente carregado nos braços do povo como um herói, permanecia silencioso e em prece, haurindo da natureza as últimas forças e energias necessárias ao momento decisivo. Durante o trajeto, relembrou o calvário do Cristo e todo o seu sofrimento. Percebeu o simbolismo do momento, pois, enquanto o Mestre Supremo carregou a própria cruz até o martírio, ele era carregado pelo povo, o que lhe fez perceber a grande distância que ainda o separava da grandiosa perfeição espiritual de Jesus. Naquele instante derradeiro de sua vida, viu-se como a cruz e o povo como que representasse Jesus, recebendo o bispo de Cartago. Com isso, a última lição de humildade sobre a qual deveria refletir, pois percebeu de imediato a sua condição misérrima de espírito falido, sendo aquele testemunho não mais que uma obrigação, em agradecimento ao quanto devia à sua amada igreja e ao sacrifício de Nosso Senhor e Salvador.

Ao chegar ao famoso campo popular, que ora servia para a realização de jogos, ora para testemunhar a execução dos inimigos do império, a comitiva estacionou. Os guardas responsáveis abriram espaço considerável para que o ritual macabro da execução pudesse ser iniciado. Após ser deixado no chão, o bispo calmamente caminhou para o centro daquela multidão, quando parou e começou a se despir lentamente, como quisesse simbolizar o desapego às coisas materiais. Ficando apenas com a túnica mais íntima, chamou um auxiliar de sua igreja que estava próximo, dizendo-lhe em tom paternal:

– Juliano, entrego a ti minhas vestes como símbolo de minha partida. Cuida de nossa Santa Igreja.

O diácono recebeu as vestes sacerdotais com emoção visível a transbordar de seus olhos, quando percebeu a aproximação do carrasco romano, que já se preparava para cumprir sua obrigação. O bispo, seguindo os ensinamentos de Jesus de dar a César o que é de César, falou aos presentes em voz alta:

– Amigos, recolhamos vinte e cinco moedas e paguemos nosso tributo a Roma!

A multidão imediatamente reagiu de forma a não concordar com essa obrigação imposta pelo decreto imperial. Como forma de protesto e também para que pudessem obter uma relíquia daquele momento, lentamente os presentes foram depositando, ao redor do bispo, toalhas e lençóis brancos, para que seu sangue, ao ser derramado, ficasse registrado como lembrança de um mártir que julgavam ser santo. Em poucos instantes, um mar alvo cercou o bispo e seu algoz, embelezando ainda mais a atmosfera espiritual daquele momento supremo. Cipriano, percebendo a estagnação do guarda responsável pela decapitação, tomou a iniciativa e ajoelhou-se, apanhando uma das toalhas do chão e vendando os seus olhos, no que foi ajudado por Juliano, que estava próximo. Ao se posicionar, resoluto, o bispo falou:

– Estou pronto! Em nome de Jesus, entrego meu corpo e meu espírito. Vamos, soldado, cumpre o teu dever!

O carrasco de Cipriano, despertando de seu êxtase, posicionou-se e, em um golpe certeiro, desferiu o derradeiro ato, fazendo com que o corpo de Táscio Cipriano tombasse para o lado, expirando.

Imediatamente os cristãos silenciaram e ajoelharam, cantando louvores a Deus. Aproveitando aquele momento de relativa calmaria, os guardas recolheram o corpo do executado e levaram-no para a exposição em praça pública, como determinavam as ordens imperiais, com o objetivo de que servisse de exemplo para a população.

Galério Máximo, percebendo o barulho da volta dos que estavam no Campo de Sexto, saiu de sua sala para a varanda externa, onde pôde observar o corpo do amigo sendo carregado e levado para as últimas humilhações por parte dos chamados pagãos. Subitamente, grande tristeza acometeu o experiente procônsul, que não conseguiu evitar que o choro abundante o acompanhasse naquele momento de solidão. Dali a alguns dias, experimentando profunda depressão causada pelo remorso, decidiu tirar a própria vida, com o auxílio tradicional da cicuta. A notícia de sua morte estremeceu a corte imperial, a qual, sabendo posteriormente do abalo emocional que todos perceberam haver se apoderado do procônsul após a execução de Cipriano, tratou de espalhar a versão de morte natural, evitando assim maiores escândalos.

Enquanto Táscio Cipriano era recebido pelos apóstolos de Jesus na glória de Deus, Galério Máximo sofria as consequências de suas próprias escolhas, experimentando a dor do remorso por não ter escolhido seguir os passos do Cristo, retardando assim, por alguns séculos, sua redenção e sua felicidade plena.

EM ROMA

CAPÍTULO III

Veremos, mais adiante, que os acontecimentos trágicos que marcaram os destinos de Táscio Cipriano e de seu amigo Galério Máximo – cujos calvários individuais são narrados para exemplificar a força da grande perseguição aos cristãos engendrada por Valeriano, interpretado pela história atual como imperador irresignado perante a expansão do Cristianismo – foram resultado de atitudes que não se processavam somente pela crença e pelo desejo de manter protegidas as tradições e o culto aos deuses romanos. O homem quase sempre é movido por suas paixões, cuja natureza está intrinsecamente relacionada com a sua condição de espírito evoluído, quando lhes dá o nome de amor, ou de espírito ainda imperfeito, quando elas o direcionam aos excessos constantes, motivos de dores e sofrimentos.

Nesta linha de pensamento, aproximadamente vinte anos antes, naqueles dias frios do mês de dezembro, encontramos Públio Licínio Egnatio Galieno, filho dileto do cônsul romano Públio Licínio Valeriano, que naquela época cumpria missão militar na Réscia, durante as constantes frentes de batalhas nas quais os romanos se envolviam, na tentativa quase desesperada de manter a unidade do declinante império. Galieno, que morava em Roma substituindo o genitor nas tarefas burocráticas do consulado, quase sempre fechado por conta da constante instabilidade política, levava uma vida diferente da vivida por seu pai. Enquanto Valeriano era apaixonado pela vida militar, austero e disciplinador, Galieno era assíduo frequentador da academia romana ligada às letras e às artes, amava a poesia e costumava passar parte do tempo estudando a cultura grega, especialmente os ensinos de Heráclito, do qual se sentia profundo admirador. Diferentemente dos rapazes de sua época, Galieno não apreciava os excessos dos jogos e das festas regadas a muita bebida alcoólica e a variados tipos de alucinógenos experimentados como novidade pela juventude romana, fruto do contato dos exércitos com as culturas orientais. Por essa característica de pacato e culto cidadão, Galieno era bem conceituado perante a alta sociedade e, conseguintemente, disputado pelas mulheres que desejavam um bom marido para lhes garantir a felicidade.

Há dois anos enamorado de Júlia Cornélia Salonina, gaulesa de origem e de família ligada pelos laços de amizade a Egnatia Mariniana, esposa de Valeriano, Galieno vivia uma vida tranquila, confortável e estável, não obstante os constantes solavancos políticos da época, com as repetidas quedas e ascensões dos imperadores romanos naqueles dias de poderio militar. Salonina, por sua vez, com a idade dos seus recém-completados dezessete anos, portanto quase dois anos mais jovem que seu pretendente, exultava em energias e encantava-se a cada semana com as festas e reuniões em sociedade, que começara a frequentar. Não obstante o seu amor por Galieno, com quem se sentia segura, não fazia esforço para lhe ser totalmente fiel nos sentimentos, principalmente por se tratar de moça bonita e elegante, alvo dos olhares cobiçadores dos homens de sua rede social. Galieno, idealista que era por conta dos relacionamentos culturais, não associava a beleza de sua prometida com o fato de que isso pudesse se reverter em assédio dos seus pares, naquela sociedade habituada às relações incestuosas, adúlteras e de frequentes orgias. Vendo na amada a pureza da menina que conheceu ainda criança, Galieno sonhava com a formação de uma família tradicionalmente romana, por meio da qual pretendia mostrar que era possível resgatar as tradições familiares que os filósofos e os estudiosos antigos tanto celebravam em suas obras.

Enquanto Galieno reunia-se junto à academia sediada dentro do parlamento de Roma, encontramos Salonina em sua residência, conversando com a mãe, mulher da sociedade que não hesitava em haurir qualquer vantagem de suas amizades com os poderosos da época. Foi Engrácia Augusta[5] Salonina que articulou toda a aproximação dos jovens Salonina e Galieno, por meio de intrincadas estratégias, imitadas por muitos nas rodas sociais modernas.

---

[5] **Nota da Editora**: indagado sobre o termo "augusta" incluído no nome da mãe de Salonina, o autor espiritual informou que, certamente, ela não possuía o título de "augusta", mas tinha o nome composto com essa derivação por ser comum, à época, a classe menos favorecida utilizar alcunhas nobres.

A mãe de Júlia Cornélia Salonina sabia que a família de Galieno encontrava-se em franca ascensão social, tendo seu pai Valeriano assumido diversos cargos públicos de extrema confiança dos imperadores, que se alternavam no poder.

– Júlia, minha filha, hoje temos a festa de apresentação da filha do cônsul Pôncio Severo. Espero que estejas te preparando, pois será um evento muito rico e importante em Roma. Dizem até que o próprio imperador comparecerá à festa. Precisamos, portanto, aproveitar os convites que Mariniana nos enviou e comparecer belas e sorridentes. Ah! Minha princesa! Como são providenciais essas viagens de Valeriano às fronteiras. Dessa forma nos sobram convites para fazermos companhia à solitária Egnatia Mariniana.

As duas amigas, mãe e filha, riram-se das palavras em tom sarcástico de Engrácia Augusta, hábil em identificar oportunidades de penetração social. O pendor para o deleite das benesses do poder a movia quase que de forma automática, não hesitando caso tivesse que largar uma companhia atual quando surgissem amizades mais interessantes do ponto de vista da subida na escalada social.

– Mamãe, a senhora não deixa escapar nada! Tenho pena da matrona Mariniana. Tão bela e culta, imponente e rica, porém quase o tempo todo solitária, a cuidar dos afazeres domésticos. Esses eventos devem ser um bálsamo para descontrair seu espírito, que parece ser muito triste, pois, quem gosta da vida na solidão?

– Minha filha, muitas mulheres de Roma ainda vivem, sobretudo aquelas de famílias tradicionais, que é o caso de Mariniana, tentando resgatar os velhos costumes da sociedade do passado, principalmente no que concerne à submissão quase escrava das matronas romanas. Pensam em se sujeitar a todo tipo de prisão emocional à espera dos maridos, enquanto estes se divertem com concubinas, ou ainda com as prostitutas sociais que andam por aí, não bastasse a rigidez da manutenção de nossa castidade, único dote verdadeiro da mulher, principalmente daquelas de medianas origens, que é o nosso caso.

Ao tocar no assunto da manutenção da virgindade, não como uma preocupação moral em si, mas como um trunfo social para garantir vantagens, Engrácia despertou a curiosidade da jovem Salonina, que aproveitou para indagar:

– Mamãe, vejo algumas de minhas amigas já desposadas, algumas com doze anos de idade. Será que não estou ficando velha demais para o matrimônio? Por que será que Públio não se decide logo? Sinto que minhas energias estão a explodir por dentro. Nas festas, sinto o desejo de muitos patrícios interessantes, que se insinuam, principalmente quando Públio não se encontra ao meu lado.

– Pelos deuses, minha filha, cala-te! Nem ouses cometer tamanha infâmia. Qualquer traição de tua parte, mesmo de corresponder a olhares e conversas com outros homens, poderá ser motivo para o distrato do teu compromisso com os Valeriano. Deves, portanto, dominar teus impulsos. Aliás, mesmo quando estiveres com Públio, jamais deves deixar que ele ultrapasse os limites, pois a tua pureza é a única forma de mantermos a garantia do teu futuro.

– Com isso não te preocupes, minha mãe. Apesar de gostar desse jogo de sedução pelos olhares e galanteios disfarçados, nenhum dos jovens que conhecemos é mais interessante, em todos os aspectos, que meu Públio. Por outro lado, meu noivo é muito mais pudico que eu. Os limites são quase sempre ultrapassados por mim, no que sou repreendida prontamente por Públio.

Ambas voltaram a gargalhar. Encontrava-se ali o exemplo clássico de como se processavam os arranjos matrimoniais daquela época. A mulher das famílias tradicionais devia guardar-se até o casamento, sendo a castidade o maior dote a oferecer e, muitas vezes, como no caso de Salonina, o único dote. Aos homens, ao contrário, ainda na puberdade, era-lhes aceitável o início da experiência sexual, principalmente na companhia de escravas e de libertas, dentro de suas casas, o que era mais comum, ou mesmo nos prostíbulos conhecidos para esse fim.

Enquanto a sociedade da capital romana se preparava para a grande festa, víamos Públio Galieno passeando pelos arredores dos prédios públicos em companhia de seu primo Caio Márcio Centúrio, que acabara de chegar das Gálias para receber treinamento de oficiais, e cuja carreira vinha ascendendo, principalmente com o aumento da importância que seu tio Valeriano experimentava, levando consigo todos os familiares que pudesse. De personalidades totalmente diferentes, os dois jovens, quase da mesma idade, conversavam alegres diante da biblioteca pública:

– Públio, admiro teus excelentes pendores para os estudos das artes e da cultura. Já cheguei à conclusão de que tais pessoas são as que sustentam nosso império na unidade de pensamentos, enquanto nós, dos exércitos, o sustentamos na unidade geográfica. Apesar disso, meu caro primo, não aguento mais visitar esses prédios. Sei que tenho a intimidade suficiente para dizer-te: se me obrigares a entrar nessa biblioteca, empunharei minha espada e te desafiarei para um duelo fatal.

Públio Galieno gargalhou alegremente e, virando-se para o primo, respondeu-lhe em tom alegre:

– Isso é para que tu aprendas as lições que certamente irão te ensinar neste curso que vieste fazer: a paciência e a tolerância. Por certo me deixei empolgar pelo fascinante mundo das ciências e dos livros, esquecendo-me de perguntar-te sobre o que desejavas conhecer.

– No momento, a sede resseca minha garganta. Não podemos parar em uma taberna e experimentar um bom vinho da capital? Disseram-me que aqui essa bebida realmente é dos deuses!

– Sim, meu caro primo. Porém, não nos deixemos exceder, pois deves lembrar que teremos a festa do cônsul da Ásia Menor, evento ao qual o imperador prometeu comparecer. Nele quero aproveitar para que conheças meus amigos e minha noiva Júlia.

– Como não! Evidente que não perderei essa oportunidade de conhecer as famosas festas da alta sociedade de Roma. Diz-me, é verdade que os banquetes são regados, além do ótimo vinho, por escravas que nos assistem muito bem?

– Nem tanto, meu primo – respondeu Galieno em tom mais sério. – Nossa sociedade cometeu e ainda comete muitos excessos. Na maioria das festas de hoje, entretanto, principalmente nesta, cujos anfitriões são patrícios altamente respeitáveis, por certo não encontrarás essas regalias, não obstante o fato de que estarás cercado das mais belas e disponíveis jovens do império, do ponto de vista do casamento, é claro.

– Que os deuses não ouçam tuas palavras, Públio! – disse o jovem oficial sorrindo. – Não tenho nenhuma pretensão ao casamento, pois sei que o meu destino será construído nas fronteiras e não poderei assumir um compromisso deste porte tão cedo.

Os dois amigos dirigiram-se à taberna frequentada pelos jovens ricos de Roma, oportunidade em que conversaram longamente naquela tarde fria, experimentando os melhores vinhos da cidade. Públio Galieno e Caio Centúrio estavam alegres pelo reencontro que não acontecia há muitos anos, quando ainda recebiam os estudos de professores contratados por seus pais, nas Gálias. Relembraram os momentos alegres da infância do início da juventude, sem se darem conta de que esta aparentemente fortuita reaproximação lhes marcaria as vidas para sempre.

DESEJOS E QUEDAS

CAPÍTULO IV

Os dois primos conversaram longamente naquele final de tarde. Acabando por se excederem no consumo de vinho e dos petiscos da época, à base de pães, queijos e azeitonas, voltaram para a residência de Valeriano já quase no horário marcado para o início da festa. Públio, após receber duras advertências de sua mãe, que estranhou aquela conduta não comum do filho, mormente com relação à bebida, dirigiu-se ao seu quarto para se aprontar. Entretanto, por não estar habituado àquela dosagem excessiva de álcool, passou mal com enjoos e forte dor de cabeça, obrigando-se a deitar, sendo amparado por sua mãe e pelos criados. Egnatia Mariniana, severa que era quando o assunto envolvia disciplina e comportamento social, aproveitou para chamar a atenção do filho:

– Públio Licínio! Vê teu estado, meu filho. Isso são modos de um jovem patrício se comportar? Não lembraste o teu compromisso na casa de Pôncio Severo? Teu pai não iria gostar nada de ver este teu comportamento. Tu sabes das pretensões políticas de Valeriano, o que te obriga a estar sempre atento às tuas obrigações sociais.

Galieno amava muito aquela mãe. Não obstante a sua dureza formal, ela era para ele o símbolo do amor na Terra, e as imagens da infância em sua memória lhe remetiam à profunda emoção, quando lembrava os momentos de aconchego no seio materno. Naquele momento, entretanto, sabia o jovem Públio que havia cometido uma falta imperdoável às conveniências sociais da genitora, pois, não estando o irmão em Roma, tornava-se a única pessoa da família com a qual a mãe contava para acompanhá-la à festa do Severo e, seu estado, após os excessos etílicos, fatalmente o impediria de comparecer ao banquete, em face das fortes dores e enjoos que sentia.

– Minha mãe, perdoa-me! Perdi a hora e me excedi na dosagem do vinho. Estávamos felizes, relembrando os velhos tempos, Caio e eu, e acabei por alegrar-me exageradamente. Mandarei um mensageiro à casa de Júlia a fim de que venha até aqui e te acompanhe à festa. Assim não chegarás sozinha.

A matrona romana, experiente e dona de si, no alto de seu orgulho, respondeu firmemente:

– E por acaso pensas que aquelas duas podem te substituir nos deveres que a ti compete executar? Por certo a tua intenção é boa, meu filho, pois conheço as virtudes do teu coração. Contudo, a adentrar na festa com aquelas duas, prefiro chegar sozinha, em companhia de Lucrécia.

Ao se referir à escrava Lucrécia, que era da mesma idade de sua mãe e que cresceu em sua família para unicamente cuidar dela, Mariniana sabia que aquela mulher não poderia fazer-lhe companhia na festa, tendo em vista a condição social de escrava. Na citação de Júlia e Engrácia, a mãe de Públio Galieno deixou transparecer toda a sua indignação quanto ao noivado do filho com aquela jovem. O coração de mãe de Mariniana não se enganava com relação às reais intenções da mãe de Júlia, o que a deixava sempre irritada quando o filho tentava forçar uma aproximação sem as devidas afinidades naturais entre elas. Seu marido Valeriano fora amigo do falecido esposo de Engrácia, mas por ela a mãe de Galieno não nutria qualquer afeição. Públio sabia dessa dificuldade que sua mãe tinha em relação à mãe de sua noiva, mesmo assim tudo fazia para que as relações se estreitassem, tanto que os convites remetidos à casa de Júlia o foram por Galieno, mas divulgados pelo mesmo como se fosse a própria Mariniana que houvesse se dignado de enviá-los.

– Minha mãe, não tenho condições morais de te objetar a ideia, pois vejo em Lucrécia uma tia amada, como uma segunda mãe. Mas, se quiseres, posso pedir a Caio para te acompanhar...

Nem mesmo completou suas palavras e Públio foi interrompido severamente pela mãe:

– Estás louco, Públio Licínio Galieno?! Por certo o deus Baco te domina a mente e desvairas. Como irei me fazer acompanhar do meu sobrinho que não vejo há mais de dez anos e com o qual não tenho a mínima intimidade? Além do mais, o fato de você estar nesse estado lastimável e ele em perfeitas condições mostra que essas bebedeiras para ele são habituais. Se ele é o responsável indireto por isso, como me sentirei ao seu lado num evento social, onde certamente terei que justificar a tua ausência?

Os argumentos de sua nobre mãe eram demasiadamente robustos para que Públio Galieno os retrucasse. Não lhe restava outra alternativa que não fosse pedir desculpas à sua mãe pela desfeita, concordando com a providência que ela se dignara de tomar.

Os argumentos de sua nobre mãe eram demasiadamente robustos para que Públio Galieno os retrucasse. Não lhe restava outra alternativa que não fosse pedir desculpas à sua mãe pela desfeita, concordando com a providência que ela se dignara de tomar.

Passados trinta minutos após a saída da mãe de Públio em direção à festa do Severo, Caio Centúrio entrou no quarto do primo, que dormia pesadamente. Em seus pensamentos, o jovem oficial, que já se encontrava trajado elegantemente com seu uniforme de gala, obrigatoriamente usado em reuniões sociais como aquela, hesitava em chamar o primo, que gemia de dor, mesmo estando dormindo. Percebendo que seria inútil acordar o companheiro de vinhos, decidiu ir sozinho ao evento, pois apesar de ter a certeza de que se sentiria deslocado socialmente, motivou-lhe o fato de conhecer uma festa tradicionalmente romana, bem como a possibilidade de ver de perto as jovens patrícias da capital, famosas por suas belezas e por seus encantamentos.

Assim resolvido, partiu então Caio Márcio em direção à residência do cônsul Pôncio Severo. Apesar do frio, a noite estava fartamente estrelada e com a lua especialmente bela na fase em que se encontrava, emoldurando os prédios de Roma de um brilho quase cenográfico. Enquanto a liteira carregada por fortes escravos deslocava-se lentamente, Caio Márcio pensava nas histórias contadas por seu pai a respeito da formação e expansão do império. Quantos fatos importantes haviam ocorrido naquelas ruas e vielas, naqueles prédios antigos, cujas consequências mudaram o curso da história humana para o bem ou para o mal – pensou o oficial gaulês. No íntimo daquela Roma, centro do mundo, vibravam as cordas da sinfonia do pensamento humano. Invariavelmente, todas as pessoas miravam seus destinos para aquela cidade mágica, como amigos ou inimigos.

Absorto nesses pensamentos, o jovem oficial despertou quando a liteira foi arriada, alcançando o prédio no qual estava sendo realizada a festa. Reconheceu de longe a residência do Severo, pois a águia romana, em tamanho considerável, estava esculpida no frontispício do prédio, indicando que ali era a habitação de uma família que amava o império e suas tradições. Um conjunto de soldados montava guarda frente à porta principal, elegantemente uniformizados, o que poderia confirmar a notícia da presença do imperador naquele evento. Ao se aproximar, tendo em vista seu uniforme oficial, os soldados prontamente o cumprimentaram à moda dos exércitos romanos, solicitando-lhe apenas o nome para registro no livro de presença dos convidados. Caio Márcio, que não estava habituado a esses protocolos, acedeu tranquilamente à solicitação do soldado, que lhe perguntou:

– Senhor, sede bem-vindo à casa do Severo! Desejais que vos acompanhe até os dois salões?

O jovem, ao mesmo tempo em que não queria demonstrar sua condição de inexperiência, precisava do máximo de informações para não passar vexames perante os convidados. Com esse objetivo, consultou o subordinado:

– Soldado, sou convidado estrangeiro em Roma, vim das Gálias especialmente para a festa. Dizei-me, o imperador está realmente presente?

– Não, senhor! Estamos de prontidão para garantir a segurança. As ordens são para que adotemos os procedimentos máximos de cautela, pois a qualquer momento nosso magnânimo poderá se fazer presente.

– Então, dissestes-me haver dois salões? Explicai-me.

– Senhor, um salão foi destinado especialmente aos jovens amigos da pequena Lucíola Severo, e outro aos pais e aos demais acompanhantes convidados à festa.

Caio Márcio, considerando que estava só e que não conhecia os patrícios do salão destinado aos mais velhos da festa, decidiu então ir em direção ao outro ambiente, onde poderia se sentir mais à vontade, com a natural afinidade, pois também ainda era jovem. Após adentrar o hall principal, luxuosamente decorado e perfumado com o aroma das flores, abundantemente colocadas em todos os cantos da residência, o jovem oficial foi direcionado ao salão à sua direita. Observou que em cada parte do acesso havia soldados em guarda, ratificando a preocupação com a segurança do imperador, caso ele se fizesse presente. Não se ateve aos detalhes do lugar, pois não possuía essa sensibilidade, deixando de notar os ricos móveis habilmente trabalhados por marceneiros famosos do império. O mármore, ora esculpido, ora perfeitamente liso, reluzia com o reflexo da iluminação artisticamente disposta, a qual, mesmo ainda sendo à base de óleo e fogo, pela quantidade utilizada no local, nada perdia em relação à luminosidade natural, como se fosse um dia. O piso em forma de xadrez, composto por mosaicos de pedra polida, claras e escuras, perfeitamente limpo e bem cuidado, emprestava suntuosidade ao ambiente. Ao transpor a grande porta de madeira, ricamente trabalhada, em cuja parte frontal estava esculpida a insígnia da família do Severo, Caio Márcio surpreendeu-se com o imenso salão, completamente cheio de convidados sorridentes e falastrões. Estava ali, à sua frente, o futuro do Império Romano. Dentre aqueles jovens, certamente haveria um futuro imperador, governador ou outra autoridade importante. Naqueles sorrisos alegres, muitos movidos à custa da bebida e de alucinógenos, podia o jovem gaulês perceber a vitalidade da sociedade romana, com suas diferenças e conflitos, mas sempre demonstrando superioridade soberba.

A fim de não demonstrar seu completo deslocamento e também para fazer-se perceber como oficial do exército, Caio Márcio ordenou que o soldado permanecesse por alguns instantes no local, no que foi prontamente obedecido. Após identificar todo o ambiente, verificando os locais onde se concentravam as bebidas, liberou o soldado, que sem entender muito a ordem do superior, retornou ao posto de serviço. A riqueza daquele lugar era de impressionar os olhos. Centenas de jovens, vestidos com as mais caras confecções do império e adornados com peças de ouro e prata, emprestavam ao salão de festas um ar de opulência e grandiosidade.

A entrada de Caio Márcio no salão de festas destinado aos jovens convidados de Lucíola Severo não passou despercebida. Pela imponência de seu traje e por se fazer presente ao recinto escoltado por um pretoriano, muitos foram os olhares a admirá-lo, de uns com estranheza, em face do inusitado e diferente visual, de outros, principalmente das raparigas que conversavam em grupos, com interesse em sua beleza e porte, que lhe eram traços marcantes. Dentro de um desses grupos, encontrava-se a jovem Salonina, que havia se desgarrado de sua mãe após as necessárias apresentações aos mais velhos, tendo preferido, pois, como todos os jovens presentes, desfrutar daquele salão, destinado às afinidades da alegria e da vitalidade dos futuros cidadãos romanos. Longe dos olhos fiscalizadores de Engrácia Augusta, que julgava estar a filha segura dentro daquele ambiente familiar e fino, Júlia Salonina, já mais acostumada com o ambiente social, demonstrava perfeita desinibição diante de suas amigas e também de estranhos. Todas as pessoas que a conheciam sabiam de seu compromisso com o jovem Galieno, estranhando o fato daquela ausência, facilmente justificada por Mariniana como o acometimento de um mal-estar súbito. Apesar disso, Júlia Salonina não ficou indiferente à entrada daquele desconhecido e belo oficial. Imediatamente ao momento da chegada de Caio Márcio, o grupo de amigas de Salonina passou a comentar, em tom de alegria:

– Pelos deuses! – disse Salonina com os olhos brilhando. – Creio que o próprio Júpiter veio prestigiar nossa amiga Lucíola! Quem é esse deus grego?

– Não sei, minha amiga – respondeu sua colega do grupo social. – Porém, a única certeza que tenho é de que ele deve ter chegado aqui para me encontrar e me levar para os céus, pois tu já possuis o teu próprio deus Galieno, que já te arrebatou o coração!

As duas jovens riram alegremente uma da outra. Estimuladas pela bebida que há algumas horas estavam consumindo, excedendo-se na dosagem à qual estavam acostumadas, soltavam-se nos comentários, cheios de interesses mundanos e baseados no prazer do corpo. Salonina, em especial, sentia-se segura, certamente ciente de sua beleza física e da atenção que despertava nos homens da festa. Longe dos olhos disciplinadores da mãe e principalmente do noivo Públio, a jovem gaulesa deixou-se levar pela atmosfera sensual do local, regada a muita bebida, música e extrema vontade dos presentes em se locupletarem na lascívia. Mesmo consciente de seu compromisso com Galieno, a noiva do filho de Valeriano não se fez de rogada e não se esforçou em demonstrar interesse em preservar fidelidade ao seu prometido:

– Minha amiga Plauta! O que os olhos não veem o coração não sente. Públio, por certo, deve ter se divertido muito com os amigos hoje, por isso não se encontra em minha companhia. Deverei eu deixar de me divertir por conta do egoísmo de meu noivo? Sou jovem e não quero desperdiçar nenhuma oportunidade, pois sei que depois do casamento minha vida vai se transformar em uma prisão domiciliar.

– Sabes de uma coisa, Júlia? Tens razão. Aproveita, amiga. Todos aqui estão felizes e belos, alegres e cheios de amor para dar – aconselhou a companheira, demonstrando toda a futilidade que movia seus sentimentos. Então, vamos combinar: – prosseguiu a jovem Plauta – quem conquistar os olhares daquele belíssimo soldado terá o apoio da outra, na discrição e na torcida.

– És rápida no pensamento, Plauta! A tua discrição e o teu sigilo terão de ser realmente testados, pois tenho certeza de que já fisguei os olhares daquele pedaço de céu. Observa-o sem chamar a atenção.

As duas, disfarçadamente, voltaram-se ao jovem Caio Márcio que, de fato, mirava o olhar em direção à noiva de Galieno, que também passou a estimular o jogo de sedução, induzindo o rapaz a concluir que havia correspondente atração. Sem se conhecerem – e, portanto, sem possuírem a noção de que ambos eram diretamente ligados pelos laços afetivos ao jovem Galieno – passaram a conversar alegremente. Caio Márcio, preocupado que estava em não demonstrar sua inexperiência com o ambiente social e movido pelo orgulho, para não revelar sua origem anônima das Gálias, evitou falar em sua família, apenas destacando que se encontrava em breve missão imperial para o necessário treinamento que deveria habilitá-lo ao comando de tropas.

– Então, estás aqui por ordem do imperador? – perguntou Salonina, já demonstrando no olhar e na voz os primeiros sintomas de embriaguez.

– De certa forma, sim – disse Caio Márcio. – O curso que farei me habilitará a trabalhar nas fronteiras com a Germânia. Em breve estarei lá, se os deuses assim me permitirem.

– Espero sinceramente que os deuses não o queiram...

Essas palavras de Salonina foram interpretadas pelo jovem oficial como o código a confirmar o interesse da moça por ele.

– Diz-me, Cornélia, como pode uma belíssima jovem estar desacompanhada de um varão romano? Por certo não me atreveria a ceder a meus instintos, pois tenho certeza de que já deves ter alguém que te conquistou o coração.

Salonina, por um momento, pensou em se referir ao noivo Galieno, mas, de súbito, sentiu um arrepio percorrer-lhe o corpo, como se estranho desejo, em sensação muito forte e prazerosa, fizesse com que ela mudasse os pensamentos, arriscando manter aquele jogo de sedução, até onde a sua curiosidade permitisse:

– De fato, meu nobre Caio, não nego que muitos são os homens que se insinuam. Porém, até alguns instantes atrás, nenhum deles havia me despertado o interesse.

Não havia mais dúvida na cabeça do soldado de César. Aquela bela mulher, aparentemente rica e bem dotada, denunciava nos gestos e no olhar a sua entrega, correspondendo aos desejos de seu interlocutor. Instintivamente, ao sorrir contente com aquelas últimas palavras, Caio Márcio tentou aproximar-se de Júlia, com a intenção de beijá-la. Entretanto, foi surpreendido pela reação automática da jovem:

– Pelos deuses, o que fazes?! Afasta-te...

Estranhando aquela reação, Caio Márcio retrucou:

– Perdoa-me, Cornélia. Pensei que tuas palavras concordavam com os meus desejos em beijar estes teus lábios doces.

– Sim, de fato. Mas, por conta de minha timidez, não quero fazer isso aqui, em público.

– Claro, entendo – respirou, aliviado, o oficial. – Todavia, não conheço o lugar e não saberia aonde levar-te para que pudéssemos ficar mais à vontade.

Júlia Cornélia Salonina, que apenas tinha revelado ao jovem Caio o seu nome como Cornélia – portanto diferente do nome "Júlia", ao qual muitas vezes Galieno se referiu – conhecia bem aquela casa, pois lá, em companhia de Lucíola Severo, recebia instrução musical de professores particulares contratados pelo cônsul. Todavia, como sair daquele salão sem ser muito notada, principalmente ao lado do belo patrício? Imediatamente depois de emitir esses pensamentos, como se os "deuses" conspirassem a favor dos desejos daquele jovem casal, várias luminárias do salão foram apagadas simultaneamente, ficando o ambiente tomado por uma penumbra. Mais adiante, após a reação coletiva de espanto em face da escuridão repentina, em uma espécie de palco, armado para as atrações da festa, luzes se acenderam em grandes tochas, fazendo surgir um artista vestido e maquiado de forma caricata. Como um mestre de cerimônias, começou a anunciar aos presentes que havia chegado a hora das atrações artísticas em homenagem à debutante, realização comum em eventos daquele porte.

Percebendo que todos os convidados voltaram-se para o palco iluminado, desviando suas atenções, Salonina aproveitou o momento e puxou a mão do jovem oficial, fazendo um gesto de silêncio e indicando com a cabeça para que ele a seguisse discretamente. Deixando a jovem afastar-se um pouco, Caio Márcio, olhando para os lados, nervoso que estava, disfarçadamente caminhou em direção à porta por onde Cornélia havia passado. Naquele instante, iniciava-se a desventura de Júlia Cornélia Salonina, que estava prestes a consolidar a sua queda, arriscando tudo por um simples momento de prazer.

A porta à qual Salonina se dirigiu dava acesso a uma pequena varanda suspensa, com vista privilegiada de parte da cidade de Roma, pois o terreno, naquele ponto da capital, declinava naturalmente, destacando as casas e os prédios públicos que iam se apresentando, considerando que aquela residência fora construída no topo de uma pequena colina. Apesar de aquela varanda não estar iluminada artificialmente para a festa, tendo sido, por seu tamanho, preterida, o local estava banhado pela luz do luar, bem como pelas estrelas, que embelezavam ricamente aquele ambiente. Era o local perfeito para aqueles que desejassem, às escondidas, obter privacidade em seus atos. No caso daquele casal que acabara de se formar, os desejos iam além da obtenção de privacidade, pois, no desatinado desabrochar das energias de Cornélia Salonina, aliadas ao instinto quase animal da virilidade de Caio Márcio, conspiravam os "deuses" em termos da criação de condições ideais para a mudança do curso de seus destinos, ou para a execução dos mesmos, dependendo do ponto de vista, pois para o planejamento superior, o destino mudava de curso; para os obsessores, contudo, ele estava sendo executado.

Ao chegar à varanda, Salonina encostou-se no guarda-corpo formado por colunetas de mármore esculpido, virando-se de costas para a rua e de frente para o jovem oficial. Sem titubear, de modo instintivo e cheio de desejo, Caio Márcio aproximou-se da jovem e bela patrícia, beijando-a demoradamente.

– Eu tinha certeza de que tua boca era revestida do veludo divino e possuía o gosto das mais doces frutas – disse o oficial, sussurrando aos ouvidos de Salonina.

– Pelos deuses, o que faço? – perguntou a si mesma em voz baixa. – Cala-te e beija-me, antes que eu desista – completou o sussurro de modo que Caio Márcio pudesse ouvir.

Mesmo sem entender aquelas palavras, Caio Márcio tratou de obedecê-las. A dosagem alcoólica consumida por Salonina, misturada aos seus impulsos aflorados e somada às influências espirituais não perceptíveis aos olhos encarnados, foi uma fórmula fatal na condução das atitudes da jovem gaulesa. Esquecendo-se de todas as advertências de sua mãe, dos princípios e exigências da sociedade de Roma e, principalmente, de seu compromisso com Públio Galieno, Salonina tomou a iniciativa de conduzir aquela aventura, mesmo nas condições improvisadas em que se encontravam, encaminhando os atos de Caio Márcio rumo ao prazer sexual. O preposto do império, por sua vez, mesmo sentindo muito nervosismo diante daquela inesperada situação, acedeu à vontade de sua parceira, pensando que aquilo poderia ser natural naquele tipo de festa, em face das muitas histórias que lhe contaram sobre as orgias que em algumas comemorações se processavam. Não tinha, dessa forma, qualquer sentimento de culpa, pois desconhecia a origem proibida de Cornélia, o que lhe fez considerar que tudo o que estava ocorrendo tratava-se de um presente dos deuses. Aquela belíssima rapariga, cheia de encantos, cujo tipo já povoava o imaginário do jovem oficial, entregava-se completamente. Guiada por fortes desejos, como se estivesse em um transe que apagava quase por completo a sua força de raciocínio, Salonina perdeu a sua pureza, oferecendo-a a Caio Márcio, que não a pediu, mas que também não tinha conhecimento das circunstâncias que os envolviam.

Após muito tempo de intensa entrega, abraçaram-se aqueles dois jovens, emudecendo-se por vários minutos, até que a respiração ofegante se estabilizasse, permitindo exprimirem-se um para o outro:

– Júpiter por certo te enviou para mim! És maravilhosa, minha linda. Quero-te para sempre – disse o oficial, carinhoso e empolgado.

Ao ouvir aquelas palavras de seu companheiro, Salonina pareceu ter acordado de um sonho. Subitamente, desvencilhou-se dos braços fortes de Caio Márcio, afastando-se para o lado. Procurou rapidamente se recompor, ajeitando suas roupas e seu cabelo, quando, parecendo querer fugir de sua própria consciência e percebendo a gravidade do momento, falou em voz baixa, mas firme:

– Não deves alimentar qualquer esperança de novo encontro. O que fizemos aqui deve morrer aqui. Sou de uma família muito influente junto ao exército imperial, em face do alto cargo que meu tio ocupa. Não hesitarei em utilizar essa influência para a necessária reprimenda, caso me calunies perante a sociedade.

Caio Márcio imediatamente mudou o semblante. Quem era aquela mulher que estava ali a repreendê-lo? Não compreendia aquelas palavras, pois não conhecia os detalhes circunstanciais. Aproveitando para também se recompor, respondeu:

– Cornélia, não entendo essa mudança repentina de comportamento. Ainda há instante abraçavas-me como a deusa Afrodite, a alimentar-me os desejos e os mais sinceros sentimentos de paixão. Agora, estranhamente me tratas como um subordinado qualquer. Por quê?

– Essa aventura que realizamos aqui – disse Cornélia – não deve ser motivo de nenhum sentimento de tua parte e muito menos da minha. Na verdade, eu sou comprometida, Caio, e se me entreguei a ti é porque confiei na tua discrição de oficial e porque sei que daqui a alguns dias não estarás mais em Roma, portanto, longe dos meus olhos, que são os canais pelos quais o coração se rende quando o assunto é desejo. Assim, sairemos dessa varanda aparentando a mais absoluta normalidade, pois meu noivo, que possui patente maior que a tua, encontra-se na comitiva do imperador, que a qualquer momento deve chegar a este local.

Mentia astutamente Salonina, para dar um ar de ameaça às pretensões da carreira do jovem oficial, uma vez que fora criada em um ambiente militar e, portanto, conhecia as regras de hierarquia entre os soldados. Ao se referir à comitiva do imperador, emprestou à mentira ameaçadora forte componente de persuasão.

– E tu podes me dizer o nome do teu noivo?

– Por certo que assim não o farei – respondeu Cornélia, de imediato. – É melhor que não saibas, tanto para que não te vanglories por aí, quanto para preservar a mim e ao meu noivo, que não perdoaria a minha atitude, muito menos a tua insubordinação.

Caio Márcio então se convenceu a não insistir mais. Considerando ser aquela forma de aventura uma coisa natural na capital – o que não era verdade, em se tratando de moças daquele nível social – preferiu não arriscar mais qualquer iniciativa de reaproximação.

– Pois bem. De minha parte tens a garantia de total sigilo, mesmo a despeito de meus sentimentos e meus desejos de homem, que não esquecerão jamais este momento. Podes ficar certa de que sou disciplinado o suficiente para esquecer teu nome e tua família, deixando gravado em minha mente somente o prazer que sentimos um pelo outro.

– Fazes muito bem em assim pensar e agir – falou Salonina, sorrindo. – Sairemos, portanto, tranquilos e serenos daqui. Nada aconteceu. Vou primeiro. Aguarda alguns minutos antes de voltares ao salão, para que eu possa ficar longe de ti.

– Muito bem, como queiras – respondeu Caio Márcio, resignado, virando-se para a colina enluarada.

Quando estava alcançando a porta de saída da varanda em direção ao pequeno hall que ligava o salão de festas à varanda, Salonina empalideceu imediatamente ao ser surpreendida pela entrada de sua mãe, de inopino. Engrácia Augusta, que estava procurando sua filha já há algum tempo, encolerizada, falou:

– Júlia Cornélia Salonina, o que fazes aqui neste lugar apartado da festa?!

Júlia Salonina quase desmaiou de susto. Ao ouvir pronunciado o seu nome completo, viu que sua estratégia de esconder-se socialmente de Caio Márcio poderia ruir. Tentando disfarçar o que havia ocorrido ali, respondeu nervosa:

– Minha mãe, não precisas ficar tão brava. Vim apenas mostrar esta vista ao senhor Caio Márcio. Sabias que ele também é das Gálias, mamãe? – perguntou Júlia, para mudar o assunto.

– Não me interessa as origens desse homem – retrucou Engrácia, ríspida. – Por certo já deves ter lhe comunicado a tua condição de noiva e o teu compromisso irretratável.

Caio Márcio, que de imediato virou-se ao ouvir a voz da mãe de Cornélia, cujo nome agora sabia que incluía também "Júlia", percebendo a gravidade do momento, inclinou-se cortesmente à matrona romana, imprimindo respeito à sua fala:

– Senhora, perdoai-me a insistência da qual me revesti, no sentindo de solicitar que a vossa filha me mostrasse as belas paisagens da capital. Sou estrangeiro e, como disse

Cornélia, sou vosso patrício, sendo esta a primeira vez que conheço a cidade de Roma. Vossa filha foi muito gentil em me trazer até aqui e me mostrar este belo quadro noturno. Deveis ficar tranquila, entretanto, pois ela prontamente me disse de sua condição de noiva, não havendo de minha parte qualquer intenção que não seja a de respeitá-la.

A experiente Engrácia Augusta sabia que aquelas palavras eram fruto das conveniências sociais. Julgando os outros por si mesma, tinha a certeza de que aquele belo jovem mentia quanto às suas reais intenções. Todavia, considerando-lhe a condição de oficial e ao modo polido como se apresentou, disse-lhe:

– Por certo não esperava outra coisa de vossa parte. Apesar de censurar, veementemente, a presença dos dois sozinhos, aqui neste lugar, isolados dos demais convidados, confio na educação que dei à minha filha, na certeza de que ela possui a consciência de seu compromisso com o jovem Públio Galieno.

Ao ouvir revelado o nome do futuro genro de Engrácia Augusta, súbita palidez envolveu Caio Márcio e Júlia Salonina. Ao primeiro, por saber que praticou ato nefando contra a honra de seu primo. À segunda, por ver revelado o seu segredo, colocando em risco a sua estratégia de sigilo absoluto. O jovem oficial ficou sem palavras, pensando no rio de consequências que a sua aventura poderia provocar. Sem saber muito bem como se expressar, perguntou:

– Falais de Públio Licínio Galieno, filho do cônsul Valeriano?

– Sim, esse mesmo – respondeu Engrácia, com ar de soberba. – Por quê? O conheceis?

Caio Márcio percebeu o motivo da repentina mudança de Salonina após a sua entrega naquela noite. Ao mesmo tempo em que passou a repulsar o caráter traidor da noiva de seu primo, pensou que ele fora coautor desse crime imperdoável. Concluiu serem mentiras algumas informações de Salonina sobre o noivo, percebendo que se tratava de um modo de chantageá-lo. Para não complicar mais ainda sua reputação, Caio Márcio respondeu:

– Não, apenas ouvi falar vagamente. O cônsul Valeriano é muito respeitado e conhecido.

Júlia Salonina, tentando dar um fim àquele trágico momento, tratou de falar, envergonhadamente:

– Mamãe, por certo eu não omiti ao senhor Caio Márcio Centúrio nada a meu respeito. Suas atitudes para comigo foram de profundo respeito. Não citei o nome de Públio, mas deixei clara a minha condição de mulher noiva e comprometida.

– Mas deverias ter vindo aqui acompanhada de pelo menos uma de tuas amigas – repreendeu a mãe de Júlia. – Foste imprudente nesse aspecto. Apesar da condição social desse rapaz, ele é um desconhecido para ti e, portanto, não deverias estar conversando a sós com ele.

– Perdoai-me, senhora – disse Caio Márcio, tentando amenizar. – Vossa filha não tem culpa. Todos os débitos dessa situação devem ser atribuídos a mim.

– Sei, sei – falou Engrácia Augusta para si mesma, pouco convencida. – Vamos, Júlia, voltemos à festa!

Ao dar a última ordem, a austera senhora puxou a filha em direção à porta, ao mesmo tempo em que Caio Márcio se inclinava respeitosamente, ao modo romano. Estando a sós com seus próprios pensamentos, o jovem gaulês virou-se para a fria noite de Roma, enluarada e emoldurada pelos milhões de estrelas no céu. Não conseguia concatenar as ideias, mesmo a despeito do silêncio quase monastérico do lugar. Sua cabeça fervilhava em pensamentos, imagens e sons, sendo a figura de seu primo, que gentilmente o acolheu e o ciceroneou pela cidade naquele mesmo dia, a imagem que mais o atormentava. Tentando não se deixar abater, tratou de voltar à festa para se recompor, de modo a ter condições de raciocinar e tentar encontrar um jeito de não ser motivo de escândalo perante a sua família, o que poderia arruinar-lhe as pretensões de ascensão militar para sempre.

O retorno à festa foi especialmente doloroso para os jovens Júlia Salonina e Caio Márcio. A primeira sentia profunda dor na consciência, sabendo-se a maior responsável pelo que ocorreu, percebendo todas as consequências graves que poderiam advir daquela noite. O segundo sentia profundo remorso em ter se envolvido com a noiva de seu primo, mesmo sem o saber. Sua consciência também o culpava, pois as regras de convivência social eram claras, no sentido de que um patrício romano deveria respeitar a castidade de suas pretendentes até um futuro casamento. O primo de Galieno sabia que o jovem filho de Valeriano respeitava rigorosamente as tradições da família romana, quando sonhava em constituir a sua própria como um exemplo a ser seguido.

Aquela festa alegre não fazia mais sentido para ambos os jovens. Enquanto Júlia Salonina voltou com semblante preocupado, preferindo estar ao lado de sua mãe no salão destinado aos mais velhos, até mesmo para evitar ter que comentar com sua amiga Plauta qualquer coisa a respeito de Caio Márcio, o jovem oficial resolveu sair da festa para examinar com mais calma a situação, a fim de estabelecer uma linha de raciocínio e direcionar as suas ações, evitando escandalizar a sua família.

A saída do militar não foi tão percebida quanto a entrada, pois todos os convidados já se encontravam no auge da alucinação alcoólica e do envolvimento com a música e com os demais estímulos sensoriais que seus sentidos podiam perceber. Ao chegar à frente do prédio, informou-se com os soldados sobre onde poderia encontrar uma boa hospedaria para pernoitar, sendo informado das opções de imediato. Apressou-se em se dirigir à casa de Públio Galieno, deliberando que o melhor a fazer seria sair de lá, quando haveria de inventar uma desculpa, informando que recebera ordens de retornar às Gálias com urgência, apesar da programação do curso em que estava matriculado. Como o treinamento que iria receber realizar-se-ia em uma fortaleza localizada nos arredores de Roma, afastada de seu centro urbano, não teria dificuldades em manter-se longe de Galieno, de sua noiva e de sua futura sogra, Engrácia Augusta. Decidido a realizar esse plano, silenciosamente retornou ao lar dos Valeriano e apanhou os poucos pertences que havia trazido, saindo em seguida rumo a uma hospedaria próxima ao local onde iria receber o treinamento militar.

Júlia Salonina, por sua vez, não conseguia mais expressar a alegria que demonstrava antes do episódio com Caio Márcio. Ao lado de sua mãe, que procurava sempre estar próxima de pessoas influentes da corte imperial, era constantemente indagada pelos mais velhos se não desejava voltar até o salão onde estavam seus colegas de faixa etária. Alegando um pequeno mal-estar causado pelo excesso de bebida e pela mistura dos diferentes tipos de comida que foram servidas na festa, ficou ao lado de Engrácia Augusta, cumprindo apenas as formalidades sociais. Sua cabeça, entretanto, fervilhava no sentido de que não saberia como evitar que Públio Galieno, após o casamento, descobrisse que ela não era mais virgem. Será que ele terá como saber disso? – pensava a jovem, sendo esta a principal preocupação, pois concluiu que Caio Márcio dificilmente a procuraria após descobrir que seu noivo era filho do cônsul Valeriano.

Mal sabia Salonina que as suas preocupações eram ainda pequenas diante das maiores consequências que adviriam após aquela fatídica noite de festa. Enquanto a jovem Lucíola Severo debutava para a sociedade de Roma, habilitando-se a receber propostas de matrimônio dos varões romanos, instituição considerada sagrada para aquele povo, a jovem Júlia Salonina debutava diante de seus infortúnios existenciais, cujo desenrolar marcaria sua vida para sempre.

Mãe e filha ficaram na festa por aproximadamente mais uma hora e meia, até quando os convidados começaram a voltar aos seus lares, exaustos. Por permanecer calada durante o trajeto de volta à sua casa, Júlia Salonina despertou a curiosidade de sua mãe, que lhe falou desconfiada:

– Júlia, minha filha, notei-te calada e triste no fim da festa. Tem mais alguma coisa te incomodando além da indisposição física?

– Não, mamãe – respondeu mecanicamente. – Aliás, corrigindo-me, tem sim. Estou triste pela ausência de Públio, bem como preocupada com a sua saúde. Será que aconteceu algo de grave com ele? Senti muito a sua falta. A festa teria sido mais alegre para mim com ele ao meu lado.

Duas eram as intenções das palavras de Salonina. A primeira era de tentar aliviar a dor da própria consciência, pois tinha a certeza de que, estivesse Galieno presente, jamais teria tido aquele comportamento. E a segunda, de responder à sua mãe de forma que ela ficasse mais satisfeita. Engrácia Augusta, entretanto, conhecendo sua filha e a natureza feminina nessa idade, completou:

– Assim espero! Que o teu coração esteja realmente saudoso da presença de Públio. Não quero nem imaginar que seja algo relacionado ao momento em que estiveste imprudentemente conversando a sós com aquele oficial do exército.

– De forma alguma, – retrucou Júlia, de imediato – na verdade, a minha repentina prostração se deu quando a senhora citou o nome de Públio, despertando em mim o quanto ele me faz falta em todos os momentos. Essa foi a primeira vez que fui a um evento social sem a companhia de Públio.

Cansada, Engrácia Augusta deu de ombros e encerrou a conversa. As duas mulheres seguiram caladas até a residência. A futura sogra de Galieno, mesmo a despeito de sua eterna desconfiança, fruto de sua preocupação em manter seu trunfo social, estava convencida da fidelidade de sua filha, passando a dar quase nenhuma importância ao fato ocorrido na festa. Júlia Salonina, ao contrário, foi invadida por profundo remorso pelo ato traidor a que se entregara. Quase não conseguiu dormir naquele final de madrugada, pois o choro convulsivo lhe tomou as emoções. Passou a reviver todos os seus bons momentos junto de Galieno, cuja figura atenciosa e gentil não saía da mente, enodoada pelas imagens frequentes da cena ocorrida na varanda do Severo. Sua consciência a culpava veementemente, não encontrando disponível qualquer justificativa plausível para lhe ratificar as atitudes impensadas. Neste clima de desventura, adormeceu Júlia Salonina em meio às torrentes de lágrimas de remorso, para, no dia seguinte, decidir sobre qual o rumo daria ao seu destino.

A FORÇA DO PERDÃO

CAPÍTULO V

Públio Galieno despertou cedo naquela manhã, percebendo que somente os criados estavam acordados, ocupados nos afazeres do dia a dia. Sua cabeça ainda doía um pouco, mas o enjoo havia passado. Após realizar a sua higiene matinal, sentou à mesa para fazer seu desjejum, pois sentia fome, uma vez que dormiu cedo no dia anterior, sem ter ingerido nada de substancial, em face do seu estado de embriaguez. Lucrécia, a escrava predileta da família, já havia acordado, mesmo tendo ido acompanhar a mãe de Públio à festa, sem ter podido participar, devido à sua condição social. Ao cumprimentar o jovem amo, perguntou por seu primo, estranhando a sua ausência:

– O jovem Galieno por certo sabe o paradeiro de seu primo?

– Não, Lucrécia, por quê? Ele não está no quarto de hóspedes?

– Não está. Sua mãe estranhou o fato de não tê-lo visto na festa do Severo, pois pensou que ele iria, mesmo sem a tua companhia, uma vez que estava se arrumando elegantemente.

– Estranho. Ele estava realmente muito animado para ir à festa. Talvez os escravos que nos servem nas liteiras possam nos informar, pois não haveria outro modo de ele ir até a residência do cônsul Severo, tendo em vista que não conhecia a cidade.

A serva Lucrécia concordou, deliberando ir, mais tarde, buscar informações do primo de Galieno junto aos servos que ficaram de prontidão na noite anterior. Após algum tempo conversando com Lucrécia a respeito dos detalhes da festa que ela pôde ver, eis que a senhora Egnatia Mariniana chega para fazer companhia ao filho durante aquele desjejum:

– Públio, estás melhor?

– Sim, mamãe, o pior já passou. A cabeça ainda dói um pouco, mas o enjoo, graças aos deuses, não me incomoda mais.

– Que bom! Espero que tenhas aprendido a lição, principalmente de não querer seguir os maus exemplos dos outros.

Galieno, percebendo que a mãe atirava dardos na direção de Caio Márcio, desconversou, mudando de assunto:

– E como foi a festa? A senhora encontrou Júlia por lá? Explicou a minha situação?

– É claro que eu não iria expor o teu nome e o de nossa família contando a verdade dos fatos. Seria uma desfeita imperdoável ao Severo. Disse a todos que tu estavas indisposto, pois comeste algo que não te fez bem ao estômago. Quanto à tua noiva, a vi muito rapidamente no início da festa, e mais tarde no final, quando eu estava de saída. Ela estava ao lado de sua mãe e não me parecia estar muito alegre. Engrácia me disse que ela estava com saudades tuas.

Públio sorriu ao pensar em sua amada Júlia. Imaginou o quanto ela deveria ter se sentido deslocada na festa, pois ela nunca havia saído para eventos daqueles sem que ele estivesse ao seu lado. Iludido, assim pensando, a contragosto visível de sua mãe, que parecia adivinhar o caráter de sua futura nora, Públio discorreu em tom apaixonado sobre sua prometida:

– Pobre Júlia! Deve ter ficado muito sozinha na festa. Ela, com certeza, terá dificuldades para me perdoar a ausência numa festa tão importante como aquela. Aliás, minha mãe, o imperador esteve realmente presente?

– Não, meu filho. Apesar de assim divulgado, e dos muitos seguranças que rondavam o lugar, indicando uma possível ida do imperador, ele não compareceu. Aliás, muitos comentavam que o cônsul empenhou quase tudo para convencer o imperador de ir, mas pelo visto, sem sucesso.

– Por certo o cônsul Pôncio Severo deve ter feito de tudo para agradar ao imperador. Ele foi o único que sobrou da família do Severo, e mesmo assim só conseguiu tal feito com base em traições e na aplicação de muitos recursos para manter parte do exército imperial. De fato, porque muitos na corte tentam difamá-lo, acusando-o de querer reivindicar sua linha sucessória como descendente indireto do imperador Severo, o cônsul precisa constantemente agradar ao imperador.

– Sim, meu filho, isso é conversa corrente nas rodas sociais. Ninguém sabe ao certo quais as verdadeiras intenções das pessoas nessas circunstâncias. O imperador, por certo, deve aproveitar as benesses do cônsul até quando ele se sujeitar a isso. O cônsul, por sua vez, precisa manter essas benesses para constantemente estar provando a sua fidelidade. Não deve ser fácil para ele.

– É verdade – disse Galieno, pensativo. – Mamãe, Lucrécia me disse que meu primo não foi visto na festa?

– Sim. Pensei até que ele havia desistido, preferindo fazer-te companhia. Não foi isso que aconteceu?

– Na verdade, não sei. Parece que ele não está em seu quarto – respondeu Públio.

– Será que ele já não foi ao treinamento? – Opinou a matrona Mariniana.

– Se foi, mudou de planos, pois ele havia me dito que o treinamento somente iniciaria amanhã. Vamos aguardar a informação dos liteireiros, pois com certeza devem tê-lo deixado em algum lugar.

Mãe e filho continuaram a conversa sobre os detalhes da festa, falando das pessoas, das notícias imperiais e da suntuosidade do evento.

Na casa de Júlia Salonina, entretanto, o dia seguinte à festa do Severo seria tenso e muito difícil para as donas da casa. A noiva de Galieno teve uma noite de muitos pesadelos e sonhos estranhos, nos quais parecia estar nos céus, em audiência com os deuses do Olimpo da mitologia grega. Viu-se sendo uma dessas deusas, que não conhecia, mas que iria voltar ao convívio dos humanos para ensinar-lhes algo. Viu também Públio Galieno como um deus superior a ela, que lhe dava ordens e orientações, estando ele cercado por centenas de pessoas que clamavam por justiça e liberdade. Quando o sonho se encontrava em um momento bastante tenso, Salonina foi desperta por sua mãe Engrácia, que entrou no quarto, enlouquecida, aos gritos, demonstrando estar furiosa:

– Júlia Salonina, trata agora de acordar! Quero que me expliques agora o que significa isto!

A mãe de Júlia mostrava em suas mãos a parte mais íntima do vestido da filha, o qual havia sido usado na noite anterior, durante a festa do Severo. Também sentindo dificuldades para dormir, quando teve igualmente pesadelos envolvendo sua filha, a qual chorava desesperada ao lado do oficial do exército que conheceu na festa, Engrácia Augusta decidiu investigar as roupas de Salonina e acabou encontrando nelas as provas por que tanto temia: manchas de sangue, evidenciando assim que a sua filha fora deflorada. A jovem noiva de Galieno foi acometida por um forte abalo emocional, pela forma como foi acordada e também por ver seu vestido daquele jeito, quando ela mesma não percebeu a mancha de sangue ao tirar as roupas em casa. Lembrando automaticamente que estava muito alcoolizada nos momentos finais da festa e na hora trágica de sua desventura, viu que nem chegou a considerar a hipótese óbvia de que sua primeira relação sexual produziria provas da perda de sua pureza. Não tendo condições de pensar no que falaria para sua mãe, respondeu de forma automática:

– Não sei, mamãe... Não seriam as regras?

Engrácia Augusta aproximou-se da filha, que ainda estava deitada, e puxou-a pelo pescoço, levantando-a e, olhando em direção aos seus olhos, falou:

– E por acaso esqueceste que tuas regras finalizaram há duas semanas? Pensas que sou idiota?

Ao falar as últimas palavras, Engrácia Augusta perdeu o controle e desferiu um tapa no rosto de sua filha, que apenas reagia chorando e colocando as mãos na face. A matrona romana, percebendo que sua filha confirmava-lhe as suspeitas com o choro e com o silêncio, gritou encolerizada:

– Pelos deuses, minha filha! Quantas vezes te adverti e te ensinei sobre a importância de te guardares para o casamento. Quantas vezes insisti para que tivesses cuidado até mesmo com Públio, evitando a precipitação que poderia atrapalhar teus planos de felicidade. E agora tu me respondes com um ato desses, comparando-te às mais baixas prostitutas de Roma?

Júlia Salonina somente conseguia chorar. A cada palavra de sua mãe, que parecia ser a voz de sua consciência, aumentava-lhe ainda mais o desespero. Quando sua genitora citou o nome de Galieno, torrentes imensas de lágrimas lhe invadiram os olhos, em profundo remorso.

– Perdoa-me, minha mãe! Ajuda-me, pois me deixei levar pela bebida e pelos mais baixos e irracionais instintos. Ajuda-me, mamãe, pois só tenho a senhora a quem recorrer. Eu amo o meu Públio... Se ele me deixar, eu juro que tirarei a minha vida, pois ela não terá mais sentido algum para mim!

– Devias ter pensado nisso antes! Se ao menos tivesses cometido essa loucura com teu noivo, teríamos a certeza de que ele não te desampararia. Mas, pelo contrário, aproveitaste a oportunidade de estar sozinha para matares todos os teus desejos com qualquer um que se apresentasse. E agora, onde está aquele ordinário que não soube respeitar nem mesmo a futura nora de Valeriano?

Ao se referir a Caio Márcio, Engrácia Augusta fez sua filha lembrar-se de toda a sequência de mentiras que ela engendrou na noite anterior e viu que Caio Márcio, na verdade, não sabia que ela era comprometida, antes de consumar o ato sexual.

– Eu menti, mamãe! Menti para Caio Márcio, portanto ele não sabia que eu era noiva. Ele não tem culpa – disse Salonina, em choro incontrolável.

Ao ouvir a filha confessando ainda mais a sua culpa e a sua total responsabilidade pela indução do que ocorrera, Engrácia Augusta partiu descontrolada em sua direção, agredindo-a fisicamente. Foi a segunda vez na vida que Salonina era agredida por sua mãe. Na primeira vez, ainda criança, fora repreendida por faltar-lhe com o respeito, desobedecendo a uma ordem de cessar uma brincadeira. Agora, apanhava por faltar-lhe com o respeito moral, desobedecendo às orientações de comportamento social.

– Prostituta! Não posso reconhecer em ti a filha que com tanto sacrifício eu eduquei, sozinha, viúva e desamparada, e cujo futuro sonhava ser brilhante! Por que fizeste isso comigo, Júlia? Por quê?

A mãe de Salonina também desabou em prantos, ajoelhando-se ao pé da cama de Júlia. Naquele momento trágico para mãe e filha, desenrolava-se o julgamento da própria sociedade romana, pois a função sexual em Roma, para as mulheres, era encarada como essencial, não para a satisfação dos desejos do homem, mas sim para dar sentido à própria palavra matrimonium, ou seja, união pela mater, união para ser mãe. A mulher romana casava para se tornar genitora e procriar, sendo a cerimônia do casamento uma autorização oficial da legalidade da união, dando o direito ao casal, na pessoa do marido, de legitimar a sua herança aos filhos descendentes. Essa legitimidade, entretanto, só era considerada real quando havia o reconhecimento do filho por parte do pai que, no momento do parto, pegava a criança recém-nascida nos braços e decidia se a assumiria ou se a rejeitaria, com base em justificativas plausíveis. Qualquer fato que maculasse a certeza do pai quanto à saúde ou à paternidade, era motivo para a rejeição da criança, sendo esta normalmente morta ou entregue a mercadores como escrava. Engrácia Augusta sabia dessas convenções sociais, por isso chorava, temendo que a perda da pureza de sua filha fosse um argumento de Galieno para justificar o encerramento da relação, em face das dúvidas que uma esposa maculada poderia causar-lhe, inclusive quanto à pureza de sua futura prole.

– Perdoa-me, minha mãe, e ajuda-me, em nome do teu amor por mim, que eu sei ser infinito! Tem compaixão de tua criança!

As palavras de Júlia Cornélia Salonina foram ditas com a mais pura emoção, revestindo-se de sinceros sentimentos de filha arrependida. Sua mãe, que chorava ajoelhada no chão, ao lado da cama, emocionou-se ainda mais, lembrando aquela pequena menininha que um dia andava a lhe alegrar a casa, compensando a solidão de sua pobre viuvez precoce, uma vez que seu marido falecera quando Júlia tinha apenas três anos de idade. Experimentando as mais dúlcidas vibrações do verdadeiro amor maternal, espelho imperfeito, porém o mais semelhante sentimento ao amor de Deus, Engrácia Augusta foi se acalmando, conseguindo pensar com as ferramentas da razão.

– Sim, minha filhinha! Meu coração de mãe não pode fugir à natureza a que os deuses nos confiaram. Somos mulheres, Júlia, portanto, viemos ao mundo para servir, sofrer e amar. Você é o meu único tesouro no mundo, filha, e se teu comportamento me causa tamanho desespero, é porque só penso no teu bem e na tua felicidade. Não desejo para ti o que eu sofri no mundo. Não te quero vivendo por aí a custa dos favores alheios. Por isso esse meu choro de mãe que, no fundo, reconhece que também falhou...

Aquela senhora conseguiu surpreender até a própria filha com tamanha emoção e amor que as suas palavras transmitiam. Júlia Salonina, então, ainda chorando, ajoelhou-se ao lado de sua mãe e a abraçou. Permaneceram assim alguns minutos, abraçadas e chorando, em uma troca de energia que lhes refazia a alma.

– Minha mãe, amo-te com minhas forças todas. Perdoa-me e terás em mim o exemplo de dedicação e amor verdadeiro – disse a jovem Salonina com sincera emoção.

– Sim, minha filha, não posso dizer-te coisa diferente do que meu coração me ordena fazer. Meu sentimento de mãe diz que tu também tens o direito de errar, mesmo que este erro seja irreparável! Eu te perdoo, minha criança, eu te perdoo...

Novo rompante de lágrimas transbordou-lhes dos olhos, pois ali se encontravam desnudando-se uma à outra, em catarse emocional necessária para o fortalecimento do amor de mãe e filha. Não sabia a matrona romana que, com aquele gesto, estava conquistando para sempre a filha pelos laços inseparáveis do amor verdadeiro, que tudo sofre. Júlia Salonina e sua mãe Engrácia Augusta, abraçadas no chão do quarto, foram aos poucos se recompondo emocionalmente e se acalmando, quando a noiva de Galieno, com dificuldade, falou:

– Eu juro que nunca mais sofrerás com meus atos, minha mãe, pois doravante viverei apenas para garantir a tua felicidade e a de meu Públio, em cujos braços tenho a certeza de que encontrarei também o necessário perdão.

Engrácia Augusta levantou-se lentamente do chão e, recompondo suas vestes e enxugando as lágrimas com uma toalha que estava na cabeceira da cama, pegou sua filha pelo braço, agora de forma carinhosa, levantando-a igualmente para dizer-lhe com a voz mais serena:

– Júlia, não podes de forma alguma contar ao teu noivo o que aconteceu na casa do Severo. Apesar de demonstrar muito amor por ti, Públio é um idealista e ele já disse por diversas vezes que deseja constituir uma família que resgate os valores de nossas tradições. Uma notícia como esta abalaria profundamente as suas convicções nesse ideal, que julgo um tanto utópico, mas que é a energia que o move no momento, e nós não temos o direito de desapontá-lo e de frustrar-lhe os sonhos.

– Mas como esconderei isso de Públio? Pois um dia terei que me entregar a ele – disse Júlia, nervosa. – Por acaso ele não perceberá que não sou mais casta?

– Isso eu não posso te responder, – respondeu Engrácia, resoluta – pois não conheço até que ponto o teu noivo tem experiência com a vida sexual. O fato é que ele precisa continuar pensando que tudo está como antes. Deves, portanto, omitir o que ocorreu naquela maldita festa, mantendo somente conosco este segredo. Precisamos providenciar um jeito de acelerar teu casamento com Públio...

A jovem Salonina concordou com sua mãe, mesmo sem ter a menor ideia de como fazer com que seu noivo se antecipasse, tendo em vista que as intenções de Galieno eram de casar-se dali a um ano, período previsto para a volta de Valeriano da região da Réscia, onde foi realizar uma missão para o imperador.

– Sim, mamãe, seguir-te-ei os conselhos, pois não quero mais sofrer por meus atos impensados. Entretanto, como pensas em convencer Públio a casar-se antes do final do ano que vem?

– Ainda não sei – respondeu Engrácia Augusta, pensativa. – Mas haveremos de achar uma forma discreta de isso acontecer. Públio é jovem e decerto suas energias estão iguais às tuas, à flor da pele. Creio que não será tão difícil atraí-lo para teus braços.

As duas mulheres então voltaram a se abraçar, resolvendo ali jamais se separarem uma da outra, jurando amparo mútuo pelo resto da vida. Naquele encontro de dor, remorso e arrependimento, conspiravam os "deuses" para transformar a vida daquelas personagens, que fortaleciam naquele momento os laços eternos do verdadeiro amor.

O domingo frio de Roma seguiu rápido. Enquanto o povo simples continuava seu dia a dia de afazeres, a nobre sociedade romana refazia-se da noite anterior, comentando entre si a repercussão da grandiosa festa do Severo, que fora inesquecível para muitos convidados, em especial para a jovem Salonina e sua mãe, para quem a lembrança da suntuosidade e da alegria daquela noite fora apagada e substituída pelo ato intempestivo e lamentável de Júlia e Caio Márcio.

Na casa de Públio Galieno, a manhã foi de providências no sentido de localizar seu primo Caio Márcio, que de fato não pernoitou no quarto de hóspedes. Após efetuar as diligências junto aos liteireiros que trabalharam na noite anterior, foi informado de que Caio Márcio decidira hospedar-se em uma das pousadas próximas ao local onde realizaria seu treinamento, alegando que necessitava cumprir a sua apresentação no domingo e imediatamente retornar às Gálias, pois fora convocado com urgência por seus superiores. Não obstante ter estranhado aquela urgente convocação, principalmente por ela ter sido feita na parte da noite, Galieno preferiu acreditar que seu primo falara a verdade, tendo em vista que não havia motivos para que ele inventasse uma história como aquela. Percebendo, assim, que poderia ser perda de tempo tentar visitar a fortaleza onde seria realizado o curso para oficiais, pois ele provavelmente não estaria mais lá hospedado, desistiu Galieno de contatá-lo, lamentando apenas não ter podido apresentá-lo aos seus amigos e principalmente à sua noiva Júlia.

Após o almoço daquele dia em companhia de sua mãe e de Lucrécia, Públio Galieno resolveu visitar Salonina, tanto para poder pedir as necessárias desculpas pela ausência na festa, quanto pela oportunidade de vê-la, pois tentava assim o fazer todos os dias. Ao chegar à casa de sua prometida, Galieno notou algo diferente no semblante de Júlia, estranhando a falta da contumaz alegria que se sucedia sempre à sua chegada. Deduzindo que aquela aparente tristeza poderia estar relacionada ao fato de sua ausência na festa, iniciou a conversa de modo a se desculpar.

– Júlia, minha amada! Meu coração está arrependido por tê-la deixado sozinha na festa da pequena Lucíola Severo. Vim até aqui para matar a minha enorme saudade de ti, mas também para te pedir desculpas pela grande desfeita.

Salonina sorriu discretamente, percebendo que o remorso que lhe invadia a alma a fez mudar de comportamento. Em uma situação como aquela, caso não estivesse com tamanha consciência de culpa, normalmente já estaria esbravejando com seu noivo, cobrando-lhe explicações e exigindo mais consideração que o simples pedido de desculpas. Mas agora, uma energia diferente alterava seu modo de pensar, enxergando como banal o erro de seu noivo, diante da grande falta que ela própria havia cometido.

– Públio, meu amor, como senti a tua falta! Não precisas pedir desculpas, pois tua mãe já explicou que não te sentias bem ontem à noite. Entretanto, devo admitir que aquela festa foi deveras triste sem você ao meu lado.

Júlia Salonina abraçou o seu noivo demoradamente, não conseguindo evitar o choro emocionado. Suas palavras ainda a engasgavam, mesmo tendo se recuperado da catarse emocional da manhã, experimentada junto de sua mãe. Galieno mais uma vez estranhou tamanha emotividade por parte de sua amada, pelo simples fato de sua ausência. Entretanto, apaixonado que era por aquela bela mulher, respondeu-lhe carinhosamente, ainda envolvido nos braços da noiva:

– Júlia, perdoa-me a falta de consideração. Mas saibas que meu amor por ti é cada vez maior, pois nessas horas em que cometo essas faltas, o remorso me invade, porque não quero jamais que sofras por minha causa. Nunca te deixarei só, meu amor, nunca! Estaremos juntos para sempre.

– Oh! Meu amor! Tu não sabes o quanto preciso ouvir isso de ti. Sou eu quem implora o teu perdão, por ser tão insegura e infantil. Não quero perder-te, meu querido, por isso choro de saudades tuas – disse Salonina chorando.

– Júlia, – respondeu Galieno olhando em seus olhos – jamais tu te perderás de mim!

Galieno beijou sua noiva ardorosamente, enchendo-a dos mais sinceros carinhos. Deixando que Salonina se acalmasse, falou-lhe gentil:

– Meu amor, lamentei muito não poder ter ido à festa, pois além de perder a oportunidade de estar em tua companhia, perdi também a chance de te apresentar meu primo Caio Márcio Centúrio, que estava hospedado em minha casa. O meu estado lamentável de ontem parece ter impedido que ele tivesse a chance de conhecer uma festa da capital, o que ele tanto desejava.

A noiva de Galieno ficou pálida e gélida ao ouvir Públio citar o nome do jovem oficial, principalmente quando afirmou que ele era seu primo. Em um instante, relembrou o momento em que sua mãe, na noite da festa, citou o nome de Galieno ao jovem Caio Márcio, havendo imediata reação do mesmo, parecendo, a princípio, que o conhecia. Júlia não sabia o que dizer. Seu corpo começou a tremer e sua pressão arterial declinou, causando-lhe um desmaio súbito. Galieno, inexperiente diante dessas situações, gritou desesperado:

– Júlia! O que é isso? Senhora Engrácia! Senhora Engrácia! Acode-nos, pois Júlia desmaiou!

Engrácia Augusta imediatamente chegou à sala onde estava o jovem casal, recolhendo sua filha nos braços. Pediu para Galieno buscar uma jarra com água e jogou seu conteúdo no rosto de Júlia, para tentar despertá-la. Percebendo que a filha respirava normalmente e que sua pulsação voltara ao normal, tranquilizou-se dizendo:

– Júlia, minha querida! Acorda! O que tens?

A noiva de Públio Galieno, aos poucos, foi recobrando a consciência, percebendo que havia passado mal com a notícia que parecia completar ainda mais a sua desgraça.

– Mamãe, acho que estou fraca, preciso deitar-me!

Levando a jovem Salonina para o quarto, Engrácia Augusta resolveu preparar um caldo quente para que sua filha tomasse e pudesse recuperar as forças. Assim deliberando, conseguiu reanimá-la, não permitindo, porém, que ela deixasse o leito de seu quarto. Após certificar-se de que sua noiva estava bem, Galieno, nervoso, insistiu em ficar no quarto, ao lado de Júlia, no que foi impedido por sua futura sogra, que gentilmente pediu para que ele voltasse no dia seguinte. Engrácia Augusta notou que aquele repentino mal-estar de sua filha estava relacionado aos fatos ocorridos na noite anterior, combinados com a presença de Galieno. Verificando que Júlia se encontrava muito abalada emocionalmente com o erro cometido, a mãe de Salonina resolveu pensar rapidamente em um modo de fazer com que Públio decidisse antecipar o casamento, sendo esta a única maneira que ela julgava eficaz de encerrar, de uma vez por todas, o drama em que sua filha se envolvera.

O estado emocional de Salonina realmente declinava rumo à depressão. Apesar de ter melhorado após as providências tomadas por sua mãe, a notícia de que Caio Márcio era primo de seu noivo voltou a lhe influenciar negativamente o estado de espírito. Engrácia Augusta, principalmente após constatar o triste drama de sua filha, decidiu colocar-se em posição de reação, no sentido de atrair Galieno à decisão de antecipar seus planos de casamento.

Quase vinte dias se passaram depois da festa do Severo e Júlia continuava sorumbática, triste e chorosa. Seu estado mental começava a afetar-lhe a saúde física. Públio Galieno, por sua vez, não entendia a repentina tristeza de Júlia Salonina, manifestando a sua preocupação a todos os seus mais chegados familiares. Em sua cabeça, alguma doença deveria ter afetado sua noiva, influenciando-lhe o ânimo, pois descartou que tudo pudesse ter sido causado simplesmente pela sua ausência naquela festa. A mãe de Salonina, por outro lado, começou a entrar em desespero quando viu que a filha enjoava a alimentação que lhe era oferecida, a qual lhe causava vômitos frequentes. Este sintoma, aliado à ausência das regras da noiva de Galieno, complicava a triste situação de Salonina, tornando-a ainda mais trágica, pois tudo indicava que estaria grávida.

– Não consigo entender tamanha desgraça para nós! Será que os deuses nos castigam a existência? O que fizemos para merecer tudo isso?!

As palavras de Engrácia Augusta eram revestidas de toda a sinceridade e emoção, pois via que seus planos de felicidade desmoronavam aceleradamente. Decidiu que não podiam mais perder tempo e que deveriam agir, visto que, se já seria difícil que Galieno perdoasse a falta de Júlia com relação à perda de sua pureza, o que pensaria o jovem romano ao saber que ela estaria grávida do mesmo homem que a deflorou e, ainda mais, que se tratava de seu primo? A mãe de Júlia, então, preparou um plano que sabia ser a única forma de fazer com que Galieno se sentisse responsável pela situação: Júlia deveria atrair o noivo para sua casa e seu quarto, em um dia em que estivessem sozinhos na residência, provocando o afloramento dos desejos de Públio, até consumarem o ato sexual.

– Mamãe, em sã consciência, creio que Públio não concordará com isso, pois já assim se manifestou várias vezes, nos momentos mais íntimos que experimentamos – falou Salonina, desanimada.

– Eu sei disso – respondeu Engrácia. – Públio é demasiadamente rígido nessa sua convicção sobre as tradições do casamento de um patrício romano. Mas não pretendo que ele aceda aos seus próprios desejos em sã consciência.

– Como assim? O que farás? – Perguntou Salonina, assustada.

– Prepararemos uma substância que o deixará um tanto bêbado, a qual colocarás em sua bebida. Justificarás o brinde ao momento feliz da tua recuperação física. Quando teu noivo estiver apresentando os sintomas de alteração da consciência, deverás agir rápido e possuí-lo ardorosamente, para que as poucas lembranças que ele tiver, no dia seguinte, não deixem dúvidas quanto ao ato que realizaram. Após alguns dias começarás a contar as tuas preocupações com a ausência das regras e com os enjoos, momento em que eu agirei, exigindo que Galieno assuma a responsabilidade de levar-te daqui, em matrimônio.

Júlia Salonina ouviu o plano de sua mãe e ficou estarrecida, pensando até que ponto deveriam as duas se rebaixar para evitar a desgraça social, uma vez que a desgraça moral já estavam experimentando há vinte dias.

– Será que vou conseguir esconder a verdade de Públio, minha mãe? – perguntou Júlia, chorando.

– Não terás outra alternativa, minha filha. Poderíamos tentar forçar o aborto dessa tua gravidez inesperada, mas isso poderia ser fatal para ti, que está debilitada fisicamente. Por outro lado, ainda corremos o risco de Públio desconfiar de tua impureza, o que justificaria uma possível desistência ao compromisso. Por isso, não hesites mais, Júlia. Pelo menos agora segue o que estou te mandando fazer.

Não vendo realmente outra alternativa, Salonina concordou triste, pois sabia que para esconder um erro, teria que cometer um outro. Desde aquele dia, Júlia Salonina seria obrigada a conviver com aquele segredo, do qual se tornava, para sempre, escrava.

– Sim, mamãe! Seguirei as tuas ordens e farei tudo como desejares – finalizou a jovem, tristemente.

– Então, – respondeu Engrácia – tratemos de executar o plano o mais rápido possível. Amanhã ficarei ausente de casa, liberando todos os criados também. Quando o teu noivo chegar para visitar-te, deverás demonstrar alegria e a certeza de que estás curada. Proporás um brinde às bênçãos dos deuses pela tua cura, quando então colocarás a substância no copo de vinho de teu noivo, consumando, em seguida, o plano.

E assim aquelas duas mulheres fizeram. No dia seguinte, Públio Galieno caiu na armadilha preparada por Engrácia Augusta, entregando-se, com a consciência alterada, aos braços de sua noiva, quando realizaram, pela primeira vez, o ato sexual. Após cumprir com as determinações de sua mãe, Júlia levou seu noivo até os liteireiros que aguardavam do lado de fora da casa, recomendando que os mesmos tivessem cuidado em levar Galieno até a sua residência, pois ele havia se excedido na bebida, encontrando-se bêbado. Mesmo estranhando esse comportamento do filho de Valeriano, que não era comum, os servos assim obedeceram, levando Galieno, em segurança, até seu quarto.

No dia seguinte, o noivo de Júlia recordara o que havia acontecido, mas não se lembrava de todos os detalhes. Sabia que realizara o ato sexual com sua noiva, mas estranhamente esqueceu como chegaram àquele ponto. Indo visitar Júlia no final da tarde, expressou sua estranheza, além de lamentar o fato, culpando-se pela precipitação do ato.

– Meu amor! Nossa relação é eterna e somente conosco ficará guardado este segredo. Não haveremos de contá-lo a ninguém, mantendo tudo como está hoje.

– Ah! Públio, como estou venturosa ao teu lado! Como eu te amo muito!

As palavras de Salonina acalmaram temporariamente o coração de Galieno, pois ele temia que sua noiva contasse o que ocorrera à sua mãe Engrácia, que poderia, por sua vez, proporcionar um escândalo social, naturalmente indesejável.

– Sim, minha Júlia! Mantenhamos esse nosso segredo para sempre e o nosso amor será cada vez maior – respondeu Públio Galieno, abraçando carinhosamente a noiva.

Mal sabia o jovem romano que Engrácia Augusta não somente conhecia o suposto segredo, como também era a autora daquele plano que tentava enganá-lo. Júlia Salonina, por sua vez, apesar de estar se sentindo muito mal com aquela situação, entendeu que não havia outra alternativa que não fosse simular a paternidade do filho que esperava, atribuindo-a ao seu noivo Galieno. Assim foi feito, visto que, do dia de seu encontro amoroso e forjado, até mais ou menos doze dias, Salonina foi relatando a Públio suas preocupações quanto à ausência das regras e o surgimento dos constantes enjoos, evidenciando, assim, uma provável gravidez. Galieno, ao saber da notícia, entristeceu-se a princípio, mas depois considerou o fato como uma bênção dos deuses, para lhe confirmar a ventura eterna que deveria experimentar ao lado de Júlia Salonina. Foi então que decidiu anunciar a todos de sua família e à Engrácia Augusta o que ocorrera, expressando o seu desejo de imediatamente casar-se com Salonina.

E assim aconteceria, mesmo a contragosto de sua mãe Egnatia Mariniana, que além de não concordar com a realização do casamento na ausência do pai de Galieno e de seu irmão Valeriano Menor, pois estavam no exterior, estava convencida de que aquela gravidez havia sido provocada por Salonina propositadamente, seguindo as orientações de sua mãe Engrácia Augusta.

O casamento de Públio Galieno foi realizado de acordo com as tradições romanas. O sacerdote abençoou a casa do noivo e principalmente o quarto onde se realizariam as núpcias, que sempre deveria estar muito decorado. A noiva era abençoada em sua casa, onde se preparava para ser propriedade do seu futuro marido. Uma festa, sem a presença dos noivos, era celebrada por amigos, convidados e demais familiares, que comemoravam a data como se fosse um presente dos deuses, que enviavam divindades menores para acompanhar cada momento da celebração.

Ao entardecer, após um dia inteiro de festividades, os amigos do noivo chegaram até a porta da casa de Júlia Salonina para "raptá-la" e levá-la até a casa de Galieno, que deveria estar esperando na porta de entrada principal. A cerimônia, que simbolizava o mítico rapto das sabinas por parte dos primeiros romanos com o intuito de perpetuar descendentes daquele povo que se formara, foi realizada com alegria pelos amigos de Públio, que levavam a jovem Salonina carregada.

Ao chegar à porta da casa do noivo, todos faziam muito barulho e jogavam sementes de grãos para simbolizar o desejo de fertilidade no casamento, anunciando a chegada da noiva. O noivo, feliz, pegava sua noiva nos braços, carregando-a com o cuidado necessário para que ela não tocasse o chão, pois isso poderia levar a impureza do mundo para dentro do futuro lar, que deveria permanecer puro, como pura e imaculada deveria ser a noiva.

Mesmo que todos soubessem que esse não era o caso de Salonina, os rituais tradicionais romanos foram rigorosamente cumpridos, para selar a união daquele jovem casal. Ao se trancarem no quarto, ficando a sós, Salonina emocionou-se e começou a chorar descontroladamente, pedindo perdão ao seu marido por todo o mal que ela poderia ter-lhe causado.

– Não chores, minha amada – consolou o agora marido de Júlia, pensando ser aquela reação fruto da emoção do momento. – Esquece tudo isso, pois o que importa agora é a nova família que estamos doravante criando. Não tenho o que te perdoar e nem você a mim, pois o passado já não existe mais. As águas de um rio que passaram em baixo de uma ponte nunca mais por lá passarão. O Públio e a Júlia de ontem não existem mais, igualmente, dando lugar agora ao senhor e à senhora Galieno, que haverão de ser felizes até a morte.

Júlia então se acalmou quando ouviu as belas palavras de seu marido, inspiradas nos ensinamentos do filósofo Heráclito. Para simbolizar aquele momento ímpar, com a necessária expressão de alívio da consciência, que nunca viria, Júlia então se entregou ao marido dizendo:

– Públio, tu és a razão do meu existir. Considero tuas palavras inspiradas pelos deuses, pois a simbologia do casal que já não existe mais, substituído pelo casal formador da família, para mim é algo de divino. Amo-te eternamente, meu marido, e darei a minha vida por ti se preciso for!

Aquele recém-formado casal entrelaçara-se para sempre, não imaginando o futuro de alegrias, mas também de muitas lágrimas que ainda experimentaria, em face das consequências inadiáveis que a lei divina de causa e efeito provocaria em suas vidas.

NAS GÁLIAS

CAPÍTULO VI

O ano da primeira gravidez de Salonina seguiu agitado no cenário político do império, prosseguindo, entretanto, a ascensão de Valeriano na escala de importância entre os poderosos de Roma. Sua atuação como cônsul, mediando conflitos na Ásia Menor e na Réscia, garantiu-lhe destaque diante do imperador Gordiano III, o qual decidiu nomeá-lo como princeps senatus, ou seja, outorgou-lhe o direito de ser seu sucessor. Essa decisão aumentou a importância da família de Galieno na sociedade romana no início do ano de 239 d.C., quando Valeriano conseguiu destacar seu filho como cônsul das Gálias, região que começava a ser ameaçada pelo avanço dos Godos e Alamanes, bárbaros cuja organização deveria ser sempre combatida.

Quis o destino, assim, que logo após a volta de Valeriano a Roma, seu filho varão tivesse que se despedir da cidade para assumir a representação do império em sua região de origem. Salonina, que já contava com quase seis meses de gravidez, acompanhou o marido naquela transferência, juntamente com sua mãe, Engrácia Augusta. O casal aparentava estar feliz com a nova vida em família. Públio era um marido dedicado e responsável, não obstante a necessidade cada vez maior de se ausentar do lar, em face dos compromissos oficiais que lhe eram muito mais frequentes.

Após a longa viagem, a instalação da família consular nas Gálias foi facilitada pelo oficial Póstumo Galo, homem de confiança do imperador naquela região, tendo em vista seu parentesco com Gordiano. Galo era o típico oficial que ascendeu militarmente por sua competência e esforço, sem que as facilidades de ordem política o privilegiassem. De origem pobre, encontrou no serviço militar a única forma de vida digna e a oportunidade de crescimento social. Tinha aversão à política e aos seus conchavos, por isso não gostou da indicação de Galieno como cônsul, pois sabia que se tratava de mais uma prova de que, na política, os amigos do poder eram beneficiados, independentemente de sua competência ou capacidade.

Mesmo com essas vibrações íntimas de despeito com relação ao cônsul Galieno, Póstumo Galo o recebeu com toda a atenção e presteza possível. Era ainda jovem oficial e sabia que precisava ser bem conceituado junto aos políticos do mundo, a fim de facilitar o crescimento de sua carreira. Quando Públio Galieno chegou às Gálias – e após os dias necessários à sua confortável instalação definitiva – decidiu procurar pelo primo Caio Márcio, que era o amigo de sua infância naquela região. O jovem oficial, que estava prestes a partir para as fronteiras com a Germânia, a princípio ficou muito preocupado com a notícia da vinda de seu primo Galieno, tendo em vista os acontecimentos do ano anterior na capital de Roma. Entretanto, ao saber que já estava casado com a jovem Salonina e que a mesma encontrava-se grávida, deduziu que o primo não soube dos fatos ocorridos, pois ainda permanecia feliz junto de sua mulher.

– Então, meu primo, como trabalham os deuses os nossos destinos! Eis-me aqui em nossa terra, agora como representante de César – disse Galieno após abraçar Caio Márcio. – Saiba que ficamos preocupados com o teu repentino sumiço naquela noite em Roma...

– Perdão, meu querido primo! As notícias de que eu deveria me apresentar imediatamente e voltar às Gálias me perturbaram a cabeça. Esqueci-me até de deixar uma carta explicando tudo e me desculpando – respondeu Caio Márcio, um tanto sem graça ao perceber que seu primo ainda relembrava aquela desfeita.

– Não tenho o que perdoar. Por certo agiste com a rapidez de tua cabeça militar, obedecendo cegamente às ordens de teus superiores – amenizou Galieno. – Naquele dia, lamentei apenas a oportunidade perdida de te apresentar meus amigos e principalmente minha então noiva e agora mulher Júlia. Mas agora estamos todos aqui, juntos, e antes que tu viajes novamente, quero que jantes em minha casa hoje, para relembrarmos os velhos tempos e também para que conheças a minha amada mulher.

Não pôde o primo de Galieno escusar-se, pois soaria como uma grande desconsideração e, pela posição de seu primo, que lhe era superior hierárquico, como uma falta de respeito. Entretanto, se estivesse ao seu alcance, evitaria aquele contato mais próximo com Salonina, pois não sabia até que ponto os fatos ocorridos na festa foram relatados ao seu primo. Galieno não citou que Caio Márcio estava na festa, o que poderia ser indício de que ele não tivesse essa informação – pensou o primo de Públio. De qualquer forma, somente poderia ter a certeza do que ocorrera quando fosse à casa do primo, naquela mesma noite.

– Para mim será uma grande honra, nobre cônsul Galieno – respondeu Caio Márcio, com ar de brincadeira.

– Públio, meu primo! Para ti serei sempre o Públio de nossas mais tenras lembranças!

Os dois amigos então se despediram alegremente após alguns minutos de conversa sobre a região e suas dificuldades políticas. Ao retornar para casa e contar à Salonina as providências que deveriam tomar no sentido de preparar o jantar para a visita do primo, Galieno despertou em sua esposa e em sua sogra as mais profundas preocupações. As duas não imaginavam onde poderia estar morando aquele oficial que quase arruinou a felicidade de Júlia Salonina, talvez nas fronteiras com a Germânia, sendo essa a última informação dada por Galieno, ainda em Roma.

– Mas teu primo não se encontra na Germânia? – perguntou Salonina, preocupada.

– Também pensava dessa forma, – respondeu Galieno – mas tive a grata surpresa de saber que ele ainda estava em preparação de sua viagem, quando vai liderar uma tropa do exército. Deve partir na semana que vem, por isso, não quero perder mais uma oportunidade para apresentá-lo a ti, dessa vez como minha amada esposa.

Salonina não quis mais demonstrar preocupação, tratando de coordenar, com sua mãe, as providências quanto aos preparativos do jantar. As duas cúmplices, entretanto, mesmo sem falarem nada uma à outra, para não despertar a curiosidade dos servos da casa, comungavam das mesmas preocupações em relação às possíveis consequências daquele jantar em família.

O jovem Públio Galieno fez questão de preparar um jantar no qual os convidados percebessem sua nobreza e seu poder. Pessoalmente, esteve próximo de Júlia Salonina e de sua mãe Engrácia Augusta, ajudando-as na organização daquele evento que seria o primeiro que faria como cônsul e representante do império. Além de seu primo Caio Márcio, convidou o oficial Póstumo Galo em retribuição à presteza dedicada quando da instalação da família Galieno na região. Júlia Salonina e sua mãe, apesar de estarem ansiosas, temendo a presença de Caio Márcio e as possíveis consequências, ao mesmo tempo exultavam alegres por saberem que naquele lugar eram a família mais importante devido à condição de Galieno como autoridade maior de Gordiano nas Gálias.

Assim, nas primeiras horas da noite, Públio Galieno e sua pequena família receberam a visita dos oficiais do exército Caio Márcio Centúrio e Póstumo Galo, os quais compareceram com seus uniformes obrigatórios para eventos de caráter oficial. O primeiro a chegar foi Póstumo Galo. O primo de Públio chegou trinta minutos após, demonstrando seriedade no semblante.

– Caio Márcio Centúrio, fizeste bem em comparecer, pois já estava aqui dando ordens ao oficial Póstumo Galo para te buscar à força – disse Galieno, alegre com a chegada do seu primo.

– Seu convite foi encarado por mim como uma ordem, cônsul Galieno, – respondeu Caio Márcio – por isso aqui estou me apresentando.

Ambos riram de suas brincadeiras com as palavras, enquanto Póstumo Galo acompanhava os dois primos com o semblante sério e carregado, que lhe era o traço característico. Galo só teve uma oportunidade de convívio com Caio Márcio Centúrio, em treinamento, pois pertenciam a corporações diferentes do exército e eram originários de regiões distintas das Gálias. Enquanto Póstumo Galo conhecia bem a região norte, Caio Márcio era conhecedor da região central das Gálias. Ao ver presente o oficial Póstumo Galo, o primo de Galieno o cumprimentou à moda dos exércitos romanos, pedindo permissão para permanecer no recinto, pois Caio Márcio possuía patente imediatamente inferior à patente do oficial Galo.

– Ora, meus amigos, esqueçamos as formalidades oficiais, pois todos estão autorizados a permanecer aqui ao meu lado, nesta noite que desejo seja alegre e agradável para nós.

A interrupção de Galieno durante a execução das formalidades militares entre os dois oficiais deixou Póstumo Galo sem graça e irritado, pois considerou uma afronta as palavras de Galieno, reforçando seus pensamentos negativos quanto à influência da política no poder de Roma. O primo de Galieno, por sua vez, percebendo que Póstumo Galo fechou o semblante, tratou de remediar a gafe do anfitrião.

– Sim, meu primo, por certo a tua hospitalidade nos deixa muito à vontade, mas devo também seguir nossas tradições militares, que é o princípio da disciplina e o senso da hierarquia.

– Mas com certeza conheces o oficial Póstumo Galo? – perguntou Galieno, agora mais formal.

– É claro! O oficial Galo é para mim um exemplo de militar. Sua carreira no exército é admirada por todos os aspirantes a um posto de comando – disse Caio Márcio, respeitosamente.

Póstumo Galo, apesar de não ser íntimo daqueles convencionalismos sociais, tampouco da bajulança da corte imperial, manifestou-se tentando imprimir um ar de descontração à conversa:

– O oficial aspirante tem a permissão do representante de César na região. Por isso, estejais descansado. Quanto às vossas palavras, vou absorvê-las como um estímulo a que eu sempre continue servindo ao Império de Roma, com a dedicação e o empenho que demonstrei até hoje.

– Sim, sim, meus amigos! Fiquemos todos nós descansados então, e tomemos um bom vinho para brindar essa nova fase de minha vida – falou Galieno, numa tentativa de encerrar aquela conversa por demais formal empregada pelos dois oficiais.

Enquanto os três representantes do império bebiam vinho e saboreavam petiscos da região, Júlia Salonina se preparava em seu quarto para receber os convidados, juntamente com Engrácia Augusta, que ajudava a filha com a arrumação dos cabelos compridos.

– Trata de aparentar a máxima discrição quando fores apresentada ao oficial Caio Márcio – disse Engrácia, repreendendo a filha. – Galieno por certo não imagina que vocês dois já se conhecem. Portanto, esquece a tua emotividade e lembra-te de tua família e dos dias maravilhosos que temos vivido ao lado de Galieno.

– Sim, mamãe. Tentarei ser o mais natural possível. Mas devo confessar que estou muito nervosa – respondeu Salonina.

– Eu sei, mas tu não podes vacilar nas palavras e muito menos em tuas reações. Teu casamento está em jogo e só depende de ti a manutenção do mesmo, na ventura em que se encontra.

Salonina sabia que essas palavras procediam, pois realmente ela poderia ficar nervosa e titubeante diante de Caio Márcio, que entendia ser muito mais preparado para enfrentar essas situações, em face da sua natureza masculina. Ao terminar seus preparativos, Júlia Salonina e sua mãe se dirigiram ao salão onde conversavam os três homens presentes na casa.

– Vejam quem chega, meus amigos! Júlia, pensei que teria de te buscar pessoalmente. Por certo andavas em volta com teus cabelos, pois as mulheres só pensam em uma coisa quando estão se aprontando para sair: como fazer com que seus cabelos fiquem mais bonitos que os de suas amigas. Daí ficarem quase que eternamente preocupadas com eles!

Riso geral ecoou no salão da casa de Galieno, o que ajudou Salonina a ficar mais à vontade.

– É verdade, meu marido, nós mulheres admitimos. Entretanto, não existe nenhuma amiga minha aqui, portanto, considere que esta minha demora se deu única e exclusivamente para agradar aos teus olhos – respondeu Salonina de forma a deixar Galieno satisfeito.

– Eu tenho certeza disto, minha amada – disse Galieno, indo buscar Salonina pelas mãos e beijando-a no rosto. – Mas quero que conheças o meu primo Caio Márcio Centúrio, do qual tanto te falei.

Júlia experimentou um arrepio gélido em seu corpo, relembrando a mesma sensação de torpor que sentiu na festa do Severo. A tonteira que se seguiu obrigou-a a dobrar os joelhos, quando quase caiu, não fossem os braços ágeis de seu marido. Imediatamente os dois oficiais se aproximaram, juntamente com Engrácia Augusta, para ajudar Galieno com a esposa.

– Estou bem, – tranquilizou Salonina – foi apenas uma tontura causada pela gravidez.

– Minha filha, não é melhor retornares ao quarto para descansar? – perguntou a mãe de Salonina, percebendo que sua filha, mais uma vez, abalava-se emocionalmente dentro da verdade que teimavam em esconder.

– Não, mamãe, já passou – respondeu Salonina, recompondo-se e estendendo a mão direita ao jovem oficial, primo de Galieno. – Satisfação em conhecê-lo, senhor, meu marido sempre comenta sobre as aventuras que realizaram juntos na infância.

– Para mim é uma honra conhecê-la, pois meu primo não falava em outra coisa quando estive em Roma, que não fosse sobre filosofia e sobre sua então noiva – falou Caio Márcio, inclinando-se respeitosamente à Salonina.

– Ora, nada mais fiz que falar a verdade, meu primo – disse Galieno. – Falo isso não somente sobre a filosofia!

Novamente riram-se das brincadeiras de Públio Galieno. Entretanto, mesmo Salonina e Caio Márcio se esforçando em manter aparências, podia-se notar em seus semblantes, profundo desconforto com aquela situação. Caio Márcio, ao mesmo tempo em que se policiava em evitar os olhos de Salonina, comumente era vencido pela tentação em admirar a beleza dos traços da jovem esposa de seu primo. Apesar da gravidez, Salonina mantinha toda a sua beleza física, que um dia magnetizou os olhos do jovem oficial romano. De quando em vez, Caio Márcio lembrava-se dos momentos inesquecíveis na varanda do Severo, precisando frequentemente ser despertado por sua razão, que lhe recriminava os pensamentos. A esposa de Públio Galieno, por sua vez, procurava fitar somente os olhos de seu marido, temendo olhar para Caio Márcio, pois percebia que o primo de Galieno, de forma frequente, estava a admirá-la. Enquanto Engrácia Augusta permanecia coordenando os servos da casa quanto ao jantar a ser servido, os quatro presentes na sala prosseguiam conversando, alegres.

Quem não ficou passivo durante aquela noite foi o oficial Póstumo Galo. Acostumado com a natureza masculina, principalmente dos militares ante a beleza das mulheres, notou que Caio Márcio se encantara pela esposa do cônsul, e que a mesma evitava a todo custo o seu olhar. Algo lhe dizia que alguma coisa poderia haver naquela troca de sentimentos, pois não era comum que a esposa de um patrício romano evitasse gratuitamente o olhar de um convidado seu, principalmente de um parente que, em tese, merecia total confiança e apreço. Associou imediatamente as suas ideias ao fato do mal-estar súbito que acometeu Salonina ao ser apresentada a Caio Márcio, bem como do excesso de formalidade que empregaram durante a apresentação feita por Galieno.

Póstumo Galo, então, passou a utilizar toda a sua astúcia militar para provocar situações em que os dois, Júlia e Caio Márcio, pudessem evidenciar provas de um possível envolvimento.

– Então, oficial Centúrio, quando estiveste em Roma não conheceste a família do cônsul Galieno? – perguntou Galo, disfarçadamente.

– Claro que sim, senhor – respondeu Caio Márcio, estranhando a inusitada pergunta. – Entretanto, só pude ver minha tia Mariniana, pois meu tio Valeriano e meu primo Valeriano Menor estavam viajando.

– Mas por certo o cônsul ainda não era noivo, tendo em vista que conheceste a senhora Salonina somente hoje – retrucou Galo com astúcia.

As palavras de Póstumo Galo foram mortais ao equilíbrio emocional de Júlia Salonina. De súbito, ao ouvir a pergunta inexplicável do oficial romano, novamente um mal-estar a acometeu, exigindo a atenção de seu marido e dos demais presentes. Recompondo-se em seguida, pediu licença para ir até a cozinha ajudar a sua mãe com os preparativos do jantar. Caio Márcio, entretanto, estranhando a pergunta inusitada de seu oficial, quis encerrar os rumos da conversa, dizendo:

– Não, senhor! Meu primo Públio já era noivo, mas não tive tempo de conhecer Júlia, tendo em vista que, no dia seguinte à minha chegada em Roma, precisei apresentar-me de imediato ao trabalho que fui realizar.

Mostrando-se aparentemente satisfeito com a resposta, Póstumo Galo, no íntimo, aumentava sua suspeição em relação àqueles dois parentes de Galieno. A súbita indisposição de Salonina após a pergunta que propositadamente fez a Caio Márcio despertou-lhe ainda mais o interesse em encontrar uma oportunidade de ter Galieno em suas mãos, em face dos gratuitos sentimentos de despeito que Póstumo Galo sentia com a presença do filho de Valeriano, a exercer a função de autoridade maior nas Gálias.

O primo de Galieno, por outro lado, apesar de ter achado a pergunta de Póstumo Galo estranha e imbuída de uma curiosidade por demais indiscreta, acabou relevando-a, envolvido que estava a lembrar com seu primo as memórias de suas aventuras infantis, naquela cidade central das Gálias. Lugdunum[6] era uma das aglomerações humanas mais

---

[6] **Nota da Editora**: atual *Lyon* (França).

desenvolvidas das Gálias, em cujas ruas e vielas se descobria a influência do Império Romano, na tentativa de imitar a arquitetura da capital e espalhar a cultura helenística aos povos conquistados. Nascidos nos arredores daquela velha cidade, que um dia também seria um dos centros culturais do mundo, os dois primos chegaram a conviver alguns anos juntos, quando Valeriano abrigou seu irmão e sua família, emprestando-lhes um lar.

Enquanto ouvia, cansado e entediado, os relatos de Públio Galieno e Caio Márcio sobre suas infâncias, Póstumo Galo concentrava-se em sua mais nova obsessão, que era descobrir o que havia por trás dos indícios de que a presença de Caio Márcio era o motivo do desassossego de Salonina. Devia ter algo de muito comprometedor entre os dois, pois enquanto Caio Márcio se autodenunciava com a admiração quase desrespeitosa por Júlia, não lhe tirando os olhos lascivos, Júlia Salonina o evitava a qualquer custo, parecendo temer suas próprias emoções. Justificando que precisava atender às suas necessidades fisiológicas, Galo se ausentou da sala onde estavam alegremente conversando o cônsul e seu primo, indo em direção ao corredor que dava acesso aos aposentos e à área da cozinha. Percebendo que Júlia Salonina e sua mãe conversavam quase às escondidas, o oficial Galo parou no corredor e tratou de aguçar os ouvidos, na tentativa de obter alguma informação que lhe confirmasse as suspeitas.

– Júlia, minha filha, deves cuidar de controlar-te. Não podes querer desmaiar toda vez que encontrar esse infeliz primo do teu marido.

– O que eu posso fazer, mamãe? Creio que a ansiedade tomou conta de mim, pelo medo de que a proximidade de Públio com Márcio Centúrio possa, de alguma forma, desmentir a versão que criamos para o que de fato aconteceu.

– Eu sei, Júlia, pois também tenho o mesmo receio, principalmente porque vejo que esse primo de Galieno não faz o menor esforço para evitar os teus olhos, deixando transparecer sua inclinação em admirar-te demasiadamente.

– Estou profundamente sem graça nesse encontro, com a sensação de que a qualquer momento Públio manifestará sua desconfiança, no sentido de perceber que eu e seu primo já nos conhecíamos.

A circulação dos criados pelo corredor onde estava estacionado Póstumo Galo obrigou-o a disfarçar suas reais intenções e a também circular até os minúsculos cubículos, destinados ao alívio daqueles que desejassem atender às suas necessidades. Mesmo lamentando não ter podido ouvir mais, aquilo que conseguiu captar já fora suficiente para lhe confirmar a primeira suspeita, que era o fato de que Júlia Salonina e Caio Márcio já se conheciam. Tendo em vista os argumentos do primo de Galieno, contrastado com as informações obtidas na conversa que Salonina e sua mãe realizaram, Galo deduziu que Galieno desconhecia a informação de que sua mulher já conhecia seu primo e amigo de infância. Automaticamente, o astuto comandante do exército romano concluiu que poderia haver algum segredo entre aquelas três pessoas, pois Engrácia Augusta parecia também fazer parte da manutenção do possível conluio. Póstumo Galo retornou ao convívio dos dois primos demonstrando uma alegria sórdida no rosto, na certeza de que teria naquela noite um trunfo para sua desforra contra Galieno, o qual, em sua opinião, não merecia ter assumido aquele cargo e cujo comportamento parecia sempre querer humilhá-lo.

Quando a mente humana se volta exclusivamente em torno de uma ideia, acaba movimentando energias para que esta obsessão mental se torne real. No caso de Póstumo Galo, além da energia oriunda de seu espírito ainda despido das virtudes nobres, suas atitudes passaram a ser tão somente dirigidas com o fim de desmascarar o que haveria de errado entre Caio Márcio e a esposa de seu desafeto gratuito, parecendo que forças ocultas também se movimentavam para incentivá-lo nesse intento.

– O nobre cônsul Galieno já é casado há muito tempo? – perguntou Galo, mudando a direção da conversa.

– Não, comandante. Casei-me há seis meses, no início da gravidez de Júlia. Meu ímpeto de homem apaixonado não soube esperar as normas sociais para realizarmos o casamento e acabamos antecipando a nossa felicidade em família – respondeu Galieno, com naturalidade, visto que não escondia de ninguém as circunstâncias em que casara com sua esposa.

– Entendo. Mas então o casamento coincidiu com o treinamento do oficial Caio Márcio em Roma? Por certo ele estava presente à cerimônia...

Antes que Galieno respondesse, Caio Márcio se antecipou, demonstrando uma certa irritação na insistência de Galo:

– Não, senhor! Quando a cerimônia do casamento de meu primo foi realizada, já me encontrava em viagem de volta às Gálias. Por quê?

A contrapergunta de Caio Márcio estava recheada de perceptível sentimento de indignação, o que era interpretado pelo seu interlocutor como a confirmação de sua suspeita.

– Por nada. Tenho a curiosidade em participar de uma cerimônia matrimonial na própria capital romana e o teu testemunho ocular poderia ter sido para mim de grande valia – despistou Póstumo Galo.

O oficial romano percebeu que à medida que Caio Márcio bebia vinho, excedendo-se do habitualmente consumido em reuniões sociais como aquela, mais ele deixava transparecer sua forte admiração por Júlia Salonina. A esposa de Públio Galieno, por sua vez, – percebendo igualmente o mesmo que Póstumo Galo – evitava a todo custo estar próxima do primo de Galieno. Póstumo Galo notou que a bebida poderia ser um veículo a conduzir Caio Márcio a excessos e por isso tratava pessoalmente de manter a caneca do primo de Galieno sempre cheia, a fim de estimular o amigo de infância do cônsul a uma possível recaída, se algo realmente houvesse existido entre aqueles dois suspeitos do comandante militar romano.

Após mais alguns minutos de conversa em torno da região das Gálias e de suas belezas naturais, os três homens daquele evento social foram chamados por Salonina para se dirigirem à sala onde estava servido o jantar. Todos já aparentavam visível mudança de comportamento, causada pelos efeitos do vinho que tomavam desde o início do encontro. Galieno e Caio Márcio eram os mais afetados pelo álcool, facilmente distinguidos pelo aumento do volume de suas vozes e pelas constantes risadas, muitas vezes por motivos pueris. Póstumo Galo, ao contrário, propositadamente preferiu ingerir uma quantidade menor de vinho, disfarçando de um modo que os dois primos pensassem que ele os acompanhava o ritmo na ingestão da bebida.

Sentaram-se ao redor da grande mesa do jantar, feita de mármore branquíssimo e delicadamente polido, cuja altura era menor que as mesas modernas, pois os convidados sentavam-se em almofadas grandes, ficando quase deitados ao longo do móvel. As iguarias servidas eram variadíssimas, constituídas de carnes de aves nobres, cordeiros e suínos, acompanhados de lentilha, azeitonas, pães e verduras variadas, além de vinho, sucos e água à vontade. Júlia Salonina recostou-se ao lado direito de seu marido, que, por sua vez, ocupou a cabeceira da mesa, enquanto Engrácia Augusta se posicionava ao lado de sua filha. Galo e Caio Márcio ficaram do lado oposto às duas mulheres, sendo que o primo de Galieno foi colocado ao lado do anfitrião e de frente à Salonina, por intermédio da ação de Póstumo Galo, que assim o fez de propósito.

– Muito bem, cônsul Galieno. Vejo que nosso jantar é um presente maravilhoso que ofereces a teu primo e de cujo testemunho tenho a honra de participar. Brindemos aos deuses por isso!

Todos acompanharam o gesto de Póstumo Galo levantando as canecas e bebendo o seu conteúdo. Caio Márcio, após ingerir mais um gole de vinho, falou em tom de ironia:

– Se estivéssemos em um lar cristão, estaríamos bebendo água e fazendo uma oração!

Galieno estranhou as palavras de seu primo, as quais, mesmo entoadas com sórdida ironia, despertaram a atenção do cônsul, tendo em vista que cresceu ouvindo seu pai atribuir aos cristãos todos os problemas que o império vinha enfrentando nos últimos duzentos anos. Apesar de não se aprofundar na doutrina nova que fora brutalmente combatida por Nero e por outros imperadores, – mas cujas perseguições agora experimentavam uma certa trégua, fato muito mais motivado pela necessidade de Roma de concentrar-se nos inimigos das fronteiras que em perder energia com os cristãos – Galieno tinha gratuita curiosidade em conhecer a filosofia dos seguidores daquela seita, em face da sua afinidade com a cultura de outros povos.

– Se meu pai estivesse aqui, certamente te aplicaria uma severa advertência, meu primo, somente pelo fato de insinuares essa possibilidade – falou Galieno, no mesmo tom de Caio Márcio.

– É claro que não comungamos jamais com essa doutrina estranha, fruto do imaginário do povo pobre e desesperançado – justificou Caio Márcio.

– Mas, pelo visto, o meu primo conhece algo a respeito dos cristãos e sobre os seus hábitos e cultura? – perguntou Galieno.

– Sim, caro primo – respondeu Caio Márcio. Nesses tempos de relativa trégua, em que o imperador ainda tolera a prática não pública das manifestações religiosas dos cristãos, podemos perceber que os ensinos cristãos encontram facilidade de acesso, principalmente com os escravos e servos de nossas famílias, que acabam respondendo às nossas perguntas quando nos interessamos movidos pela curiosidade. Dentre os teus criados, por certo, deve existir algum cristão infiltrado.

– É de fato um assunto que me interessa, pois devemos nos munir de muita informação para lidar com diferentes povos e para aferir o grau de perigo que essas religiões novas podem causar às nossas tradições e à unidade do império – disse Galieno, demonstrando seu pendor pela cultura.

– De minha parte, a uma ordem do imperador, aniquilaria todos esses malditos cristãos, que só desgraças trouxeram à nossa nação – interveio Póstumo Galo, irritado.

– O ilustre comandante falou idêntico ao meu pai agora. Apesar de respeitar a tua honorável opinião, interessar-me-ia saber como um povo simples e ignorante pode influenciar a cultura moderna e elevada de nosso império – arrematou Galieno, interessado.

– Meu primo, os sortilégios desses cristãos parecem não ter limites. Além de renegarem por completo os nossos deuses e as nossas tradições, seus ensinamentos são totalmente incompatíveis com a nossa estrutura militar, baseada na hierarquia e na disciplina. Vê que uma de suas máximas mais ridículas ensina que o mundo só pode ser conquistado se nós amarmos os nossos inimigos – comentou Caio Márcio, em tom de galhofa, ao falar suas últimas palavras.

Uma risada geral ecoou na sala de jantar. Galieno, que ria acompanhando os seus pares, entretanto em um tom mais comedido, falou pensativo:

– De fato seria incompatível convencer os Godos e os Persas, por exemplo, a se renderem apenas pronunciando um "eu vos amo".

Após outra rodada de risadas, Galieno finalizou:

– Existe algo escrito que eu possa estudar a respeito dos cristãos?

– Que eu saiba, não – respondeu Caio Márcio. – Mas se meu primo desejar, antes de minha viagem, posso investigar isso, ou no caso de não existir algo escrito, trago algum cristão que possa te explanar as suas crenças, desde que prometas que não vais te converter.

– É claro que não! – respondeu Galieno ao primo, sorridente – Meu interesse é apenas cultural e político. Até mesmo para entender todo o ódio que meu pai sente por essa gente.

Assim foi combinado. Pela primeira vez, Galieno iria ter a oportunidade de conhecer a doutrina de Jesus, pois em Roma nunca se sentiu à vontade para tal mister, tendo em vista os constantes olhares inquisidores da sociedade quanto ao tema. De fato, sua curiosidade era movida mais pelo pendor cultural que nutria em seu íntimo, que por outras motivações mais nobres. De qualquer forma, aquele contato inicial seria importante para dirigir suas ações futuras.

– Esqueçamos os cristãos e brindemos mais uma vez em honra aos nossos deuses!

O jantar seguiu-se alegre após o brinde de Galieno. Salonina, entretanto, mantinha sua postura arredia, incomodada com a presença de Caio Márcio, pois não tinha mais como evitar seus olhares, pela posição frontal em que ambos estavam à mesa. Póstumo Galo não perdia um só lance dos olhares trocados entre ambos, tentando captar alguma pista mais suspeita. Quando terminaram o refestelo gastronômico, Galieno convidou todos a se dirigirem à grande varanda anexada à sala de jantar, para continuarem a conversa enquanto os criados desfaziam a mesa sob a coordenação de Engrácia Augusta. Ficaram, portanto, os três convivas e Júlia Salonina, que acompanhava a conversa monossilabicamente, apenas respondendo o necessário exigido pelas boas maneiras sociais.

Em determinado momento, Públio Galieno pediu licença e se dirigiu aos sanitários que ficavam do lado oposto da sala. Póstumo Galo, então, percebendo que estavam criadas as condições de colocar o suspeito casal a sós, também se retirou, alegando os mesmos imperativos que moveram o jovem cônsul a se ausentar do ambiente. Entretanto, ao invés de se afastar, posicionou-se atrás da porta de entrada, de modo que os dois não percebessem a sua presença. Caio Márcio, a essa altura bêbado e inconsequente, não resistiu à oportunidade que se criara e caiu na armadilha engendrada pelo comandante romano.

– Cornélia, como estás linda! Não sabes como estou sofrendo nesta noite por te rever, sem poder te tocar, lembrando-me daqueles momentos maravilhosos que vivemos na casa do Severo – disse Caio Márcio, colocando as duas mãos nos ombros de Júlia Salonina, que estava de costas para ele.

– Pelos deuses! Por acaso desvairas?! Tua condição de patrício romano já seria suficiente para que te dignasses a respeitar meu marido e nossa casa. Quando te encontras na condição de parente e de subordinado, então, ainda mais tu deverias manter o necessário respeito!

As palavras duras e ríspidas de Salonina, acompanhadas do imediato afastamento das mãos de Caio Márcio, demonstraram sua resoluta intenção de lutar contra aquela aproximação inconveniente e indesejada.

O jovem oficial, porém, enceguecido por suas tendências menos nobres e pelo efeito nocivo do álcool, insistiu na investida contra a honra de Júlia Salonina, propondo-lhe cinicamente:

– Entendo a tua posição de agora mulher casada, mas devo confessar que estar próximo de ti acende todo o meu desejo e minhas mais doces memórias, quando tive o maior presente que os deuses me ofereceram, que foi te possuir em meus braços, sentindo o teu corpo e o teu beijo, cujo sabor inesquecível peço-te mais uma vez provar...

Enquanto falava em tom de sedução, Caio Márcio se aproximava de Júlia Salonina, tentando induzi-la a beijá-lo. A mulher de Galieno, entretanto, reagiu energicamente, desferindo um tapa no rosto do oficial, dizendo-lhe em seguida:

– Pelo visto as minhas palavras e advertências são inócuas para teu coração desrespeitoso e inconsequente! Não ouses me tocar nunca mais, pois não medirei esforços e sacrifícios para relatar ao meu marido as tuas investidas, mesmo que isso coloque em risco nosso casamento. Errei uma vez e decidi que nunca mais errarei, elegendo Públio e somente ele como proprietário de todas as minhas esperanças de felicidades!

Júlia falou de uma forma que não lhe era hábito se expressar. Aquela mulher doce e meiga transformou-se em irritação e cólera, defendendo sua dignidade e seu casamento como podia. Ao terminar a advertência a Caio Márcio, saiu daquele ambiente apressada, sem notar que Póstumo Galo escondia-se por detrás da porta de entrada. O primo de Galieno permaneceu na varanda sem reação, reconhecendo que ultrapassara os limites, mas tranquilo em relação à repercussão do fato, tendo em vista ter a certeza de que Júlia Salonina não iria contar a Galieno. Póstumo Galo, por sua vez, teve a confirmação de todas as suas suspeitas em relação àquele casal: além de ratificarem com suas palavras que já se conheciam sem que Galieno soubesse, afirmaram que tiveram um envolvimento íntimo e intenso, a ponto de Salonina encará-lo como um grande erro em sua vida. A reação explosiva de Salonina, ao mesmo tempo em que demonstrava nobreza de sua parte, parecia confirmar-lhe a condição de culpada por algo grave e comprometedor. Resolveu Póstumo Galo, então, voltar à varanda para efetuar o arremate nas suspeitas que estavam se confirmando.

– Ora, meu nobre Caio Centúrio, vi a consulesa sair apressada e com o semblante carregado, parecendo irritada. Aconteceu algo que perdemos?

Caio Márcio, percebendo a gravidade do assunto, desconcertou-se com a pergunta inusitada e direta. Porém, tentando disfarçar, respondeu com indiferença:

– Que eu saiba, não! Ela apenas reclamou da demora de Públio em voltar, quando resolveu ir ao seu encontro para apressá-lo.

– Bem a propósito, – investiu Galo, sem cerimônias – já que estamos os dois sozinhos, devo dizer-te que é notório o olhar de desejo que desferes para a mulher de Galieno. Responde-me, de fato nunca a havia conhecido?

A pergunta direta e denunciadora de Póstumo Galo desarmou totalmente os disfarces de Caio Márcio, fazendo-o finalmente perceber que ultrapassara todos os limites da dignidade. Conhecendo a natureza da mente dos militares, acostumados a agir como verdadeiros animais quando o assunto era o desejo por mulheres, respondeu de forma coerente:

– Tu, como homem viril que és, também não deves negar que a esposa de meu primo é bonita e atraente, chamando a atenção de qualquer um que lhe enderece um singular olhar. Não sou diferente. Mas se minhas ações estão me revelando a esse ponto, vou me policiar, pois o respeito a meu primo está acima de qualquer instinto de minha parte.

– Entendo. De fato, é melhor que tu te policies – disse o comandante, sorrindo.

Póstumo Galo sabia do conteúdo inverídico das palavras de Caio Márcio, o que confirmava todas as suspeitas de envolvimento anterior do oficial com a esposa de Galieno. Com esse trunfo na mão, agora pensaria com calma no que fazer, de modo a utilizá-lo no momento certo.

Quando Galieno voltou, encontrou apenas os dois oficiais conversando, estranhando o fato de Salonina não estar presente, pois ela deveria, por educação, fazer sala aos dois convidados, tendo em vista que ele precisou se ausentar.

– Senhores, Júlia vos abandonou?

– Não, meu primo. Ela apenas pediu licença para te procurar. Disse também que estava preocupada com os afazeres da cozinha – disfarçou Caio Márcio, escondendo os verdadeiros motivos da ausência de Salonina.

– De fato eu a vi sair, quando ela passou por mim próximo ao triclínio. Mas acho que havia algo errado, pois notei que ela estava irritada e com o semblante fechado – disse Póstumo Galo, aproveitando para jogar um pouco mais de veneno na história.

– Talvez tenha se irritado com a minha demora. Júlia anda um tanto alterada no humor, provavelmente por causa da gravidez – justificou Galieno.

O final daquela noite foi se mostrando menos alegre que seu início, pois Caio Márcio, após as observações de Póstumo Galo, ficou mais pensativo, demonstrando também que o efeito do álcool já lhe causava muito sono. Mesmo com a mudança de humor de Póstumo Galo, que aparentava mais alegria, a conversa entre os três já não fluía com o mesmo prazer, evidenciando, assim, ter chegado a hora de encerrar aquele encontro.

Quando os dois convidados se despediram de Galieno, indo às suas residências pelas liteiras disponíveis para este fim, o jovem cônsul das Gálias se dirigiu à cozinha, mas não encontrou sua esposa, sendo informado por Engrácia Augusta de que ela não havia voltado para a área de serviços. Galieno achou estranha aquela informação, a qual conflitava com a prestada por seu primo, de que Júlia argumentara que iria ajudar sua mãe nos afazeres domésticos. Assim pensando, encaminhou-se ao quarto do casal, onde por fim encontrou a esposa deitada na cama, adormecida. Tocando delicadamente em seu ombro, falou baixo:

– Júlia, você está bem?

A esposa de Galieno, que adormecera envolta em suas reflexões arrependidas, assustou-se.

– Públio, é você? Pelos deuses, acabei dormindo em plena recepção...

– Sim, minha amada! Quando voltei à varanda não te encontrei mais, sendo informado por Caio Márcio de que tu terias ido à cozinha ter com tua mãe, mas ela negou a informação.

Júlia percebeu que Márcio Centúrio tentou disfarçar a situação, informando ao primo mais uma inverdade. Salonina, então, emocionou-se ao lembrar a última investida irresponsável que o primo de Galieno efetuou para seduzi-la. Encheu os olhos de lágrimas, virando o rosto para que Galieno não lhe notasse a emoção repentina, o que se mostrou impossível de evitar.

– Por que choras, Júlia? Esta noite estás muito estranha e por demais sensível. Dize-me, aconteceu algo? Estás sentindo alguma dor? O oficial Galo me disse que te viu sair da varanda irritada, isso procede?

Júlia Salonina arregalou os olhos, pois não notou em nenhum momento a presença de Póstumo Galo após a sua saída da varanda. Por um instante, pensou em desarmar-se completamente, para contar ao marido toda a verdade e libertar-se de vez das algemas daquele segredo cruel e que lhe martirizava a consciência, mas novamente temeu por seu casamento.

– De fato pedi licença a teu primo para ir ter com minha mãe, mas em verdade eu estava um pouco enjoada e tonta, por isso vim até o quarto deitar-me uns instantes e acabei adormecendo por tempo demais. Perdoa-me!

– Ora, minha querida, não precisas chorar por causa disso. Tivemos uma noite memorável e te saíste muito bem na primeira vez que recebeste como consulesa. Fica tranquila, pois eu estou muito satisfeito com a tua postura diante de nossos convidados – finalizou Galieno, beijando sua esposa e dirigindo-se ao banheiro exclusivo do quarto do casal.

Júlia Salonina mais uma vez adiou o acerto de contas com a verdade, prorrogando assim o seu sofrimento íntimo. Lembrou-se dos conselhos de sua mãe e tentou se levantar para dar continuidade à rotina de seu casamento, procurando trocar-se em preparação para dormir. Enquanto aquele casal adormecia abraçado, a noite esfriava na capital das Gálias, sendo a cidade de vez em quando emoldurada pelo latido de cães vadios, que emprestavam algum som àquela noite triste de Lugdunum. As lanternas das residências da cidade foram uma a uma sendo apagadas, tornando o cenário ainda mais gélido.

Póstumo Galo, ao contrário de Salonina, dormiu contente com o resultado final da noite na casa de Galieno. Pensava que poderia agora ter um motivo para desestabilizar o cônsul emocionalmente, o que poderia inclusive fazer com que ele voltasse a Roma, abdicando de seu cargo político e abrindo espaço para a indicação do próprio Galo para substituí-lo, em face do parentesco que possuía com o imperador. A mente obsessiva de Póstumo Galo assim adormeceu, indo seu espírito haurir, no momento do sono, novas inspirações para a montagem do plano de derrubar Públio Galieno de seu posto.

Dois dias se passaram após o jantar oferecido por Galieno sem que acontecimentos que mereçam registro tenham ocorrido. Júlia Salonina contou à sua mãe o que se passou, sendo parabenizada por sua postura firme e digna diante da investida audaciosa de Caio Márcio. O primo de Galieno, por sua vez, preparava-se para viajar à fronteira com a Germânia, onde iria enfrentar os exércitos Godos, que ameaçavam a paz naquela região. Antes de partir, entretanto, procurou cumprir a promessa que fizera a Galieno de levar um cristão que pudesse explanar ao cônsul a filosofia daquela religião que se espalhava pelo império. Não foi difícil para ele esta missão, pois a igreja cristã naquela região estava organizada, em face do momento de relativa liberdade que experimentava a comunidade de Jesus.

Após algumas investigações, Caio Márcio chegou à figura de um discípulo do bispo Irineu, chamado Domênico Lúcio, que era um liberto de origem grega, radicado naquela região desde os seus dez anos de idade, quando conheceu o bispo de Lugdunum, convertendo-se ao Cristianismo. Após a execução sumária de seu líder religioso, Domênico Lúcio, que contava à época com quinze anos de idade, passou a dedicar-se à igreja de seu mestre, cuja influência perdeu força por causa da grande perseguição que sofreu, sem, entretanto, perder a unidade. Homem, portanto, já maduro e experiente, acedeu com parcimoniosa gentileza ao pedido de Caio Márcio, pois que o mesmo foi realizado com respeitosas palavras, ressaltando o caráter de sincera curiosidade que demonstrava o cônsul e representante de César.

No final da tarde do terceiro dia após o jantar, horário aprazado para que Galieno recebesse em audiência particular o representante da igreja cristã, iniciava-se aquela reunião que marcaria para sempre a conduta de Públio Galieno diante dos fatos de sua vida. Aos cinquenta e dois anos de idade, Domênico Lúcio era um dos principais líderes da igreja local, famoso por suas homilias sinceras e emotivas, quando falava do Evangelho de Jesus com loquacidade. Públio Galieno o recebeu com educação e respeito, tratando de demonstrar o caráter informal daquela conversa, pois, como homem de Estado, não poderia ele ser exemplo de cidadão que não seguia as tradições e cultos de seu povo.

– O nobre senhor queira estar à vontade em minha casa. Asseguro-te que esta conversa é de caráter particular, não tendo de minha parte outro motivo senão meu interesse pela cultura de todos os povos. Tenho o poder aqui nesta região para convocar a quem eu desejar, pela força. Mas este não é o caso, pois a tua presença aqui é fruto de um convite sincero e sem qualquer obrigatoriedade de tua parte.

– O digníssimo cônsul demonstra a grandeza dos homens sábios quando elege a diplomacia para se aproximar do povo. De fato, reconhecemos que Roma possui hoje, no mundo, o poder temporal dos homens. Entretanto, temos de admitir que todo o poder vem de Deus. Se Ele nos concede a bênção de exercer parte desse poder diante dos homens, devemos estar cientes de que todos teremos, um dia, de prestar contas do uso que fazemos desses talentos que a nós foram confiados.

– Tua linguagem é repleta de enigmas para mim, mesmo a despeito de reconhecer nela uma riqueza nobre nas palavras que utilizas. Meu primo me relatou que és um liberto grego. Como adquiriste estes conhecimentos?

– Chamo-me Domênico Lúcio, nascido em Atenas, mas descendente de uma família cristã que fugiu das perseguições do império, no norte da África. Tudo o que estudei devo ao meu santo mestre, o bispo Irineu, que aqui nesta cidade foi humilhantemente torturado e morto, testemunhando seu amor à causa da igreja. Por intermédio dele me converti, estudando o necessário para me preparar ao mesmo testemunho se preciso for.

Galieno impressionava-se com a fala calma e com as palavras bem concatenadas daquele ex-escravo de Roma, cujas ideias demonstravam uma preparação constante a um sacrifício iminente.

– Tuas palavras parecem prever que sofrerás o mesmo destino do teu mestre. Por que assim pensas, não confias na proteção do teu Deus?

– Tanto confiamos que nos apresentamos aqui com a alegria de poder pregar nossa fé em Cristo diante de vossa presença. A proteção de Deus que pedimos, entretanto, é sempre aquela que nos faz fortes diante de nossas dificuldades íntimas, que fortalece a nossa fé e que nos faz enfrentar os desafios do mundo, encarando-os como oportunidades redentoras de salvação.

– Então, para que entremos no objetivo de nossa conversa, gostaria que o senhor me explicasse em que se fundamenta a fé cristã. Existe uma unidade filosófica ou doutrinária?

O experiente representante da igreja tirou de sua sacola dois rolos contendo numerosos volumes escritos. Notando que esta era a hora de falar sobre os ensinos de Jesus, discorreu calmamente, enquanto entregava os documentos ao cônsul das Gálias.

– Nestes documentos, que para nós são sagrados, podereis encontrar o que eu considero a base dos ensinamentos de nossa igreja. O mais extenso e volumoso é uma cópia do que chamamos Evangelho de São Mateus. Mateus foi apóstolo dileto do Senhor Jesus, com quem a convivência resultou nessas anotações santas que nos conduzem o caminho. No segundo volume, trata-se de uma carta do apóstolo Paulo aos nossos irmãos da igreja de Corinto, na qual ele nos ensina que o mais importante em nossa vida é o cultivo do amor em nossos corações.

– Bem a propósito, – interrompeu Galieno – muito me impressionou saber que os cristãos pregam o amor ao inimigo como regra para a dita salvação dos que queiram viver esse reino que dizem ser dos céus. Podes falar algo a respeito, explicando esse ensinamento que particularmente considero ser impossível de se realizar?

Domênico Lúcio fechou os olhos como que buscasse a necessária inspiração de seus santos protetores. Ao abri-los, demonstrava no brilho do olhar uma energia que magnetizou o olhar de Galieno. Virou-se novamente para o lado, procurando em sua bolsa um outro rolo de pergaminho, retirando-o e abrindo-o em seguida, para lê-lo em voz alta e compassada:

Aprendestes o que foi dito: amarás o vosso próximo e odiareis os vossos inimigos. Eu, porém, vos digo: amai os vossos inimigos; fazei o bem aos que vos odeiam e orai pelos que vos perseguem e caluniam, a fim de serdes filhos de vosso Pai que está nos céus e que faz se levante o sol para os bons e para os maus e que chova sobre os justos e os injustos. Porque, se só amardes os que vos amam, qual será a vossa recompensa? Não procedem assim também os publicanos? Se apenas os vossos irmãos saudardes, que é o que com isso fazeis mais do que os outros? Não fazem outro tanto os pagãos?[7]

Domênico Lúcio falou palavra por palavra com sentida emoção, entoando-as com intensidades variadas, para lhes dar maior destaque, principalmente naquelas passagens que julgava fazer maior sentido às dúvidas que o cônsul exprimia em seu coração. Após a leitura, enquanto guardava o rolo de pergaminho em sua bolsa, deixou propositadamente que o silêncio invadisse o ambiente, para que Galieno pudesse refletir e assimilar no íntimo o que fora lido. Ao levantar novamente a cabeça, mirando os olhos de seu interlocutor, o pregador cristão iniciou sua fala, em complementação aos ensinos de Jesus.

– O coração do homem no mundo ainda é por demais ímpio, egoísta e orgulhoso. O Senhor Jesus sabia disso em profundidade, por isso proferiu tão belos ensinamentos, cujo conteúdo, em primeira análise, parece ser eivado de utópicas realidades, diante da natureza inferior que a maioria dos homens, aparentemente, está vivenciando. Antes de Jesus, a lei que imperava era a lei do olho por olho e dente por dente, devendo seus seguidores serem recompensados ou punidos de acordo com as ações de seus semelhantes. Não havia, portanto, iniciativas espontâneas, mas reações quanto ao proceder do nosso próximo. Se éramos ofendidos, a lei permitia que ofendêssemos. Se éramos agredidos fisicamente, roubados, vilipendiados ou humilhados, éramos de igual

[7] **Nota da Editora**: Mateus 5, 43-47.

forma autorizados a dar o troco, utilizando da mesma moeda que a nós foi oferecida. Tínhamos a obrigação de amar o nosso próximo, apenas por nós identificados como sendo aqueles que igualmente nos queriam bem. Jesus, contudo, nos ensinou que o verdadeiro amor, que é a essência de toda a sua doutrina, deve ser praticado indistintamente, sendo ele a nova moeda de troca que o cristão sincero deve utilizar quando receber pagamentos de ódio dos seus inimigos. Quando roubado, questionar se não estava precisando que o desnecessário fosse distribuído a quem precisa. Quando agredido, perguntar a si mesmo se a lição da resignação e do perdão não precisa ser por ele exemplificada. Quando ofendido, entender que o exercício da humildade se faz sempre necessário. Não quis dizer o Mestre da Galiléia, todavia, que devemos sentir por nosso desafeto natural, considerado por nós como inimigo, a mesma emoção que sentimos por um filho, um pai, um irmão ou um amigo, pois que isso ainda está fora de nossa natureza. Mas sim, que nutramos por aquele que ainda não compreende a lei do amor, o necessário sentimento de perdão, com o esquecimento de toda ofensa ou agressão sofrida. Amar os inimigos também é um gesto de amar a si mesmo, pois devemos refletir que em nosso íntimo habitam milhares de inimigos ocultos, como o ódio, a maledicência, o preconceito, o orgulho e o egoísmo. Esses inimigos, mais eficientes que os externos e que nos derrotam dia a dia, normalmente não são por nós percebidos. Em minha terra natal – e o nobre cônsul deve saber disto – os filósofos antigos já ensinavam, muitos anos antes de Jesus, que o conhecimento de si mesmo é o meio para ser feliz aqui neste mundo de incertezas. Combater em si mesmo os inimigos da alma é, portanto, exercitar essas máximas da filosofia humana, que Nosso Senhor Jesus veio relembrar, enriquecendo-as e principalmente exemplificando-as com sua própria vida.

Galieno estava impressionado com a abordagem lógica e bem construída daquele homem simples do povo. Não poderia deixar de compará-lo com os mestres que teve em Roma, doutores da História e da Filosofia, mas que nunca conseguiram adornar suas palavras com tamanhas figuras de linguagem, que ao mesmo em que pareciam ser simples, eram de uma profundidade inigualável. Nunca haveria de imaginar que as palavras de Sócrates poderiam ser utilizadas pelos cristãos para justificar essa máxima de amor aos inimigos, que antes lhe parecia impossível de ser seguida. Quantos inimigos haveriam de habitar em seu íntimo e que não os conhecia, ou não fazia questão de os conhecer? Quantos haveria que precisaria identificar para depois amá-los, em um gesto natural de amor-próprio? Domênico Lúcio percebeu que o cônsul navegava em profunda meditação, num esforço de compreensão e assimilação de suas palavras. Para ajudá-lo em suas elucubrações, prosseguiu ensinando:

– Nossos irmãos romanos ainda estão habituados às conquistas sanguinolentas e cruéis, nas quais somente a força pode ser a arma para alcançar o sucesso aparente. Vivem em um mundo ainda anterior à Lei do Amor, como os hebreus ainda viviam quando Jesus habitou entre eles. É natural, portanto, que hoje ajam como cegos, em sua escuridão espiritual, fruto da ignorância das verdades eternas. Para Deus, todavia, como disse Nosso Senhor, são como crianças que precisam ser encaminhadas com amor no curso da vida. Enquanto a luz do Cristo não se fizer presente no mundo, iluminando os corações dos homens, sejam romanos, bárbaros, pagãos ou não, muito sofrimento e ranger de dentes ainda deverão ser sentidos pela Humanidade, cabendo a nós, os que já conhecemos as benesses da luz do Cristo, dar o exemplo de perdão, tolerância, fraternidade e amor incondicionais.

Jesus, que o conhecimento de si mesmo é o meio para ser feliz aqui neste mundo de incertezas. Combater em si mesmo os inimigos da alma é, portanto, exercitar essas máximas da filosofia humana, que Nosso Senhor Jesus veio relembrar, enriquecendo-as e principalmente exemplificando-as com sua própria vida.

Galieno estava impressionado com a abordagem lógica e bem construída daquele homem simples do povo. Não poderia deixar de compará-lo com os mestres que teve em Roma, doutores da História e da Filosofia, mas que nunca conseguiram adornar suas palavras com tamanhas figuras de linguagem, que ao mesmo em que pareciam ser simples, eram de uma profundidade inigualável. Nunca haveria de imaginar que as palavras de Sócrates poderiam ser utilizadas pelos cristãos para justificar essa máxima de amor aos inimigos, que antes lhe parecia impossível de ser seguida. Quantos inimigos haveriam de habitar em seu íntimo e que não os conhecia, ou não fazia questão de os conhecer? Quantos haveria que precisaria identificar para depois amá-los, em um gesto natural de amor-próprio? Domênico Lúcio percebeu que o cônsul navegava em profunda meditação, num esforço de compreensão e assimilação de suas palavras. Para ajudá-lo em suas elucubrações, prosseguiu ensinando:

– Nossos irmãos romanos ainda estão habituados às conquistas sanguinolentas e cruéis, nas quais somente a força pode ser a arma para alcançar o sucesso aparente. Vivem em um mundo ainda anterior à Lei do Amor, como os hebreus ainda viviam quando Jesus habitou entre eles. É natural, portanto, que hoje ajam como cegos, em sua escuridão espiritual, fruto da ignorância das verdades eternas. Para Deus, todavia, como disse Nosso Senhor, são como crianças que precisam ser encaminhadas com amor no curso da vida. Enquanto a luz do Cristo não se fizer presente no mundo, iluminando os corações dos homens, sejam romanos, bárbaros, pagãos ou não, muito sofrimento e ranger de dentes ainda deverão ser sentidos pela Humanidade, cabendo a nós, os que já conhecemos as benesses da luz do Cristo, dar o exemplo de perdão, tolerância, fraternidade e amor incondicionais.

Domênico Lúcio falara fruto de uma utopia inatingível, reconhecia que seus ensinamentos eram coerentes e profundos. Quantos povos conquistados por Roma rendem homenagens a César tão somente por serem obrigados pela força da espada? E quantos, na primeira oportunidade, já se rebelaram lutando por sua liberdade perdida? Eram de fato palavras e ideias novas que precisariam de muito tempo para serem absorvidas pelo representante de César naquela região.

– Tuas palavras são, decerto, no mínimo interessantes de serem estudadas. Devo reconhecer que parecem um tanto fantasiosas e inatingíveis, pela realidade que vemos no mundo, onde as relações entre os povos são movidas pelos interesses de cada um, não deixando espaço para esse tipo de entendimento baseado no respeito e no que chamas amor incondicional. Toda conquista se impõe, mesmo esta do teu Cristo é imposta para vós cristãos como único meio de receberdes uma recompensa nesse tal reino dos céus.

– O Cristo Jesus não impõe seus ensinamentos a nós outros os que O seguimos de coração. Ao contrário, Ele conclama a todos aqueles que têm olhos de ver e ouvidos de ouvir à necessária reflexão íntima e à espontânea adesão aos seus ideais de amor e de paz. Ele não estabeleceu condições de sofrimento e de persuasão, mas apenas indicou o caminho a ser seguido, no final do qual, aqueles que lograrem chegar ao destino pelo seu próprio caminhar, encontrarão o seu reino de amor, que não é um prêmio, mas sim um estado de felicidade natural, adquirido ao longo da caminhada. Sem a liberdade da consciência do homem, não há reino dos céus a ser vivido. Sem o respeito ao livre-arbítrio de cada um, não há a possibilidade da instalação do amor de Deus no coração do homem. Esse o grande paradoxo filosófico do Cristo: a conquista eterna do homem pelo amor, pela liberdade e pelo respeito. Deixar livre para conquistar, eis a bandeira da diplomacia cristã, da qual todos somos humildes embaixadores.

Públio Galieno precisava sorver aquela ideia nova com maior parcimônia, desapegando-se do sentimento em que se encontrava de evidente simpatia por aquela nova doutrina. Percebendo que, a cada desenvolvimento de Domênico Lúcio, ele se deixava envolver quase que emocionalmente com seu conteúdo novo e empolgante, reagiu e, voltando à consciência de seu papel consular e de representante das tradições romanas, tratou de encerrar aquela palestra de um modo que ela pudesse ser depois continuada.

– O nobre cristão pelo visto é homem empolgado e entusiasta pela sua doutrina, que tenho a honra de conhecer mais profundamente aqui. Tenho gosto pela filosofia ensinada na escola de Roma e cujo teor me parece ter alguma semelhança com o que tu dizes, mas é fato que alguns ensinamentos por ti elencados são por demais progressistas, cabendo a mim entendê-los com mais calma, não para absorvê-los como ideal de vida, pois tenho minhas próprias convicções baseadas em nossas tradições e crenças, mas sim para expandir os meus conhecimentos a respeito dessa nova religião crescente e que precisaremos, em algum momento, ter de enfrentá-la. Por isso, sinta-se convidado a, uma vez por semana, neste mesmo dia e horário, vir até a minha casa para tratarmos de avançar nossa conversa em torno de sua doutrina cristã.

Domênico Lúcio foi surpreendido pelo convite de Galieno, pois que esperava uma reação abrupta do representante de César, tão comum naqueles romanos que julgavam antes de conhecer, baseados tão somente no preconceito.

– Com imenso prazer estarei aqui semanalmente, pois além do vosso convite ter sido a mim dirigido com sincera intenção, obrigo-me pela consciência a não perder qualquer oportunidade de trabalho na seara de Jesus, quando Ele mesmo nos mandou colocar a lamparina no lugar mais alto, para que ela iluminasse a todos. As verdades de Jesus são nossas verdades e precisam ser anunciadas a todos, principalmente àqueles que têm vontade de conhecê-las.

– Ótimo! Então ficamos assim acertados.

Públio Galieno acompanhou seu novo amigo até a porta de saída de forma educada e respeitosa. Eram novos dias para aquele romano preparado pela filosofia do mundo, convidado que estava a absorver a filosofia do Cristo. Construíam-se ali os alicerces do império de Jesus na Terra, quando o seu amor deveria ser espalhado a toda a Humanidade. Roma trilhava, com as palavras simples e humildes de um liberto, seu caminho em direção a Jesus, em um esforço do mundo maior de instalar o reino do Cristo no coração dos homens.

Domênico Lúcio retornou à sua igreja com profundo sentimento de alegria e de gratidão a Deus pelo amparo que obteve nas palavras proferidas a Galieno. Tratou de manter segredo sobre aqueles fatos, para não comprometer o novo amigo, ciente da repercussão que tais notícias poderiam tomar. Encerrou seu dia elevando o pensamento em preces de júbilo e agradecimento, tendo a certeza de que iniciava sua missão de testemunho, oportunidade em que deveria cada vez mais exemplificar em ações tudo o que pregava.

DIANTE DA VERDADE

CAPÍTULO VII

O encontro de Públio Galieno e Domênico Lúcio passou a ser semanal, gerando em ambos grande expectativa durante a semana. Para o primeiro, descortinava-se uma nova filosofia, de um mestre aparentemente simples, mas em cujos ensinamentos encerravam-se profundos ideais de um mundo novo. Para o segundo, aqueles encontros eram verdadeiros exercícios de amor, quando a paciência, a humildade e a tolerância lhe eram testados. Galieno simplesmente devorou na leitura, em pouco tempo, o Evangelho de Mateus. Não se deteve em estudá-lo ou sobre ele refletir, mas o leu com ávida curiosidade, anotando os pontos que julgava obscuros ou ilógicos, para, na reunião com o novo amigo, poder esclarecê-los. A partir da segunda reunião, o cônsul resolveu que sua esposa também deveria participar, tendo em vista que gostaria de compartilhar com mais um romano as suas impressões e que esta pessoa deveria ser de alta confiança, a fim de que suas intenções de estudos filosóficos não fossem interpretadas como uma conversão ao Cristianismo.

Assim, durante nove semanas seguidas, as reuniões se repetiram, e nelas eram abordados temas diferentes, elegidos por Galieno, ora acerca da vida pessoal de Jesus, ora sobre seus ensinamentos ou sobre como os cristãos se organizavam para vivenciá-los. A essa altura do tempo, Caio Márcio já não se encontrava na capital, mas nas fronteiras com a Germânia, em combate. Póstumo Galo visitou Galieno por algumas vezes, não só com o objetivo de despachar deliberações de ordem administrativa, mas também como oportunidade de revisar seus pensamentos doentios quanto à forma de comunicar, ao marido de Júlia Salonina, que o mesmo era alvo de um conluio, envolvendo sua esposa, sua sogra e seu primo.

Após diversas simulações mentais de como executar seu plano, o comandante dos exércitos das Gálias decidiu escrever uma carta anônima, na qual poderia relatar todos os detalhes da traição, incluindo também fatos dos quais não tinha certeza, mas que por dedução provavelmente teriam ocorrido. Assim decidido, tratou Póstumo Galo de elaborar o documento de uma forma que a sua caligrafia não pudesse ser comparada. Para que seu plano pudesse ser perfeito, após lacrar a carta em uma espécie de bolsa envelope, fez com que a mesma fosse entregue na casa de Galieno como sendo originada de uma das embarcações que chegavam da capital Roma. O militar romano também tomou o cuidado de obter informações acerca do evento ocorrido na casa do Severo, citado nas conversas de Caio Márcio e Júlia como o local onde teria acontecido a traição. Com todos os elementos disponíveis, redigiu a ignominiosa carta-denúncia com riqueza de detalhes, muitos inventados, para que Galieno não tivesse dúvidas de sua veracidade.

A três semanas da data prevista para o parto de Salonina, quando a vida do jovem casal parecia desenvolver-se em paz e tranquilidade, eis que Públio Galieno recebe uma carta cuidadosamente lacrada, aparentemente provinda da capital romana, apenas com a palavra "confidencial" escrita em seu endereçamento. Ao abrir e ler o documento, examinou, estupefato, seu conteúdo, que dizia mais ou menos o seguinte:

Ao senhor Públio Licínio Galieno,

Sirvo-me da presente missiva para, em um esforço de minha consciência e lealdade, amparado na mais profunda amizade que nutro pelo nobre amigo, externar fatos que para mim são gravíssimos, cujos relatos me doem a honra e a dignidade, mas que não poderia deixar de fazê-lo, em nome da verdade e da justiça que creio vossa pessoa mereça ser digno.

Deveis lembrar-vos de que há aproximadamente oito meses, foi realizado aqui em Roma um grande evento em homenagem às bodas da filha mais velha de Pôncio Severo, cônsul da Ásia Menor e grande amigo de vossa família. Nessa noite, à qual não comparecestes, vossa então noiva, Júlia Salonina, em um provável arroubo de aventura, aproveitou-se de vossa ausência para vos trair covardemente, entregando-se a um jovem militar que bem conheceis. Trata-se de Caio Márcio Centúrio, vosso primo. Tenho conhecimento de que ambos os traidores, em conluio com Engrácia Augusta, vossa sogra, trataram de criar uma versão de que não se conheciam e de que Caio Márcio não compareceu à festa. Crede-me, é tudo mentira! Os dois tiveram nessa noite relações íntimas, que puseram em dúvida não só a fidelidade de vossa mulher e a lealdade do vosso primo, como também a paternidade do filho que aguardais chegar. Não notastes que há coincidência de datas entre a festa do Severo e a repentina gravidez de vossa esposa? Não considerais o desaparecimento repentino do vosso primo muito estranho, à época do ocorrido?

Se não possuíeis elementos suficientes para pensar nisto, agora podeis fazê-lo, tendo a oportunidade de, em tempo, lavar a vossa honra de patrício romano. Não me identifico nesta carta em respeito ao nosso passado, afirmando-vos, entretanto, que não vos preocupeis, pois somente eu conheço tais verdades, pois fui a única testemunha ocular da entrega de vossa esposa aos braços traidores do vosso primo.

Na certeza de que cumpri um dever moral, despeço-me respeitosamente.

Um amigo.

Públio Galieno, estarrecido, leu e releu diversas vezes aquele documento. Sua primeira reação foi de imediatamente tentar descobrir quem era o remetente da carta, mas foi informado pelo comandante da embarcação que transportou a missiva de que esse tipo de documento era acumulado em Roma por uma terceira pessoa, a qual somente se preocupava em receber o devido pagamento pelo envio, desconhecendo, na maioria das vezes, quem enviava, pois geralmente eram entregues por criados mandados por seus amos. A atitude alegre e feliz que Galieno vinha demonstrando nas últimas semanas foi substituída por um silêncio sepulcral e uma irritação que para os outros eram sem sentido. Tratou de cancelar os compromissos do dia, inclusive sua palestra com Domênico Lúcio, e permaneceu ensimesmado em seu escritório de trabalho, trancado por várias horas. Aos chamados de Salonina, respondia apenas que estava ocupado e não queria ser importunado, não fazendo a mínima questão de esconder a irritação. Salonina interpretou que poderia ser algum problema grave no âmbito político, por isso resolveu não mais insistir.

Galieno, por sua vez, a cada nova leitura da anônima carta, mais percebia serem inúmeras as coincidências que confirmavam seu conteúdo. Relembrou sua bebedeira com Caio Márcio e que sua mãe havia comentado que ele estaria pronto para ir à festa. Também parecia verdade que o primo fugira, pois estranhamente se ausentou de inopino. Logo em seguida, lembrou-se do dia em que Salonina se entregou a ele e do estranho esquecimento dos detalhes daquele momento. A repentina gravidez de Salonina, o cálculo do tempo da gestação, tudo parecia se encaixar perfeitamente às denúncias da carta.

Tarde da noite, em um horário inabitual para seu recolhimento, Públio Galieno saiu de seu escritório aparentando profundo abatimento moral. Andava pelos corredores da casa, envolvido e absorto pelas palavras insidiosas da carta, cujo conteúdo praticamente havia decorado. Não podia acreditar no que estava acontecendo, logo em um momento em que se sentia muito feliz com seu trabalho e com sua vida pessoal. Chegou ao quarto e viu sua esposa deitada e adormecida, lutando para descansar em uma posição que pudesse se acomodar o mais confortável possível, pois seu ventre, agora avantajado pela gravidez, impedia-lhe de dormir mais à vontade. Olhando a beleza de sua companheira, que parecia dormir o sono de uma justa mulher, Públio Galieno relembrou diversos momentos felizes que vivera com a esposa, desde a época do namoro. As juras de amor e as palavras de carinho eram automaticamente substituídas, em sua mente, pelos termos acusatórios empregados naquela maldita carta. Desejou imensamente que aquele documento nunca houvesse existido, mas não podia fugir à realidade dos fatos.

Seus pensamentos voltavam-se agora em decidir o que fazer e como agir. Ao mesmo tempo em que seu orgulho ferido ordenava-lhe que esbravejasse, exigindo imediatas e convincentes explicações, sua natureza mais racional e comedida, aliada ao sentimento de profundo amor que sentia por aquela mulher, recomendava-lhe esquecer e perdoar, ignorando os termos caluniadores daquele documento anonimamente elaborado. Perdido em suas tristes elucubrações, viu que ao lado de Júlia Salonina estava caído no chão um dos pergaminhos deixados por Domênico Lúcio, e que Salonina havia pedido para ler, há quase três semanas. Galieno ainda não conhecia o teor daquele rolo de pergaminho, pois suas conversas com o líder cristão estavam sendo desenvolvidas em torno da leitura do Evangelho de Mateus.

Instintivamente, como se estivesse sendo guiado por mãos invisíveis, o esposo de Salonina reclinava-se, apanhando o rolo de documento presenteado pelo novo amigo de conversas semanais. Dirigiu-se ao banheiro do quarto, onde havia uma lanterna acesa que o iluminava, possibilitando a leitura daquele pergaminho. Ao abri-lo lentamente, detendo-se ao acaso, deparou-se com ensinamentos surpreendentes, como se os "deuses" respondessem às suas angústias do momento, que lhe feriam mortalmente a alma:

Ainda que eu falasse as línguas dos homens e a língua dos próprios anjos, se eu não tiver amor, serei como o bronze que soa e um címbalo que retine; – ainda quando tivesse o dom da profecia, que penetrasse todos os mistérios e tivesse perfeita ciência de todas as coisas; ainda quando tivesse toda fé possível, até o ponto de transportar montanhas, se não tiver amor, nada sou. –E, quando houvesse distribuído os meus bens para alimentar os pobres e houvesse entregado o meu corpo para ser queimado, se não tivesse amor, tudo isso de nada serviria.

O amor é paciente; é brando e benfazejo; o amor não é invejoso; não é temerário, nem precipitado; não se enche de orgulho; não é desdenhoso; não cuida de seus interesses; não se agasta, não se azeda com coisa alguma; não suspeita mal; não se rejubila com a injustiça, mas se rejubila com a verdade; tudo suporta, tudo crê, tudo espera, tudo sofre.

Agora, estas três virtudes: a fé, a esperança e o amor permanecem; mas, dentre elas, a mais excelente é o amor.[8]

Conforme ia pausadamente lendo a maravilhosa e imortal carta de Paulo aos Coríntios, Públio Galieno ia se deixando envolver por amigos espirituais que lhe ajudavam nos caminhos da vida. Uma branda energia lhe tomava o corpo cansado e a mente aflita, fazendo-lhe chorar de emoção. "O amor tudo suporta, tudo crê, tudo espera e tudo sofre", foram as palavras que lhe ficaram na mente, em contraponto ao conteúdo denunciado naquela carta recebida. Instintivamente pensou em Domênico Lúcio e nas suas narrativas emocionadas sobre o sacrifício do Cristo, que se entregara pacificamente, mesmo sendo vítima de mentiras e calúnias. Esses pensamentos lhe tumultuavam o cérebro, não lhe permitindo adormecer pela ansiedade

[8] **Nota da Editora**: 1 Coríntios 13, 1-7, 13.

que causavam, ficando acordado por várias horas. Decidiu, afinal, que precisava refletir mais antes de tomar qualquer decisão precipitada, para não ser injusto em seu julgamento e na avaliação da responsabilidade de sua esposa.

No dia seguinte, mesmo tendo deitado depois de Júlia Salonina, Galieno levantou-se antes de sua esposa, pois não conseguira mais dormir, após algumas horas de sono reparador. Tendo realizado sua higiene matinal, novamente trancou-se em seu escritório para refletir sobre a situação. Resolveu, então, conversar com Engrácia Augusta, que já se encontrava na cozinha, providenciando o necessário para a organização do desjejum da família.

– Públio, tu já levantaste? Júlia estava preocupada contigo, pois te aguardou por várias horas, mas não logrou êxito, porque te encontravas quase que incomunicável. Aconteceu algo na capital que te tomasse tanto tempo?

– Nada que mereça as minhas preocupações – respondeu Galieno de forma brusca – Diz-me, Engrácia, no dia da festa do Severo, viste meu primo Caio Márcio por lá? Júlia teve contato com ele?

A pergunta inusitada e absolutamente direta de Galieno provocou em sua sogra uma forte comoção, gelando-lhe as faces. Públio havia descoberto o segredo de Salonina – pensou Engrácia Augusta – e provavelmente estaremos arruinadas. Tratando de se recompor para disfarçar sua emoção, respondeu:

– Que pergunta mais estranha, Públio. Nem me lembro mais do que se passou naquela festa. Por que isso agora?

– Por favor, minha sogra. Pela consideração que tens por mim, não respondas com contraperguntas, atendo-te exclusivamente ao que eu te falar. Júlia, de fato, conheceu ou não conheceu meu primo naquela maldita festa?!

– Não entendo por que esta tua atitude repentina de raiva e irritação. Júlia não me comentou nada a respeito de teu primo. Estávamos em salões diferentes, eu fazendo inclusive companhia para a tua mãe e Júlia no salão destinado aos jovens. Nos poucos momentos em que fui ao encontro de minha filha, ela estava acompanhada somente por suas amigas da época.

– Então afirmas que tu e Júlia não conheceram Caio Márcio antes de virem para cá...

– Absolutamente! Conhecemos teu primo naquele jantar que tu ofereceste. Encontras-te irritado, Públio, mas meu coração de mãe tem o direito de saber o que te move as intenções de tão inusitadas perguntas.

– Quando chegar a hora certa, saberás – finalizou a conversa Galieno, retirando-se em direção ao seu quarto.

Júlia Salonina já se encontrava pronta para ir à sala do desjejum, quando seu marido entrou no quarto, disparando uma pergunta direta e objetiva:

– Júlia, quero que me respondas uma coisa que me atormenta o coração desde ontem. Desejo que tua resposta seja movida pela mais pura verdade, em consideração ao nosso amor: tu conheceste meu primo Caio Márcio na festa em que Pôncio Severo celebrou as bodas de sua filha Lucíola?

Salonina empalideceu com aquela pergunta inesperada, proferida por um Públio transtornado de ciúmes. Sua reação instintiva foi sentar-se na cama e baixar a cabeça a chorar. Não podia mais esconder a verdade de seu marido, pois ele provavelmente já havia descoberto tudo. Caio Márcio, por certo, deveria ter contado tudo a ele, pensou. Quando viu sua mulher reagir de forma emotiva, Galieno virou-se de costas a ela, deixando-se envolver por sentimentos de raiva e ciúmes. Aquela reação de Salonina confirmava o conteúdo da carta, fazendo-se criar, de uma só vez, uma chuva de dúvidas no coração do cônsul. Ao virar-se, com os olhos lacrimosos, aproximou-se de sua esposa e a levantou pelos ombros, fitando seus olhos nos dela.

– Júlia, preciso de uma resposta vinda de teus lábios. Sabes que até aqui tenho sido um esposo dedicado e carinhoso. Conheces a profundidade do meu amor por ti. Não existe espaço para mentiras em nossa relação. Responde-me agora, pelos deuses!

– Sim, Públio! Conheci teu primo naquela maldita festa! Mas acredita: eu não sabia que ele era teu primo e ele não sabia que eu era tua noiva. Soubemos disso somente depois...

– Depois? Depois de quê? – interrompeu Galieno, irado. – Depois de tu te entregares inteiramente a ele?!

– Eu estava bêbada, meu marido! Deixei-me levar pelos meus desejos mais baixos, vindos de uma mulher ainda irresponsável e imatura. Por favor, meu amor, perdoa-me, pois amo-te acima de tudo e até de mim mesma!

Galieno soltou os ombros de Salonina e virou-se novamente de costas. Pegou a carta que estava dentro de seu bolso e a entregou a Júlia, sem olhá-la no rosto.

– Então tu confirmas todas as denúncias contidas nesta carta?

Salonina apanhou a carta em uma reação brusca e, surpresa, leu-a nervosa, fazendo um esforço para controlar o choro. Ao terminar a leitura, colocou o documento sobre a cama e caiu ajoelhada aos pés de seu marido, aos prantos.

– Perdoa-me, Públio! Juro que aqueles foram os únicos minutos de minha vida em que não me dediquei inteiramente a ti. Se assim o fiz, foi somente porque meu estado de consciência estava alterado pela embriaguez em que me encontrava. Não me deixes, meu amor! Amo-te acima de qualquer coisa e não saberei viver sem o teu amor e sem a tua presença, quando preferiria a morte a viver sem a tua companhia eterna.

Galieno também se desarmou em pranto vendo sua amada mulher ajoelhada e humilhada aos seus pés. Ao mesmo tempo em que sua honra lhe cobrava reação contundente, seu sentimento de amor por aquele ser lhe dizia para perdoar e esquecer. Olhou para o lado e viu a carta de Paulo aos Coríntios, que se encontrava na cabeceira da cama. Recordou-se imediatamente da definição de amor que havia lido na noite anterior. Encontrava-se ali o momento de exercitar esse amor incondicional e seguir seu coração. Entretanto, Galieno abaixou-se e levantou sua esposa, que continuava a chorar convulsivamente. Sentando-a na cama, afastou-se o suficiente para lhe dizer:

– Júlia, jamais esperava tamanha surpresa vinda de tua parte. Meu coração de homem encontra-se traído e desonrado. Minha vontade instintiva é a de expulsar-te de minha casa, para lavar a honra da minha nobre família. Mas o meu amor por ti freia-me os impulsos, acreditando no que dizes quanto aos teus sentimentos. Confesso que não estou preparado para executar nem uma e nem outra ação. Por isso, peço que não me procures mais, até que eu oficialize a minha decisão. Estes fatos devem permanecer em sigilo absoluto, para que a divulgação dos mesmos não me force a agir imediatamente, segundo as nossas tradições.

Públio Licínio Galieno pegou a carta que estava em cima da cama e saiu do quarto ouvindo Júlia suplicar para que ele ficasse. O cônsul das Gálias estava visivelmente transtornado. Ao sair de casa, dirigiu-se às ruas da cidade sem saber ao certo aonde ir. Dispensou a liteira e preferiu seguir a pé, para refletir no que fazer. A confirmação de Júlia Salonina, ratificando as acusações daquela carta anônima, removeu todas as suas esperanças de que tudo não passasse de calúnias ignominiosas. Estava desnorteado. Pensou em se refazer na casa do comandante Póstumo Galo, mas depois achou que isso seria expor muito a sua posição de autoridade, pois não considerava o militar um amigo em que pudesse confiar as suas mais íntimas amarguras. Lembrou-se, então, de Domênico Lúcio, que, nos últimos dias de conversa amiga, já demonstrava ser uma pessoa a quem Galieno pudesse externar algumas confidências. Decidiu ir ao encontro do novo amigo, para ao menos ter onde ficar durante o dia, utilizando aquelas horas para também resolver o que fazer de seu casamento. Informou-se do endereço da igreja de Domênico Lúcio e, providenciando a vinda de sua liteira particular, deslocou-se ao encontro do pregador cristão, que iria ter participação fundamental nas decisões que Públio Galieno deveria tomar para direcionar a vida dali em diante.

Domênico Lúcio recebeu Galieno com muita surpresa, tendo em vista a inusitada iniciativa de uma autoridade romana procurar uma igreja cristã. O cônsul pediu-lhe que providenciasse uma sala onde tivessem uma particular conversa, evitando que mais pessoas, além do pregador e de sua mulher, que estava ao seu lado, vissem que ele adentrara naquele lugar. O líder cristão, então, levou Galieno até a sala onde trabalhava os assuntos administrativos da igreja e onde guardava todo o material de estudo, bem como as indumentárias e símbolos dos rituais, que àquela época já eram executados. Após solicitar que sua esposa os deixasse a sós, o representante da igreja perguntou preocupado:

– O senhor Galieno por certo tem um motivo muito grave para dignar-se vir até a nossa humilde instituição.

– Sim, meu caro Domênico. Mas meus motivos são estritamente pessoais, portanto, podes ficar despreocupado quanto à segurança da tua igreja, pois não vejo motivos para proibir-lhe o funcionamento. Que ela continue na execução das atividades, as quais me relataste. Minhas amarguras são de tal envergadura que precisei me refugiar em algum lugar diferente do ambiente doméstico, sendo aqui, contigo, o único espaço que julguei mais confiável para acalmar meu coração sofrido.

Domênico Lúcio notou que realmente havia acontecido algo muito grave para que Galieno, que sempre demonstrou frieza nas palavras, se submetesse àquela visita de refúgio. Percebeu o semblante aflito do amigo e que suas palavras eram pronunciadas com uma tristeza profunda, jamais identificada em nenhuma das conversas com o cônsul.

– Meu amigo, aqui é a casa de Deus e o lugar onde qualquer pessoa pode aliviar as suas dores e aflições, encontrando um pouco de ânimo para prosseguir nas lutas do mundo, sem fraquejar na esperança. Portanto, se desejares, considera-me teu servo, que está aqui ao teu dispor para ouvir-te e, se tiver ao meu alcance humilde, ajudar-te.

Galieno preferiu ficar calado enquanto entregava a carta a Domênico Lúcio. Em uma linguagem muda, o marido de Júlia Salonina pediu que o pregador cristão lesse a carta enquanto ele aguardava, no que foi prontamente atendido. O novo amigo de Públio Galieno leu a missiva de forma respeitosa e séria, falando após:

– Entendo agora as tuas aflições íntimas. Mas o que queres que eu faça para ajudar-te?

Públio Galieno, no primeiro momento, desconcertou-se com a pergunta do amigo, pois, na verdade, nem ele mesmo sabia qual o motivo de estar ali, compartilhando aquela situação com Domênico Lúcio. Por outro lado, o representante da igreja utilizava-se da mesma metodologia de Jesus, quando indagava aos que O procuravam, quais eram as intenções reais dos mesmos, sondando-lhes a congruência do falar e do proceder.

– Na verdade, estou completamente perdido, sem saber qual direção tomar. Desde ontem, quando recebi esta maldita carta, minha vida se transformou em um martírio mental, pois Júlia parece confessar tudo o que nela está escrito. Sinto-me desamparado e traído, desejando vingar-me, porém, o meu amor por minha mulher freia-me as ações impulsivas. Preciso desesperadamente ouvir uma terceira opinião, já que Júlia se humilhou aos meus pés, implorando perdão.

– Por certo o nobre amigo já se certificou da procedência deste documento. O fato de ele ser de origem anônima demonstra que as intenções de seu autor não são as melhores. Independentemente disso, devo dizer que meu cabedal de conhecimento é restrito às questões evangélicas e tudo o que as cercam. Por isso, qualquer opinião que eu emitir estará sempre fundamentada no que o Cristo nos ensinou a fazer. Não chegamos, em nossas conversas, a abordar uma passagem muito interessante da vida de Jesus, na qual ele nos ensina a agir em situações como essas. Se me permitires, gostaria de lê-la para ti.

Respondendo positivamente com um gesto da cabeça, Galieno aguardou Domênico Lúcio procurar, nos escaninhos onde ficavam diversos rolos de documentos, a aludida passagem do Evangelho, a qual o pregador, depois de abri-la, leu pausadamente:

Então, os escribas e os fariseus Lhe trouxeram uma mulher que fora surpreendida em adultério e, pondo-a de pé no meio do povo, disseram a Jesus: Mestre, esta mulher acaba de ser surpreendida em adultério; – ora, Moisés, pela lei, ordena que se lapidem as adúlteras. Qual sobre isso a tua opinião? – Diziam isso para O tentarem e terem de que O acusar. – Jesus, porém, abaixando-se, entrou a escrever na terra com o dedo. Como continuassem a interrogá-Lo, Ele se levantou e disse: – Aquele dentre vós que estiver sem pecado, atire a primeira pedra. – Em seguida, abaixando-se de novo, continuou a escrever no chão. – Quanto aos que O interrogavam, esses, ouvindo-O falar daquele modo, se retiraram, um após outro, afastando-se primeiro os mais velhos. Ficou, pois, Jesus a sós com a mulher, colocada no meio da praça. Então, levantando-se, perguntou-lhe Jesus: – Mulher, onde estão os que te acusavam? Ninguém te condenou? – Ela respondeu: – Não, Senhor. – Disse-lhe Jesus: Também eu não te condenarei. Vai-te e de futuro não tornes a pecar.[9]

Domênico Lúcio enrolou o pergaminho e dirigiu-se novamente aos escaninhos para guardá-lo, deixando que Galieno, em silêncio, absorvesse melhor o ensinamento evangélico, para depois falar-lhe em tom amistoso:

– Em nossa vida, deparamo-nos com muitas provas que nos obrigam a decidir os rumos do nosso destino. Todos

---

[9] **Nota da Editora**: João 8, 3-11.

possuímos o livre-arbítrio para agir de uma forma ou de outra, no bem ou no mal. O grande dilema, entretanto, é justamente conseguir identificar o que é o bem e o que é o mal. Para aqueles judeus, acostumados a tratar a lei de Moisés conforme as suas conveniências, o bem se constituía em dar-lhe cumprimento naquele instante. Lapidar aquela pobre mulher seria honrar os bons costumes e preservar a ordem, pensavam. Jesus, entretanto, conhecedor que era das doenças morais que povoavam os corações daquele povo hipócrita, utilizava-se do mais poderoso recurso que ainda nenhum outro mestre havia utilizado para ensinar, que era a evocação do escrutínio da própria consciência como meio eficaz de dirigir nossas ações mais difíceis. Percebamos, nós, que o Divino Senhor nem sequer emitiu sua opinião a respeito da lei de Moisés ou mesmo indagou a origem daquela mulher, nem tampouco quais eram as suas intenções, se de arrependimento ou não. Ele, ao contrário, com uma simples afirmativa, deixou que cada um fosse o juiz de si mesmo, antes de querer ser julgador do outro. Esta lição maravilhosa e que de forma tão bela foi anotada por São João, que era tido como o mais dileto apóstolo de Jesus, encerra muitas reflexões de nossa parte, principalmente quando nos inclinamos a julgar as ações das pessoas que nos cercam. Como condenar se dentro de nós existe registrado o mesmo pecado? Como acusar se da mesma forma podemos ser acusados, quando igualmente somos pecadores? Como não perdoar se também nós precisamos do perdão para as nossas incontáveis faltas? Como querermos nós estabelecer penas aos outros, quando não sabemos ao certo quais as circunstâncias emocionais em que o outro se encontrava para cometer esse ou aquele delito? Meu querido amigo, o coração das outras pessoas é um território exclusivo e que somente Deus pode sondar, além do próprio ser. Por tudo isso, caro irmão, não posso dizer-te que ajas dessa ou daquela maneira sem me ater ao que Jesus nos ensinou: olha para dentro de ti mesmo e indaga-te se o amor que possuis não é maior que qualquer convencionalismo humano de honra e de orgulho. Ademais, além do autor da carta, parece-me serem poucas as pessoas que têm conhecimento destes fatos e, mesmo que o caluniador insista, a força do teu perdão e do teu amor os abafarão para sempre. Assim, escuta o teu coração e procura esquecer, para te livrar de vez desses pensamentos malignos que fomentam a discórdia e o sofrimento.

Galieno ouvia tudo com a cabeça baixa, levando considerado tempo para reagir e se manifestar. Levantando-se de onde estava sentado, olhou a paisagem pela pequena janela da sala, percebendo que o dia jazia ensolarado e azul em seu firmamento. Virou-se para o amigo, que já não o surpreendia com a linguagem sempre nobre e simples ao mesmo tempo, abordando todos os assuntos com coerência e lógica. Respirou fundo e falou mais calmo:

– De fato, não posso afirmar que antes do meu casamento com Júlia tive um comportamento correto, pois todos sabemos que a natureza masculina é diferente da feminina, não sendo para nós homens, e principalmente os púberes, reprovável que aliviemos os desejos antes do matrimônio. Os fatos narrados na carta, entretanto, são muito contundentes e a confirmação de Júlia me deixa profundamente magoado e ofendido, mesmo a despeito do meu amor por ela. Sou fraco como a maioria dos homens e ainda não consigo atingir esse nível de perdão que teu Cristo ensinou. Vivo em um mundo diferente, meu amigo, no qual a sociedade nos cobra atitudes severas diante desses casos, quais sejam, o divórcio e o renegar da paternidade do filho que está para vir, tendo em vista que a situação ocorrida deixa dúvidas sobre a minha paternidade. Ao mesmo tempo, reconheço que muitos desses convencionalismos são hipócritas, pois a maioria dos homens de família não pensa duas vezes em desonrar sua esposa quando a oportunidade lhe aparece.

– Caro amigo, sinto sinceramente que tu estás mais disposto a perdoar que a seguir o que chamaste muito bem de convencionalismos da tua sociedade. Percebo em tua mulher o amor verdadeiro por ti, traduzido em atenção, carinho e dedicação rara.

Não vejo nela a preocupação fútil da maioria das matronas abastadas, e que lamentavelmente perpetuam essa futilidade nas suas filhas. Por isso, se realmente vieste aqui para ouvir-me a opinião, atrevo-me a dizer que o melhor caminho para ti e para todos é o perdão e o esquecimento. O primeiro é pontual, traduzido na aceitação do fato como natural. O segundo é exercício diário e que somente a valorização, de tua parte, das qualidades da tua esposa, fará que percebas que ela possui mais méritos que deméritos. Ama, meu amigo, e lembra-te de que aquele que assim procede deve aprender a sofrer, a perdoar, a crer e a não suspeitar mal.

Galieno já conhecia aquelas últimas palavras de Domênico Lúcio, embasadas na carta do apóstolo Paulo. Novamente sentou-se e baixou a cabeça, chorando agora mais intensamente. Encontrava-se ali a autoridade máxima de Roma nas Gálias, entregue à sua mais penosa prova no mundo. Deveria vencer a si mesmo e desobedecer às regras da sociedade, perdoando? Ou ser rígido em sua postura, honrando o nome de sua família? Ficou envolto nos seus pensamentos durante toda aquela manhã, sendo amparado e consolado por seu novo amigo e agora confidente.

Aquele dia quente continuava azulado, contrastando a sua alegria com os passos apressados das pessoas nas ruas e vielas daquele centro comercial. A vida parecia ignorar o drama daquela recém-formada família, cujo desenrolar ainda seria penoso, mas decisivo para que a história fosse registrada para o mundo da forma a qual conhecemos hoje.

Por volta do meio-dia, os dois amigos foram surpreendidos pelo bater na porta por parte da esposa de Domênico Lúcio, que parecia aflita:

– Lúcio, abre a porta, pois é uma emergência!

– Sílvia, o que aconteceu? – perguntou Domênico à sua esposa, enquanto abria a porta.

– Os criados da casa do senhor cônsul avisam que sua esposa Salonina está passando mal. Parece que entrou em trabalho de parto!

– Trabalho de parto?! Mas esperávamos o nascimento somente para daqui a aproximadamente três semanas – disse Galieno, surpreso.

– Sim, meu amigo, mas pelo visto teus cálculos estão errados. Precisamos dar apoio à tua esposa – respondeu Domênico Lúcio, com firmeza.

– Antes, gostaria de falar-te a sós, se possível – pediu Galieno, demonstrando seriedade no olhar.

Retirando-se a mulher do pregador cristão imediatamente ao olhar de seu marido, o cônsul das Gálias olhou para o amigo, transformado no semblante, como se houvesse adquirido novamente o equilíbrio emocional para tomar as decisões necessárias que o momento exigia.

– Caro Domênico, este é sem dúvida o maior drama que minha vida experimentou até aqui. Entretanto, as minhas responsabilidades de chefe de uma família honrada me obrigam a decidir o que fazer, recaindo sobre mim a culpa ou o mérito das consequências do que aqui eu vou te falar. O meu amor por Júlia é demasiadamente grande para abandoná-la, pois sei que ela iria ficar desamparada e que isso também poderia até lhe tirar a vontade de viver, como muitas vezes ela mesma já me disse em momentos de emoção mais exacerbada. Não a deixarei só e manteremos o nosso casamento. Contudo, farei isso com duas condições: a primeira é a transferência imediata de minha sogra para Roma ou para qualquer outro lugar que ela desejar, desde que não habite mais a mesma cidade na qual nós estivermos instalados. Sei que o erro foi cometido por culpa exclusiva de Júlia, talvez até contra os ensinamentos de sua mãe, mas também tenho a certeza de que o plano de mentir para mim não pode ter sido de autoria da minha esposa, pois conhecendo-lhe a personalidade por demais emotiva, sei que ela teria confessado espontaneamente o erro caso não houvesse a influência de uma terceira pessoa. Darei todas as condições necessárias para que Engrácia Augusta viva confortavelmente, mas longe de minha família.

A segunda condição, na qual conto com a tua ajuda, diz respeito a este filho, cujo nascimento parece ser iminente. Muitas são as provas de que ele não seja meu. A antecipação do parto me parece que é a última delas, pois que o período de hoje até o dia daquela maldita festa coincide exatamente com o tempo natural para uma gravidez normal. Sei que tenho forças para vencer a mim mesmo e continuar a viver com Júlia, a quem amo profundamente. Ele seria motivo de constantemente estar lembrando o que ocorrera, por isso decido não reconhecer esta criança como meu filho ou minha filha. Não o farei, entretanto, em público, como deveria ser, e é exatamente neste ponto que peço o teu apoio: quero que providencies uma parteira da tua confiança para realizar o parto, cujas testemunhas serão somente eu e tu. Diremos a todos que a criança nasceu morta, devendo tu levá-la aos mercadores de escravos e vendê-la ou dá-la, como queiras, desde que não lhe cite a origem. A partir do momento em que ela sair da minha casa, meu casamento deverá recomeçar, como se nada houvesse acontecido. Podes assim me auxiliar?

Domênico Lúcio ouviu tudo com muito respeito e emoção, concluindo que Deus operava naquele homem, pois sua reação era a de um ser renovado pelas palavras e lições que vinha aprendendo ao longo dos últimos dias. Compreendeu que a decisão de Galieno, apesar de não ser aquela em que o perdão se fazia em sua plenitude, era a que estava dentro de suas atuais possibilidades morais.

– Meu amigo, não poderia me escusar a te ajudar neste momento delicado para ti. Sei que exercitas com louvor a grandeza do ato de perdoar e esquecer. Minha cunhada é parteira e de nossa total confiança. Vou pedir para Sílvia mandar chamá-la imediatamente. Não temos tempo a perder, pois o primeiro parto é sempre o mais difícil para uma mulher.

Os dois amigos, assim, apressaram-se nas providências urgentes que precisavam demandar. A esposa de Domênico Lúcio foi convocar a sua irmã, que prontamente acedeu ao chamado, pedindo apenas para que alguém a auxiliasse durante o parto. Estabeleceram, então, que a própria Sílvia faria o papel de auxiliar, para não envolver mais pessoas na ação, a qual exigia sigilo. Quando chegou à sua casa com a equipe de ajudantes, Galieno estava com o semblante mais fechado e sisudo que o de costume. Ordenou que todos os criados fossem dispensados naquela tarde e que Engrácia Augusta aguardasse fora do quarto do casal. Mesmo estranhando aquela decisão, a mãe de Salonina, que àquela altura já sabia da confissão de sua filha, concordou em obedecer à determinação de seu genro.

Dessa forma, naquele final de tarde ensolarado, quando o sol emitia seus últimos raios avermelhados no horizonte, nasceu o primeiro filho de Júlia Cornélia Salonina, forte e saudável. Após as primeiras tarefas higiênicas, o bebê foi entregue pela parteira a Galieno, conforme a tradição romana. Todavia, para a surpresa das três mulheres que estavam naquele quarto, ele não levantou a criança com os braços em direção aos céus, como mandava a tradição, mas sim, entregou-a a Domênico Lúcio, sem ao menos olhar o rosto do recém-nascido. Aquele gesto simbolizava a rejeição do pai romano, que tinha total direito à propriedade sobre seu filho, podendo fazer dele o que bem entendesse, desde que tivesse uma justificativa plausível para isso. Júlia Salonina imediatamente compreendeu o gesto do marido, associando-o aos fatos ocorridos, cabendo-lhe tão somente chorar copiosamente, mas sem questionar a autoridade do esposo.

Os três cristãos, então, saíram pela porta dos fundos, com a criança recém-nascida envolta em panos brancos, rumo à igreja cristã, para que fosse realizado o desejo de Públio Galieno de afastar o recém-nascido de sua família. Quando Domênico Lúcio contou às duas mulheres o que Galieno pretendia que se fizesse com a criança, Ana, a parteira, implorou para que seu cunhado não executasse o plano do cônsul, colocando-se à disposição para receber o bebê, tendo em vista que, apesar de estar casada há mais de dez anos, nunca tivera filhos. Domênico Lúcio acedeu de imediato ao pedido da cunhada, pois que também não concordava em desamparar o inocente recém-chegado. Após uma longa conversa com sua mulher e com sua cunhada, explicando-lhes a gravidade do assunto, concordou em dar o recém-nascido à Ana, sob a condição de que a mesma se mudasse para a vila que ficava próxima à cidade, evitando, assim, que Galieno e sua família pudessem ter contato com a criança.

No dia seguinte, Domênico Lúcio contou ao cônsul que ao invés de vender ou dar o bebê a mercadores, ele preferiu doá-lo a uma família que estava de mudança da cidade, garantindo que a história da origem da criança não seria conhecida senão por aquelas pessoas que presenciaram o momento do parto. Assim, Ana e seu marido mudaram-se para a pequena vila próxima à capital das Gálias, batizando o menino de Lúcio Paulo, em homenagem ao cunhado e ao apóstolo cristão. A criança iria, portanto, crescer sob a égide dos ensinamentos de Jesus, sem conhecer a sua origem nobre, e sua descendência seria também a causa do direcionamento dramático de seu destino, que o atrairia novamente ao convívio da família de Galieno.

Enquanto o drama de Galieno e Salonina era vivido silenciosamente nas Gálias, seu pai Públio Licínio Valeriano ascendia ao poder em Roma. Com grande capacidade estratégica, conseguiu conquistar a confiança tanto dos imperadores que se sucediam, quanto dos senadores romanos, pelos quais era sempre designado como homem de confiança a resolver os embates militares ou diplomáticos mais difíceis. Dessa forma agindo, Valeriano exerceu o seu cargo de princeps senatus, projetando a sua imagem no império e preparando os caminhos para a conquista do trono.

O IMPÉRIO DE VALERIANO

CAPÍTULO VIII

Onze anos se passaram em Roma após os acontecimentos envolvendo a família de Galieno. No ano de 251 d.C., o imperador Trajano Décio ampliou os poderes do Senado, outorgando-lhe também que atuasse como executor das ações de governo. Valeriano aumentava as suas forças, sendo escolhido como a principal autoridade do Senado romano e consequentemente de Roma. Antes de sua morte, Trajano Décio pediu que Valeriano assumisse o controle governamental das províncias da Réscia e Norisco, por serem regiões que Valeriano conhecia muito bem. Ao se transferir às províncias que governaria, em cujas terras formaria uma das mais fortes fileiras do exército romano, o pai de Galieno ordenou que seu filho voltasse à capital para assumir sua vaga no Senado.

Públio Galieno contava agora com uma família mais numerosa, pois que já haviam nascido todos os seus descendentes. Salonino, o mais velho deles, foi gerado logo após as tristes ocorrências da traição de Salonina, pois Galieno pretendia que os fatos fossem apagados com a chegada de seus verdadeiros filhos.

Ao voltar para Roma, Galieno nomeou *consul armatus* o comandante Marcus Cassiano Latino Póstumo, cujo nome de guerra ele mesmo atribuía como Póstumo Galo[10], para enfatizar a origem de sua nascença. Sem conhecer que Póstumo Galo era o autor da carta anônima, Galieno reconhecia no comandante um homem preparado para proteger as terras romanas naquela região.

Caio Márcio nunca mais voltou ao convívio de Galieno, pois havia morrido em combate nas fronteiras, enterrando de vez as pretensões do filho de Valeriano em ouvir de seu primo a versão dele para os fatos narrados na carta.

Como governador das províncias romanas, Valeriano se destacou ainda mais, porque conquistou a lealdade do seu exército, que lhe aprovava os gestos políticos de valorização dos soldados, como o aumento dos soldos, e também a ampliação dos dias de descanso em família. Além disso, Valeriano investiu na fabricação de modernas armas de guerra, aparelhando seu exército para qualquer combate. Com a morte do imperador Décio e a ascensão de Treboniano Galo, Valeriano se fortaleceu ainda mais, tendo em vista que o novo imperador lhe era estimado amigo. Sempre leal à hierarquia, Valeriano iniciou com Treboniano a sua caminhada ao trono. Em 253 d.C., o general Emiliano rebelava-se no sul da Itália, obrigando Treboniano Galo a se deslocar com seu poderoso exército para combater a insurreição traidora do general.

---

[10] **Nota do Autor Espiritual**: a nomeação se deu *ad referedum* do Senado, mas com a aprovação de seu pai, que depois tratou de oficializá-la junto àquela instituição. Em 253 d.C., com a ascensão de Valeriano, Póstumo Galo também recebeu o título de *consul togatus*, como será visto mais adiante.

Naquela época, todo comandante do exército que julgava estar forte queria se autoproclamar imperador de Roma, bastando, para isso, eliminar o atual governante. Quando recebeu o pedido de Treboniano Galo para que juntasse as suas tropas as dele, Valeriano organizou-se imediatamente, marchando à região sul para dizimar Emiliano, o traidor. Antes de sua chegada, entretanto, Treboniano Galo foi traído pelos seus próprios soldados, os quais o mataram. No período da anarquia militar, eram comuns as rebeliões dos exércitos, principalmente quando uma tropa se deparava com inimigo mais numeroso e mais forte, preferindo se render e se unir ao adversário, a ser dizimado por ele. Muitos comandantes e imperadores foram traídos dessa maneira, caindo como Treboniano Galo caiu.

Quando soube da morte de Galo, Valeriano aguardou o posicionamento do Senado, que era a instituição que reconhecia oficialmente o novo imperador. Os senadores, entretanto, preferindo decidir pelo modo mais conveniente à sua segurança, temendo represálias, declararam Emiliano como o mais novo imperador de Roma. A atitude covarde de seus pares do Senado revoltou Valeriano, que esperava ser convocado para assumir o título, tendo em vista que seu cargo era o maior, depois do imperador. Públio Valeriano, então, decidiu, por conta própria, continuar sua marcha rumo ao sul da Itália, para ir ao encontro do recém-proclamado imperador Emiliano I.

O exército de Valeriano marchava com a confiança dos vencedores. Era numerosíssimo e o mais bem equipado de toda Roma. Por onde passava, era reverenciado pelo povo, quando diversos homens aproveitavam para também se alistar nas fileiras daquela poderosa tropa. Sem perspectivas melhores de vida, grande parte dos homens de Roma preferia alistar-se nos exércitos, pois isso lhes garantia um soldo mensal, uniformes e comida. A atividade militar nunca esteve tão valorizada como naqueles anos do Império Romano, em que os próprios militares se revezavam no poder. Quando Valeriano chegou próximo à cidade de Espoleto, avistou as tropas de Emiliano, que a esta altura já estavam enfraquecidas pelas últimas batalhas que precisaram enfrentar. Como de costume, nos casos de confronto como aquele, Valeriano enviou um mensageiro de sua confiança ao encontro de Emiliano, para lhe relatar as suas intenções de guerra, propondo que o adversário se entregasse.

– O general Públio Licínio Valeriano, verdadeiro herdeiro do trono de Roma, em sucessão ao digno Treboniano Galo, oferece-vos a chance de vivenciardes a paz, desde que vos entregueis e o reconheçais como vosso novo imperador!

Essas palavras foram lidas com um tom formal. O oficial Vetusto Tito enrolou novamente o pequeno pergaminho manuscrito pelo próprio Valeriano, entregando-o ao imperador Emiliano. Este, por sua vez, redigiu à pena sua resposta, negando a rendição e declarando guerra a Valeriano, a quem chamava de traidor de Roma. Enrolou também o pergaminho e o entregou ao seu comandante-em-chefe, Tibúrcio Cisto, para que o mesmo, acompanhando o preposto de Valeriano, fosse o mensageiro daquela declaração de guerra. Quando Tibúrcio Cisto chegou ao acampamento de Valeriano, ficou impressionado com o seu poderio, calculando imediatamente que seu exército seria dizimado em menos de um dia pelas tropas inimigas. Ao chegar diante de Valeriano, o comandante-em-chefe de Emiliano retirou o pergaminho do bolso e, sem abri-lo, falou:

– Senhor Valeriano, sou comandante das tropas do ilustre Emiliano, o qual me ordenou vir ler diante de vós esta declaração de guerra. Todavia, não vejo sentido em patrícios se autodizimarem, enquanto os verdadeiros inimigos estão invadindo as nossas fronteiras e enfraquecendo o nosso império. Por isso, não pretendo obedecer às ordens de Emiliano, colocando o meu exército à vossa disposição para lutar pelo império, cujo novo dignitário reconhecemos ser vós! Salve César Públio Licínio Valeriano Augusto! Salve o novo imperador!

Tibúrcio Cisto finalizou suas últimas palavras ajoelhando-se e baixando a cabeça em sinal de respeito. Era muito comum que tropas inimigas, ao se renderem, evitando ser massacradas, declarassem de imediato seu algoz como seu novo senhor. Naqueles dias de anarquia militar, então, a cada nova rendição surgia um novo imperador. Entretanto, para que isso fosse efetivado, era necessário que o atual monarca fosse eliminado, retirando-se-lhe a vida. Assim ocorreu com Emiliano I. Ao retornar ao seu antigo senhor, Tibúrcio Cisto tratou logo de matar o imperador, ordenando que suas tropas se entregassem às tropas de Valeriano, declarando-o como novo imperador.

Após assumir seu posto junto às tropas do agora morto Emiliano I, Valeriano tratou de agradar aos seus novos liderados, ordenando que seu exército providenciasse mantimentos, roupas novas e remédios para atender aquele exército cansado e combalido. Durante duas semanas, ficou acampado à entrada de Espoleto. A essa altura, Valeriano já havia enviado um mensageiro a Roma para comunicar ao Senado tudo o que ocorrera, informando também que seu exército estava voltando à capital para que ele assumisse o poder. Os senadores, ao mesmo tempo em que temiam a força do exército de Valeriano, ficaram à vontade em reconhecê-lo como novo imperador, tendo em vista que o general era um de seus pares no Senado. Dessa forma, o mensageiro de Valeriano retornou ao encontro de seu comandante, levando consigo uma carta contendo a insígnia do Senado de Roma, reconhecendo a legitimidade de Públio Valeriano como o mais novo César do Império Romano. Aproximadamente sete dias depois, entrava Valeriano com seu exército na Via Ápia, desfilando sob a ovação da população, que lhe reconhecia como o novo César Augusto.

Ao ser informado do reconhecimento do Senado romano proclamando Valeriano como imperador, Galieno tratou de se deslocar com toda a sua família para a capital, tendo em vista que estava na cidade de Nápoles, em tempo de assistir a entrada triunfal de seu pai na Via Ápia. Ele não sabia quais planos de governo Valeriano estava pensando em executar, mas tinha a consciência de que precisariam agir rápido, pois o caos político tomava conta de toda a Europa. O rei persa, Sapor I, iniciava a sua saga sanguinolenta de conquistas, tomando a Antioquia e a Armênia. Além disso, diversos conflitos menores, ora envolviam romanos contra romanos, quando algum grupo se insurgia contra a ascensão dos novos imperadores, que a cada ano parecia mudar, ora ameaçavam a soberania do império com os constantes ataques dos estrangeiros nas imensas fronteiras, desde a Germânia, passando pelo norte da África, até os limites da Ásia Menor.

O jovem Salonino, agora contando com doze anos de idade, já estava morando em Roma, pois fora enviado à capital para os estudos desde cedo. Vivia aos cuidados de sua avó paterna, Egnatia Mariniana, quando conviveu alguns meses com seu avô Valeriano, cuja personalidade o impressionava, sendo ele o modelo de homem que Salonino gostaria de imitar. Em várias oportunidades, presenciou, o filho de Galieno, os comentários de seu avô quanto ao ódio que ele sentia em relação aos cristãos. Com sua influência, Salonino gratuitamente aderiu aos pensamentos do avô, passando também a ser mais um romano a engrossar as fileiras daqueles que perseguiam a comunidade do Cristo na Terra.

Um dia após a sua proclamação em Roma, Valeriano reuniu-se com sua família para lhe anunciar suas determinações iniciais no governo do império.

– Meu filho Públio! Muito trabalhei para estar aqui nesta posição, quando os deuses me recompensam com o mais alto posto de comando do império. Diversas vezes, entreguei a minha vida ao risco para garantir a unidade da nação romana. Entretanto, sei que Roma passa por muitas dificuldades, principalmente quanto à unidade de pensamentos de todos os romanos. Este problema se espalha por todos os lados e precisamos reconhecer que, se não dividirmos responsabilidades, dificilmente poderemos alcançar êxito.

– Meu pai, tu sempre soubeste de minha veneração por tua pessoa, antes mesmo da tua ascensão gloriosa. Considera-me não como um filho neste momento crucial, mas como um servo que está à tua disposição, ofertando a vida pelo império se preciso for.

– Muito bem! Não esperava outra reação tua que não fosse a lealdade de patrício e a gratidão de filho querido. Por isso, comunico-te que a partir de hoje governarás Roma junto a mim, com prerrogativas de imperador. Dividiremos o império em duas unidades administrativas: o Império Romano do Ocidente, que será por ti governado e o Império Romano do Oriente, em cujas terras eu vivi, conhecendo-as bem, por isso, governá-las-ei.

Galieno foi tomado de surpresa com o anúncio de seu pai. Ele tinha certeza de que assumiria um grande posto no império, mas jamais pensou em ser imperador tão cedo.

– Tuas palavras me enchem de emoção, meu pai. Demonstras sabedoria e humildade ao mesmo tempo, quando reconheces que precisamos dividir para nos mantermos coesos. Mas já pensaste em como o Senado e o povo irão receber esta notícia? Por certo és popular e possuis o respeito dos exércitos, mas eu não passo de um ilustre desconhecido.

– Não me importarei com isso. O povo já está acostumado com a ascensão de desconhecidos ao poder. Trataremos disso com a cunhagem de moedas, indicando que tu és o imperador do ocidente. Vamos duplicar a circulação de novas moedas, pois elas são a maneira mais eficaz de comunicação com o povo. Quanto ao Senado, farão tudo o que eu determinar, visto que tenho a força do meu exército.

– Então, que assim seja feita a tua vontade!

Valeriano ficou satisfeito com a anuência respeitosa de seu filho. Entretanto, precisava ainda detalhar algumas ações mais prementes. Dispensando o restante da família, reuniu-se a sós com Galieno para tratar de assuntos que julgava estratégicos. Discorreu sobre a situação geopolítica da Europa, definindo pontos de prioridade e elegendo as regiões onde os exércitos deveriam atuar. Após essas definições, Valeriano virou-se para Galieno, interrogando-o diretamente:

– Públio, tenho notícias de que tu simpatizas com os cristãos. Quero ouvir de ti mesmo a verdade dos fatos. Isso tem cabimento?

– Meu pai, por certo as notícias que chegam aos teus ouvidos devem estar recheadas de ódio, de vingança e de inveja por parte de quem as leva até o senhor. De fato, hoje possuo conhecimentos suficientes a respeito da doutrina cristã para lhe sondar as intenções. Nas Gálias, eu pude conhecer uma dessas comunidades cristãs, para entender como viviam e em que realmente acreditam. Entretanto, diferentemente do que te possam ter dito, meu interesse quanto aos cristãos sempre foi de instrução pessoal, pois sabes que tenho pendor para o estudo da filosofia e das culturas humanas.

– Mas deves admitir, então, que esses malditos cristãos são a principal causa do enfraquecimento do império. Por certo os deuses estão furiosos quanto ao desrespeito às nossas tradições por parte desses sacrílegos. Recusam-se a admitir nossos deuses como superiores, bem como a lhes oferecer sacrifícios.

– Isso, de fato, é verdade. Para eles existe um só Deus, que chamam de Yaveh. Consideram os sacrifícios desnecessários porque acreditam que o maior sacrifício é o testemunho pessoal quando são testados em sua fé. Entretanto, não vejo motivos que possam relacionar os problemas do império à atuação dos cristãos. Eles são por demais pacatos e não há evidências de insurreição política por parte deles.

– Talvez tu ainda não tenhas conseguido alcançar o perigo que é o alastramento do Cristianismo em nosso império. Quando tu mesmo reconheces que eles são demasiadamente pacatos, determinas a causa do perigo: eu mesmo já presenciei a mudança de comportamento de diversos soldados quando se convertem a esta seita. Perdem o brio e a vontade de combater, recusando-se a utilizar de nossos métodos militares de conquistas. Imaginas tu o que será de Roma se todo o nosso exército perder a vontade da conquista ou da luta por nossos territórios? Isso aniquilaria de vez o império.

Galieno ouviu com atenção as palavras de seu pai, reconhecendo que possuíam sentido do ponto de vista político. Seria inútil demonstrar a ele que os cristãos lutavam por um reino, e que esta luta em nada se parecia com as de Roma, muito menos seus objetivos.

– Sim, meu pai, tens razão. Todavia, não vejo como combater o crescimento da população cristã, pois isso significaria obrigar a mudança de consciências. Bem sabes que consciência não se muda pela força, mas somente pelo convencimento. Creio que deves investir na valorização de nossas tradições, resgatando nossos valores, principalmente entre as crianças e os jovens, que a cada dia parecem mais distantes de nossa moral.

– Concordo contigo, em parte. Trabalharei para reavivar as nossas tradições, exemplificando eu mesmo a importância do culto aos nossos deuses. Contudo, não admitirei o crescimento desta seita sacrílega. Ficarão proibidas as reuniões públicas e particulares que visem a tratar de assuntos religiosos que não sejam o culto aos nossos deuses. Utilizarei tática de guerra contra os cristãos, enfraquecendo-os por meio da eliminação de seus líderes. Mobilizarei parte do exército, criando uma força especial para tratar da eliminação dessa gente que só nos traz desgraças e que contamina nossas famílias. Não restará em Roma um só cristão!

Públio Galieno impressionou-se com a energia desprendida por seu pai ao se referir às medidas que adotaria contra a proliferação da doutrina cristã. Automaticamente, lembrou-se de Domênico Lúcio e da comunidade que ele liderava, em cujas reuniões simples e pacatas Galieno não vislumbrava qualquer perigo aos ideais romanos. Tentando insistir mais uma vez em demover do coração de seu pai essa ideia da perseguição, utilizou de um argumento válido e coerente:

– Entendo as tuas preocupações, que certamente visam ao bem de nossa nação. Entretanto, devemos refletir se não seria melhor engendrarmos esforços concentrados nos problemas relativos aos inimigos bárbaros que invadem e destroem nossas terras. Já não teremos problemas demais para destacarmos nossos homens contra essa gente simples e pacata?

– Tens um coração bom, meu filho, e sempre reconheci em ti, ainda criança, os traços idealistas de um Platão. Mas não nos iludamos quanto à suposta humildade desses cristãos. Suas ações são sorrateiras, pois se utilizam de sortilégios que não conhecemos para persuadir e converter, a cada dia, numerosos patrícios que deveriam estar honrando os nossos deuses ou defendendo nossa nação nas guerras. Não abro mão de eliminar essa gente ignorante do seio de Roma. Se assim não o fizesse, estaria totalmente contra tudo o que sempre preguei no Senado, ideias as quais certamente colaboraram para que eu estivesse aqui, como imperador. Após as nomeações necessárias de minha confiança, um dos primeiros éditos meus será, portanto, a determinação da execução sumária de todos os que se declararem cristãos. Esta é uma questão já decidida.

Públio Galieno optou em não mais argumentar, pois seu pai estava resoluto, demonstrando até certo prazer ao se referir às ações que adotaria para eliminar os cristãos. Terminaram o primeiro dia de trabalho escolhendo aqueles que nomeariam para assumir os inúmeros cargos de confiança que existiam na organização administrativa do império. Um deles era o cargo que Galieno ocupou nas Gálias, cuja escolha recaiu sobre Póstumo Galo, mantendo-o, por sua liderança reconhecida na região e também por nunca ter demonstrado a Galieno qualquer indício que o desonrasse a conduta e desabonasse seus atos quanto à lealdade ao império.

Assim decididos, os dois imperadores finalizaram aquele dia participando de um jantar que o Senado promoveu em honra de seus mais novos dignitários, não imaginando Galieno que a escolha por Póstumo Galo, que era o autor desconhecido de sua maior desdita emocional, seria a responsável, no futuro, por inúmeros dissabores envolvendo a sua família.

Os dois imperadores deliberaram juntos, em Roma, por quase seis meses consecutivos, cuidando cada um das questões administrativas e políticas do Oriente e do Ocidente. Após esse período de relativa estabilidade no império, Valeriano decidiu que iria transferir a sede do governo imperial do Oriente para mais próximo de sua região, que se encontrava sob ameaças constantes dos persas. A decisão de Valeriano foi apressada também por um evento singular: a família imperial fora surpreendida pela morte prematura de Egnatia Mariniana, acometida de mal súbito que lhe fulminou as coronárias. A morte da nobre matrona, que era tida como o esteio moral da família por ambos os dignitários, causou-lhes profunda dor.

Após o longo funeral de homenagem à sua esposa, Valeriano, antes de partir com seu exército, reuniu todos os seus embaixadores, as lideranças do Senado e os representantes religiosos de Roma para anunciar o édito de eliminação dos cristãos, determinado que fossem sumariamente executados todos os líderes das igrejas de Jesus, ressalvando os casos nos quais houvesse sincero arrependimento, desde que o arrependido imediatamente oferecesse, em público, sacrifícios aos deuses romanos. As reuniões cristãs de qualquer tipo estavam proibidas, principalmente aquelas realizadas nos cemitérios e catacumbas, locais tradicionalmente utilizados pelos seguidores do Cristo para a execução dos seus cultos religiosos. As decisões de Valeriano foram celebradas pela maioria dos senadores e dos patrícios mais radicais, mas não tiveram a unanimidade de aprovação. Muitos, como Públio Galieno, entendiam que o processo educativo de resgate das tradições de Roma, principalmente em jovens e crianças, seria mais eficiente que a carnificina que se seguiria à execução das determinações do imperador. Todavia, as opiniões contrárias foram ignoradas por Valeriano, o qual ressaltou aos cidadãos de Roma que aqueles que não obedecessem ao disposto no édito imperial seriam igualmente considerados cristãos e traidores.

A partir daquele evento, em pouco menos de dois meses, as novas disposições de Valeriano foram divulgadas por todo o Império Romano. As lideranças cristãs, então, trataram de fortalecer seus rebanhos de seguidores com ensinamentos de fé e coragem, mostrando que o próprio Cristo, que era puro, deixou-se imolar, testemunhando seu amor a Deus. As perseguições foram mais intensas na parte oriental do império, nos domínios administrados por Valeriano, onde milhares de cristãos foram dizimados. Em Roma, até os papas Estevão I e Sisto II foram executados. Diversos líderes tiveram cumpridas as ordens de execução por se recusarem a sacrificar em honra dos deuses romanos. Agapito[11], Lonrezo e Cipriano de Cartago foram os mais

---

[11] **Nota da Editora**: o Agapito aqui citado foi um diácono martirizado à época e não deve ser confundido com o outro Agapito, jovem cavaleiro que vendeu suas possessões para poder ajudar os pobres e que foi preso por ser cristão e depois torturado e decapitado em Praeneste, uma cidade próxima a Roma, no ano de 274, sob o governo de Aureliano (FOX, John. O Livro dos Mártires. A história dos sofrimentos e morte dos cristãos primitivos e dos mártires protestantes. Semeadores da Palavra, 2008. E-book acessado em 30/07/2011 no sítio www.semeadoresdapalavra.net).

conhecidos mártires dessa época sanguinolenta do império de Valeriano. Desde as perseguições de Domício Nero, nunca Roma havia experimentado tamanho derramamento de sangue dos seguidores de Jesus. A igreja, como podia, resistia, reunindo os cristãos clandestinamente para avivarem sua fé e se motivarem uns aos outros, fortalecendo a importância do testemunho do momento vivido.

No ocidente imperial, administrado por Galieno, após as execuções dos papas Estevão I e Sisto II, em Roma, por ordem de seu pai, o filho de Valeriano decidiu que priorizaria os esforços nas questões que julgava mais importantes para o império, que eram a reconquista das regiões invadidas pelos bárbaros, principalmente a Germânia, que fora dominada pelos Godos e Alamanes, e a fomentação da cultura tradicional de Roma no seio da sociedade. Neste aspecto, Galieno iniciou um processo de valorização dos escritores e estudiosos da época, filósofos e doutores, entre eles Plotino, que teria muita influência em seu reinado, principalmente quando assumisse o império sozinho, após a morte de Valeriano.

Nas Gálias, Póstumo Galo tratou de organizar o exército para a reconquista das regiões do norte. No início de seu mandato como cônsul[12], procurou seguir à risca as determinações de Valeriano, contidas no édito de perseguição aos cristãos, chegando a executar alguns seguidores do Cristo, mas não se atreveu a incomodar Domênico Lúcio e sua família, por saber de sua relação de amizade com Públio Galieno.

---

[12] **Nota da Editora**: em nota anterior, o autor espiritual informa que antes ele fora nomeado *consul armatus* e que a condição de agora seria a de *consul togatus*.

O governo de Valeriano, portanto, iniciava manchado pelo sangue de milhares de homens e mulheres, que testemunharam com suas próprias vidas a fé que depositavam no reino dos céus, anunciado há quase trezentos anos por Jesus Cristo.

Na cidade de Edessa, por exemplo, quando o exército de Valeriano lutou contra os persas para reconquistá-la, seus homens, após o combate sangrento, corpo a corpo, sem qualquer parcimônia, invadiram as casas que eram identificadas com a cruz do Cristo, para dizimar todos os varões existentes, velhos, adultos e crianças. Sem dó nenhum, empunhando a espada afiada, sem perguntar absolutamente nada, executaram todos os cristãos.

– Morram, vermes sacrílegos e feiticeiros!

Essa era a frase mais utilizada pelos soldados de Valeriano ao finalizar friamente a vida de suas vítimas. Os homens cristãos, por sua vez, não reagiam, deixando-se imolar ao sacrifício, assim como exemplificou o Mestre Jesus. Era mais uma geração de espíritos destinados ao testemunho da fé viva na Terra, cujas vidas ceifadas seriam, ao contrário do que pensava Valeriano, o combustível que manteria acesa a chama do Cristianismo no mundo. O tratamento perante as mulheres cristãs era mais cruel ainda, pois elas experimentavam mais provas e sofrimentos.

Invariavelmente, sem mesmo distinguirem a idade das cristãs, os prepostos do imperador Valeriano, antes de matar uma a uma, estupravam-nas seguidas vezes. As que eram mais jovens e bonitas, geralmente eram mantidas prisioneiras por dias seguidos, para serem usadas regularmente pelos oficiais romanos na satisfação de seus instintos sexuais. Muitos pais e mães cristãos, quando percebiam a chegada dos exércitos romanos, preferiam eles mesmos eliminar seus descendentes, principalmente as mulheres, dando-lhes uma bebida que lhes faziam dormir, para nunca mais acordar, em uma morte suave[13]. Os homens adultos preferiam testemunhar com suas vidas, entregando-se geralmente de joelhos e em prece ao Senhor Jesus.

Incontáveis foram as investidas de Valeriano em sua busca obsessiva por eliminar o Cristianismo da face da Terra. Inúmeros julgamentos, como o que fora relatado anteriormente envolvendo o bispo Cipriano, eram realizados todos os dias em diversas partes do império. As notícias da morte deste ou daquele líder cristão eram levadas ao imperador do Oriente como um troféu, que geralmente rendia recompensas ao seu executor, dependendo da importância que o cristão morto representava na estrutura da igreja. Após alguns dias da reconquista de Edessa, a cidade ainda exalava o mau cheiro das centenas de corpos inimigos ou de cristãos mortos durante a invasão.

---

[13] **Nota do Autor Espiritual:** essa não era uma regra entre os cristãos, cuja maioria preferia o testemunho do sofrimento nas mãos de seus algozes. Os que assim procediam, entretanto, faziam-no com a intenção de amor aos seus familiares, situação levada em conta pela Justiça Divina, conforme esclarece a questão 747, de O Livro dos Espíritos. Ademais, há que se considerar, sempre, o conceito e o valor cultural que se dava, à época, às questões em torno do ato de matar ou morrer, que eram banalizados. A citação do que ocorria visa a contextualizar até que ponto chegava o sofrimento daqueles que empunhavam a bandeira do Cristo em suas vidas.

Além da debilitação natural após os combates, que ocasionavam muitas baixas, os homens de Valeriano foram surpreendidos por uma epidemia de cólera, que chamavam de peste, cujas consequências seriam desastrosas para as forças militares do imperador.

Vendo o avanço dos persas, liderados pelo sanguinário Sapor I, o imperador de Roma estudava com seus comandantes uma alternativa para manter de pé o seu império.

– Macrino, quais são as notícias atuais sobre o inimigo? – perguntou Valeriano ao seu comandante-em-chefe e homem de sua inteira confiança.

– Senhor, as tropas de Sapor I invadiram toda a Ásia Menor e avançam em direção ao norte da África para conquistar nossas terras. As baixas de nossos exércitos são incontáveis.

– Mas não podemos pedir reforços às tropas de Galieno?

– As notícias que temos são de que o imperador Galieno luta bravamente para reconquistar a Germânia dos Alamanes e Godos. Suas forças também estão se esvaindo, tendo em vista que o seu poderio militar é bem menor que o vosso. Além dessas dificuldades, nossos homens morrem às dezenas, diariamente, por causa dessa maldita peste, que contamina cada vez mais, obrigando-nos a matar todo soldado que apresentar os sintomas fortes dessa doença sem cura.

– Mas, então, tu não vislumbras alternativa para lutarmos contra o exército de Sapor I?

– Infelizmente, senhor, se marcharmos em direção aos persas com o que restou de nossos homens, seremos dizimados em um dia de combate. Se ficarmos aqui, esperando, retardaremos nosso fim, mas seremos aos poucos eliminados pela peste maligna. Não vejo outra alternativa que não seja retrocedermos e nos juntarmos aos exércitos de vosso filho, na capital.

Valeriano Augusto, como gostava de ser chamado, pediu para ficar sozinho, pois necessitava refletir sobre qual decisão tomar. Analisou detidamente as opções elencadas por Macrino, ponderando os prós e os contras da execução de cada uma delas. Utilizando-se de sua experiência consular, lembrou que muitas vezes chegou a negociar tratados de paz com o rei Adashir I, pai de Sapor I, cujos resultados foram sempre excelentes para Roma, ora evitando o alastramento das conquistas do inimigo, ora conseguindo avançar um pouco mais nos territórios ocupados. Percebeu, então, que a opção da diplomacia não fora sugerida por Macrino, talvez pela sua falta de habilidade nessa área política. Enchendo-se de otimismo, Valeriano reuniu sua equipe de confiança e anunciou que iria aguardar as tropas de Sapor I para então oferecer-lhe um acordo de paz que garantiria às duas nações a preservação de milhares de vidas. Macrino, que se surpreendeu com o excesso de otimismo do imperador, pediu vênia para dirigir-lhe a palavra, mais ou menos nestes termos:

– Senhor imperador, vossa sapiência é inegavelmente inspirada pelos deuses, cuja proteção sabemos que possuís. As vossas decisões invariavelmente nos levaram a muitas conquistas para o império, que se estabilizou nestes últimos cinco anos. Todavia, tenho o dever de consciência e de hierarquia de vos alertar quanto à personalidade cruel do Rei Sapor I. Os relatos são de que o poderoso exército sob seu comando é mil vezes mais incisivo no trato com os inimigos que o nosso. Suas atitudes bárbaras são relatadas com terror por aqueles que de lá conseguiram fugir e sobreviver. Com a vênia necessária, atrevo-me a dizer que temo por uma invasão do exército de Sapor I, sem que ele leve em consideração as vossas intenções de negociação de paz.

– O nobre comandante faz bem em se preocupar pela manutenção da integridade da vida de teus liderados e da tua também. O que desconheces, ainda, é que eu mesmo tive vários contatos pessoais com o pai do rei Sapor I, oportunidades das quais nunca saímos perdedores. Conheço as tuas razões plausíveis, mas não posso dar-lhes provimento, quando tenho a certeza de que fui inspirado pelos próprios deuses a agir com base na diplomacia. Não voltarei atrás. Preparemo-nos para receber, em breves dias, o rei Sapor I, da Pérsia.

Macrino obedeceu contrariado às ordens do imperador. Em análise simples, tinha a certeza de que uma investida mais incisiva do exército de Sapor I seria suficiente para aniquilar as tropas romanas, que estavam visivelmente debilitadas. Prevendo que Sapor I não iria querer assinar o tratado de paz, Macrino decidiu ir, às escondidas, ao encontro do rei persa para propor-lhe um acordo: entregaria as tropas ao monarca asiático em troca da manutenção de sua vida e de um futuro cargo de liderança à frente dos novos territórios conquistados por Sapor I. Assim deliberando, sob o pretexto de ir providenciar uma carga de suprimentos na cidade mais próxima, o comandante-em-chefe de Valeriano dirigiu-se, em viagem de dois dias, rumo às fronteiras da Ásia Menor, de onde marchavam os exércitos do rei da Pérsia. Após a cansativa viagem, ao ser abordado pelos bárbaros persas, Macrino prontamente se identificou dizendo que tinha uma mensagem do imperador Valeriano, destinada ao rei Sapor I. Sendo levado à campana do monarca, os dois inimigos tiveram o seguinte diálogo:

– Magnânimo senhor! Chamo-me Máximo Macrino e sou o comandante-em-chefe das tropas imperiais de Valeriano Augusto, cujo efetivo encontra-se estacionado nas cercanias de Edessa, aguardando a vossa chegada. Apraz-me ressaltar que cheguei até aqui de livre e espontânea vontade, sem o conhecimento do imperador, por entender que nosso exército deve se retirar das terras que vós pleiteais, evitando o combate desnecessário. Nosso imperador, entretanto, nega-se a assim proceder, preparando-se agora para vos oferecer um tratado de paz.

– Paz?! Valeriano deve estar desvairando. Seus exércitos têm a ousadia de invadir nossas terras, humilhando nosso povo por décadas, e agora, temerosos, propõem um tratado de paz?

– Devo vos dizer, senhor, que não sou o emissário desse tratado, pois como vos disse, estou aqui por decisão pessoal. Em verdade, na condição de comandante das tropas de Valeriano, venho oferecer-me para atuar no sentido de matar o imperador e unir minhas tropas às vossas, evitando as baixas de ambos os lados.

– Mas qual a garantia que eu teria, já que demonstra que és um traidor? – disparou Sapor I sem rodeios.

– Reconheço que a minha atitude, a rigor, pode ser interpretada como traição, mas na verdade, estou prestando um serviço aos milhares de soldados por mim liderados, evitando que os mesmos sejam dizimados pelo vosso poderoso exército. Não posso vos garantir nada além da minha palavra, cuja veracidade podereis comprovar quando chegardes às fronteiras. Além do mais, encontrai-vos em posição favorável, podendo nos atacar na menor desconfiança de que minha parte do acordo não seja cumprida.

– Nisso tens razão, pois eu nada tenho a perder. Mas, além de preservar a tua vida, qual vai ser o teu preço?

– Peço-vos apenas que me nomeeis a um cargo em que eu possa viver dignamente com minha família pelo resto de minha vida.

– Vejo que além de traidor és um oportunista. Mas em consideração à tua coragem e à tua idade avançada, aceito as tuas pobres condições, desde que te mantenhas afastado das fileiras militares, para que eu não corra o risco de experimentar o mesmo fel que agora tu fazes Valeriano tomar. Devo dizer, porém, que não quero que tu mates o imperador de Roma, apenas o aprisiones e o entregues a mim, deixando que eu decida o que fazer depois.

– Que seja feita a vossa vontade!

Despedindo-se respeitosamente, Macrino retornou com seu cavalo pelos mesmos caminhos, dirigindo-se aos seus liderados. Aos mais chegados, confidenciou as suas intenções, quando aguardaram a chegada de Sapor I para executar o plano de traição que derrubaria César Públio Licínio Valeriano Augusto.

As tropas de Sapor I demoraram a chegar às cercanias de Edessa, tendo em vista o gigantesco contingente de homens e armas que ele trazia. Quando se avistaram mutuamente, o efetivo do rei persa se posicionou ao longo da linha do horizonte do ponto de vista de Valeriano, impressionando os romanos pela quantidade de soldados que o mandatário persa destacou para enfrentar os homens do imperador romano. A distância entre uma tropa e outra era de aproximadamente quinhentos metros. Valeriano, nervoso, redigiu uma carta oferecendo um tratado de paz a Sapor I, documento que foi enviado por um pretoriano para ser entregue em mãos ao rei persa. Após a partida do pretoriano, um silêncio sepulcral tomou conta das tropas imperiais, pois todos conheciam as histórias sanguinolentas e a fama de crueldade que Sapor I possuía.

O alvorecer daquela manhã gelada parecia enviar uma mensagem de Deus aos homens, pedindo paz, tamanha era a beleza dos raios solares invadindo lentamente os campos verdes daquela região. Entretanto, o filho de Adashir I provou que não se sensibilizaria facilmente, nem com as belezas divinas, nem com a carta de paz redigida pelo imperador de Roma. O silêncio dos soldados romanos foi finalmente quebrado pelo estrondo proveniente das tropas persas, quando, alguns segundos após ouvirem o forte barulho, viram cair a alguns metros à frente da linha romana, a cabeça do pretoriano que havia levado a proposta de paz de Valeriano. Todos então perceberam que Sapor I estava disposto a consumar a guerra e, pelo visto, confirmando a sua fama de crueldade.

Um burburinho crescente foi tomando conta do efetivo romano, pois todos os homens tinham a certeza de que um combate naquelas condições às quais se encontravam seria uma viagem certa rumo à morte. Máximo Macrino, demonstrando toda a sua frieza de cálculo e movido pelas suas ambições – as quais sempre manifestou durante o governo de Valeriano, principalmente quando o incitava a perseguir os cristãos para lhes desapropriar as terras em seu favor – apresentou-se à cabana do imperador, juntamente com todos os outros oficiais, dizendo:

– Imperador Valeriano! Não quisestes ouvir os meus conselhos e acabastes por colocar em risco as vidas deste exército que sempre foi leal a Roma. Agora nos encontramos diante de um inimigo poderoso e que nos aniquilará em poucas horas de combate. Por isso, para que milhares de homens não morram em nome de apenas um, estamos aqui para decretar a vossa morte, salvando Roma da crueldade dos persas. Prendam-no!

Os soldados que faziam a segurança de Valeriano obedeceram cegamente às ordens de seu superior, segurando e amarrando as mãos de Valeriano, que apenas reagiu com palavras, pelas quais demonstrava todo o seu ódio diante da ação inesperada de seus comandantes.

– Malditos traidores! Se vão trair Roma, matem-me agora, para que eu não seja testemunha desse ato covarde do meu exército!

Macrino não deu ouvidos às palavras de Valeriano, ordenando que o colocassem em um cavalo, juntamente com um soldado, para que o mesmo o acompanhasse na entrega que faria ao rei persa. O próprio Macrino fez questão de entregar pessoalmente o imperador romano, evidenciando, assim, o cumprimento de sua parte no acordo.

– Vejo que és um homem de palavra, Macrino, além de possuir a sensatez necessária, evitando que teus homens sejam mortos. Mas, agora, ordeno-te que saias em retirada com teu exército, pois não me interessa unir-me a ti, para evitar contaminar meus homens pela peste que avassala os teus. Estas terras, a partir de hoje, são minhas, e ficarão aos cuidados de meus subordinados, enquanto eu retornarei à Pérsia, levando comigo o mais valioso prêmio da minha vitória!

O comandante romano não quis ponderar, obedecendo às ordens de Sapor I e retirando as suas tropas no mesmo dia. Valeriano foi mantido prisioneiro e levado à Pérsia, em uma longa viagem, na qual enfrentou todo o tipo de sofrimento, desde a fome e a sede, a insultos e torturas físicas. O rei persa teve o cuidado de vigiar os atos de Valeriano, para que ele não cometesse suicídio, evitando ser morto pelas mãos inimigas. Assim, abatido e humilhado, Valeriano foi colocado em uma espécie de jaula, sendo a principal atração do desfile da vitória de Sapor I em sua cidade. Milhares de persas tomaram as ruas para reverenciar o grande feito de seu rei, ovacionando-o, ao mesmo tempo em que gritavam palavras de insultos à honra do imperador romano, exigindo a sua execução. Era a primeira vez na história de Roma que um imperador passava por aquela situação humilhante. Normalmente eram mortos em combate ou eliminados por traidores, mas nunca tornados prisioneiros do inimigo.

Sapor I, para humilhar ainda mais o mandatário de Roma, deixou-o em exposição pública por vários dias, ordenando que ele fosse torturado diariamente ao final da tarde. Naqueles dias de sofrimento, uma multidão se aglomerava na praça central para ver Valeriano Augusto ser castigado até desfalecer desmaiado. As ordens eram para mantê-lo vivo, prolongando ao máximo os dias de tortura. Porém, as forças de Valeriano já estavam se esgotando, pois se recusava a comer, tentando o suicídio pela fome, já que não tinha outros meios de fazê-lo. Alertado pelos seus oficiais que o imperador de Roma não aguentaria mais um dia de tortura pública, o próprio rei da Pérsia compareceu para ultimar as providências de execução de Valeriano. Para que a morte do romano fosse registrada na memória de todos como um símbolo da superioridade dos persas, Sapor I, diante do prisioneiro, em praça pública, ordenou:

– Públio Licínio Valeriano, César Augusto, cujos títulos de nada valem neste momento. Tua raça soberba e prepotente um dia também haveria de experimentar os mesmos sofrimentos que a nós impuseram. O Império de Roma não existe mais e, a cada dia, esfacela-se, anunciando a sua decadência. Hoje, serei magnânimo diante de ti, oferecendo-te a oportunidade de aliviar teus sofrimentos por meio da tua execução. Mas antes, porque recusaste nestes dias a te alimentar, demonstrando ingratidão à minha hospitalidade, beberás, à força, do símbolo da tua ganância!

A uma ordem de Sapor I, os guardas retiraram Valeriano de sua jaula e o ajoelharam na madeira que formava uma espécie de palco, cuja altura beneficiava a visão de quem quisesse assistir. A praça central estava repleta de testemunhas que se surpreenderam com tamanha crueldade. Cinco soldados torturaram o imperador romano até a morte, obrigando-o a engolir ouro derretido. Um dos soldados então o levantou e o pendurou pelas mãos, para que todos pudessem vê-lo. Sob os apupos da população que gritava enlouquecida, ora homenageando seu rei, ora exigindo a morte do inimigo, Valeriano Augusto teve a sua cabeça decapitada pela espada certeira de um dos carrascos persas.

Sapor I, ainda não conformado com o tamanho da humilhação imposta ao seu adversário, ordenou que a pele do mesmo fosse perfeitamente retirada e deixada em exposição ao público. Assim, nos dias que se seguiram à execução humilhante de Valeriano, a população da capital persa pôde assistir à exposição macabra do corpo, da pele e da cabeça de Valeriano, colocadas um ao lado do outro, simbolizando, segundo Sapor I, que Roma havia caído aos seus pés nos três aspectos: nas terras, simbolizadas pela pele, no povo, simbolizado pelo corpo e na mente, simbolizada pela cabeça do imperador.

LÚCIO PAULO

CAPÍTULO IX

Quando o imperador Valeriano foi proclamado morto, no ano de 260 d.C., Lúcio Paulo contava com vinte anos de idade, no auge de suas forças físicas e pleno de capacidades evangélicas, tendo desenvolvido a arte de falar com loquacidade, arrebatando verdadeiras multidões de seguidores na pequena igreja da vila em que morava. Ainda criança e até o início da juventude, vez por outra visitava Lugdunum, mas por orientação de seu tio Domênico, evitava a circulação pela capital, atendo-se tão somente a ajudá-lo nas tarefas da igreja. Todavia, tendo Galieno e sua família partido para Roma, Domênico Lúcio entendeu que seu sobrinho poderia transitar mais livremente pela cidade, já que não havia mais o risco de um encontro entre Lúcio Paulo e Galieno. A verdadeira história da origem de Lúcio Paulo nunca fora contada a ele, mas não omitiram o fato de que ele fora adotado, informando apenas que era filho de um soldado desconhecido, que havia morrido em combate, e que sua mãe morrera durante o seu parto.

Nos primeiros anos do governo de Valeriano, apesar das inquietudes políticas naturais que deixavam sempre o ambiente mais carregado de preocupações de ordem inferior, as atividades evangélicas na capital das Gálias seguiram em crescimento. A influência libertadora de Galieno nos anos em que foi responsável pela representação de César nas Gálias permitiu que crescesse a igreja de Jesus em seguidores, agora contando, inclusive, com representantes provindos das camadas mais ricas da sociedade, principalmente de libertos que enriqueceram com o comércio e que, por isso, exerciam alguma importância no seio da população de Lugdunum. Fisicamente, a igreja foi ampliada, aumentando a capacidade de atendimento dos que a ela se dirigiam. Em uma de suas reuniões, dirigida por Domênico Lúcio, em meados do ano de 257 d.C., próximo à época em que os cristãos comemoravam a paixão de Cristo, relembrando o seu sacrifício, encontramos o velho amigo de Galieno falando ao seu rebanho, mais ou menos nos seguintes termos:

– Meus irmãos na fé em Cristo Jesus, eis que nos encontramos às vésperas de comemorarmos mais um ano do sacrifício de Nosso Salvador, relembrando-lhe a paixão, o sofrimento e a ressurreição gloriosa. Nesta noite tranquila e enluarada, apraz-me anunciar a presença do irmão Lúcio Paulo, que atendeu às minhas rogativas e se dignou a nos orientar os corações com o tema "A preparação para a paixão de Cristo", que vínhamos desenvolvendo nas homilias ao longo de todo este mês.

Lúcio Paulo levantou do meio do público, que ainda não o conhecia pessoalmente, apesar de sua fama ter se espalhado por todas as comunidades cristãs das Gálias. O porte físico de Lúcio Paulo era de impressionar, sendo quase uma cópia de seu pai Caio Márcio, distinguindo-se apenas pelos cabelos mais longos e pela barba mediamente conservada. Exprimia nos olhos azuis, iguais aos de seu pai, uma serenidade encantadora e magnetizadora. Ao se dirigir ao púlpito para falar, primeiramente deu um longo e afetuoso abraço em seu tio, que, agora velho e com a cabeça totalmente embranquecida, retribuiu com emoção visível em seus olhos lacrimosos. Ao virar-se em direção ao público, Lúcio Paulo estampava um lindo sorriso no rosto, o que cativou de primeira a simpatia dos presentes, os quais aguardavam ansiosos pelas palavras daquele famoso cristão.

Antes de iniciar a sua fala, Lúcio Paulo surpreendeu a todos ao se dirigir a um velho e pobre senhor que ocupava a primeira fila da igreja, chamado Túlio Cisto, conhecido mendigo da cidade, mas que não faltava às sessões dominicais da igreja cristã, tanto por sentir-se bem no ambiente fraterno, quanto pela distribuição do prato de sopa com pão que era servido após os cultos àqueles que precisavam. Lúcio Paulo ajoelhou-se diante do velho senhor, retirando-lhe as velhas sandálias e, utilizando de um pano úmido que trazia em sua bolsa, limpou os pés do mendigo, beijando-os em seguida, para o assombro de todos. Levantando-se após o ato simbólico e inusitado, voltou novamente a sorrir e a olhar nos olhos da plateia que o mirava com curiosidade, aguardando em profundo silêncio as explicações que certamente viriam de suas palavras. O jovem e belo pregador olhou lateralmente para seu tio, que lhe acompanhava o gesto com serenidade e com admiração, para, por fim, falar a todos, com a voz ao mesmo tempo empostada e grave, mas doce e melódica:

– Que a paz de Jesus esteja conosco! Na noite memorável que antecedeu à prisão de Nosso Senhor por parte dos judeus, iniciando assim o seu calvário, estavam os doze apóstolos de Jesus na casa de José de Arimatéia, em uma sala reservada, onde havia grande mesa em forma de ferradura, cuja altura variava, sendo os lugares mais altos os três da cabeceira da mesa e os demais com altura menor, que ia diminuindo gradativamente até as duas pontas daquele móvel. Antes de Jesus adentrar o recinto, encontravam-se os seguidores diletos do Cristo a discutir sobre quem ocuparia os dois lugares à mesa, à direita e à esquerda da posição reservada ao Mestre Galileu. Quando as discussões em torno desse tema estavam acaloradas, Simão Pedro, que ouvia tudo em silêncio incomum para a sua forte personalidade, resolveu ser o primeiro a sentar, escolhendo, entretanto, o último e mais baixo lugar à mesa, permanecendo em seu mutismo. Percebendo que Jesus estava na iminência de entrar no recinto, trataram de sentar-se os apóstolos nos lugares, a maioria contrariada porque não chegou a um acordo sobre a ocupação do que classificava como os lugares mais honrosos, que seriam os mais próximos do Divino Salvador.

Sob o olhar atento da plateia, Lúcio Paulo fez breve silêncio, aumentando a expectativa do público que aguardava ansioso a continuidade da história, e prosseguiu:

– Quando Jesus entrou na sala onde realizaria a sua última ceia na Terra, olhou demoradamente os seus discípulos, que imediatamente cessaram a discussão, aguardando que o Mestre ocupasse o seu lugar de destaque na cabeceira da mesa. Para a surpresa de todos, contudo, o Divino Amigo retirou a sua túnica e colocou uma faixa na testa, ao modo como se apresentavam os servos. Apanhou a bacia com água, que era utilizada pelos criados para lavar os pés dos convidados antes das refeições, dirigindo-se primeiramente ao ponto mais baixo da mesa, onde se posicionava o calado Simão Pedro. Parando em frente ao velho pescador, Jesus ajoelhou-se, dando a entender que realizaria o serviço de lavar-lhe os pés, mas, em uma reação instintiva, Pedro levantou-se constrangido, falando ao Senhor: *Não posso permitir que façais isso, Senhor! Onde estão os servos da casa?*. E Jesus lhe disse: *Simão, trata de sentar-te porque tuas palavras são movidas pelo espírito maligno que porfia contra o reino de Deus. Em verdade vos digo que aquele que quiser ser o maior no reino de meu Pai deverá ser o servo de todos, e aquele que desejar todas as honras celestiais deverá humilhar-se perante os homens. Por isso, senta-te e deixa que o Filho de Deus cumpra a sua missão*. Simão Pedro voltou ao seu lugar e, estupefato e constrangido, sob o olhar admirado de todos os apóstolos, viu Jesus Cristo, aquele que era o Salvador, o Leão de Judá, o Messias aguardado, lavar, enxugar e beijar os pés de cada um dos seus doze apóstolos, iniciando por aquele que preferiu ocupar o lugar mais baixo da mesa. Ao terminar, Jesus vestiu novamente a sua túnica e celebrou a última ceia com seus amigos, preparando-se para viver a sua paixão imorredoura e inesquecível.

Quando terminou de contar a história, Lúcio Paulo percebeu que o público o acompanhava concentrado e maravilhado, aguardando mais palavras que complementariam o sentido daquela palestra.

– Nos dias que antecedem às nossas sinceras lembranças da paixão de Cristo, a maioria de nós é invadida por um sentimento interior de arrependimento e de vontade de mudar para melhor. Uns, que possuem maiores possibilidades materiais, apressam-se em fazer doações aos pobres ou mesmo à igreja, demonstrando o respeito pela data festiva. Outros se penitenciam com a privação do alimento, em jejum exagerado, para mostrar a sua parcela de sacrifício na semana pascal. Aqueles outros cuidam de vigiar seus atos, evitando a bebedeira ou o adultério durante os dias sagrados. Estes outros ficam durante horas por dia orando fervorosamente a Deus, para lhe testemunhar a fé e o respeito pela lembrança do sacrifício de Jesus. Todos, contudo, somente assim se comportam nos momentos da lembrança coletiva, quando os seus olhos estão voltados, vigilantemente, para todos. Reconhecemos que o arrependimento, os donativos, o jejum, a oração e a abstinência são, de fato, elementos necessários ao exercício cristão, cujo desenvolver capacita o aprendiz a adotar as verdades eternas e o credencia a ocupar um lugar no reino dos céus. Estes resultados, contudo, somente serão inteiramente válidos quando exercitarmos essas virtudes espontaneamente, sem a necessidade do estímulo exterior, causado pelos convencionalismos ainda infantis de nossas tradições. O cristão sincero e decidido deve procurar iniciar a sua preparação para vivenciar a paixão de Cristo em todos os dias de sua vida, a cada despertar pela manhã, a cada adormecer pela parte da noite. Jesus nos ama em todos os momentos e não escolhe datas especiais para dedicar o seu amor a todos os seus irmãos. Na história que acabo de lhes relatar, que não está escrita com esses detalhes nos Evangelhos, mas que é fruto de minha pobre interpretação do que ocorreu, o Cristo Jesus nos apresenta o exemplo vivo de como devemos nos conduzir perante o nosso semelhante, nos mais diversos aspectos que a vida nos apresenta. A sincera humildade é a chave que nos abrirá a porta dos céus e que nos permitirá sentar ao lado do Cristo Jesus em seu reino de paz e de amor.

Ao proferir essas palavras, após curta interrupção, Lúcio Paulo deu prosseguimento sugerindo à plateia, que a tudo escutava com emoção, as mais profundas e individuais reflexões:

– Quantos de nós exigimos pagamentos de reconhecimento alheio pelo pouco que fazemos em termos de caridade? Quantos de nós entramos em discussões estéreis, disputando lugares de destaque aos olhos dos homens? Quantos exigimos que nossos pés sejam rigorosamente lavados pelos outros, esquecendo a parte que nos cabe na obra de Deus? Quando o Cristo Jesus nos conclama a que nos coloquemos em posição de servos dos outros, dá-nos o exemplo mais claro do exercício da humildade que deve ser o móvel de todas as nossas ações. Ser o servo de todos é esquecer os nossos problemas para nos concentrarmos em ajudar o outro. Ser o servo de todos é sempre procurar uma oportunidade de ser útil na comunidade em que vivemos, com sincera vontade de ajudar, sem esperar paga alguma. Ser o servo de todos é reconhecer que somente por intermédio do nosso próximo poderemos ascender até o reino dos céus, pelo resultado da nossa dedicação em servir humildemente. O exemplo de Jesus lavando os pés de seus apóstolos, do aparentemente menor ao aparentemente maior na posição social dos homens, indica-nos o caminho a ser percorrido nas nossas vidas, isto é, servir aos mais necessitados, aos pobres, aos doentes, aos famintos, aos desabrigados, àqueles, enfim, que se encontram desamparados pelo egoísmo do mundo, mas que possuem o coração fertilizado pelo sofrimento, pronto para receber a semente do Evangelho de Nosso Senhor. Maior ainda é o exemplo de Jesus, quando se digna a lavar os pés de seus discípulos, pois nos ensina que não basta que conheçamos todos os mistérios, que tenhamos toda a fé ou que saiamos por aí pregando a todos os que encontrarmos. É preciso fundamentalmente exemplificarmos na prática do amor tudo aquilo que ensinamos aos outros. O Cristo, que é o maior dentre todos nós, deixou-nos esse exemplo e muitos outros, ensinando-nos que a humildade deve ser sempre cultivada. Prepararmo-nos, portanto, para a semana da paixão de Cristo, lembrando o seu sacrifício, não consiste no enclausuramento ocioso, a título de reflexão, mas sim na atitude de sairmos pelo mundo trabalhando e servindo pelo bem do próximo, independentemente de qualquer distinção social.

As palavras de Lúcio Paulo magnetizavam a plateia, que enxergava no pregador a luz de Jesus, por meio daqueles ensinamentos. Domênico Lúcio e sua família estavam admirados pelo desenvolvimento cristão daquele sobrinho, a quem a mão do Senhor parecia ter arrebatado para sempre ao seu reino de amor. O jovem palestrante, já se encaminhando para o encerramento de sua fala, demonstrando sensível emoção no olhar, continuou:

– Meus irmãos, não existirá cristão sem o trabalho no bem. Muitos poderão alegar a falta de condições intelectuais por não saberem ler ou escrever, ou não possuírem condições financeiras para ajudar aos outros. Todavia, em nenhum momento das passagens evangélicas, vimos Jesus impor condições de ordem material aos seus seguidores, exigindo-lhes diplomas ou posses. Ao contrário, vimo-Lo escolher os mais simples e pobres para que perpetuassem seus ensinamentos e continuassem a sua obra pelo mundo. Nenhum de nós é tão pobre que não possa doar um abraço, uma palavra amiga de incentivo e de alegria, ou oferecer seu tempo para ouvir os lamentos alheios e sofrer junto à sua amargura. Ninguém é tão pobre que não possa sorrir e espalhar aos outros, com seu exemplo, a alegria de ser cristão. Não precisamos ir longe para isto fazer, pois temos em nossos lares todas as condições de exercitarmos os ensinos evangélicos, preparando-nos, assim, para vivermos em todos os dias a paixão de Cristo. Nossos familiares são aqueles que Deus nos confiou, como nossos amos, a quem devemos servir, compreender, tolerar, ensinar, conduzir, abraçar, enfim, com quem devemos exercitar o amor. Para eles devemos primeiramente nos dirigir como servos humildes, credenciando-nos a poder, depois, sairmos pelo mundo a servir aos que não conhecemos. Pela bondade de Deus estamos no lugar certo, convivendo com as pessoas certas, para que construamos a nossa paixão individual, carregando a nossa própria cruz, que nos libertará e nos conduzirá ao reino dos céus prometido por Nosso Senhor Jesus. Que Ele nos abençoe nessa trajetória que escolhemos, amparando-nos como sempre faz, para que tenhamos a coragem, a fé e o amor necessários ao testemunho perante os sacrifícios que a nossa transformação íntima necessitará enfrentar, fortalecendo-nos cada vez mais na vivência do amor em nossos corações!

Quando encerrou as suas palavras, com o olhar marejado pela visão que teve de seu próprio sacrifício e testemunho futuros, Lúcio Paulo recebeu um forte e afetuoso abraço de seu tio, que também não escondia as lágrimas da emoção dupla, pela mensagem belíssima e pelo laço de família com aquela jovem criatura. Domênico Lúcio encaminhava o encerramento da reunião, quando foi surpreendido pela entrada de pretorianos na igreja, os quais ocuparam estrategicamente os cantos do recinto para proteger o acesso do oficial Póstumo Galo, que, em sua soberba autoridade, tentava perturbar a tranquilidade de quase duas décadas que a igreja experimentava pela compreensão de Galieno, que nunca se manifestou contra as atividades da comunidade cristã.

– Por ordem dos augustos imperadores Valeriano e Galieno, comunico a todos que esta igreja encerra as suas atividades hoje. Aquele que desobedecer será sumariamente executado!

Domênico Lúcio ouviu as palavras de Póstumo Galo com serenidade, mas estranhou aquela afirmação, que dizia ter a proibição partido de Públio Galieno.

– Por certo o nobre cônsul possui a ordem escrita e assinada por Galieno, pois deves lembrar que nossa igreja tem um salvo-conduto emitido pelo imperador, permitindo-nos a livre manifestação em nosso recinto, desde que não desrespeitemos as tradições romanas ou incitemos os nossos fiéis a isso.

– Conheço esse teu documento, mas ele não tem mais validade, tendo em vista que o édito da perseguição aos cristãos foi assinado pelo imperador Valeriano em data posterior, revogando qualquer decisão anterior quanto a este tema.

– Mas aqui não fazemos nada mais que orar, ajudar aos pobres e promover a paz...

– Cala-te, cristão insolente! Prendam-no!

Póstumo Galo, para a surpresa de todos os presentes, agrediu Domênico Lúcio com um soco que o fez cair. A atitude covarde do representante de César revoltou a plateia, que protestou em voz alta, criando um clima maior de hostilidade. Automaticamente, os soldados que ocupavam o recinto se colocaram em posição de ataque, aguardando apenas uma ordem de seu comandante para iniciar o derramamento de sangue. Percebendo a gravidade do momento, Lúcio Paulo correu para amparar o tio, sendo violentamente impedido pelos guardas. O sobrinho de Domênico Lúcio, para evitar uma maior tragédia, falou em voz alta:

– Irmãos! Lembremo-nos do Cristo e nos mantenhamos em paz e em silêncio! Vamos dar a César o que é de César!

A plateia imediatamente se calou, para a surpresa de Póstumo Galo e de seus soldados. Quem era aquele homem cuja aparência lhe parecia familiar? – pensou o comandante das Gálias.

– Senhor! Levai-me preso, mas deixai livre nosso líder Domênico Lúcio, em respeito à sua idade avançada.

– Não sei quem és tu para ousar falar comigo. As ordens são para prender os líderes desta seita sacrílega. Vamos, nem mais uma palavra, se não quiserem que os eliminemos um a um pela força de nossas espadas!

Domênico Lúcio pediu para que seu sobrinho se acalmasse e confiasse na providência de Deus. Sob olhos temerosos dos cristãos, os soldados saíram da igreja conduzindo o líder da comunidade de Jesus, levando-o à prisão que ficava no acampamento permanente do exército, localizado na entrada da cidade. A assembleia se desfez rapidamente, ficando no recinto somente Lúcio Paulo e sua tia Sílvia, que chorava soluçando.

– Meu filho, temos que fazer algo para libertar meu marido. Ele é amigo pessoal do imperador Galieno, por isso não creio que o senhor Públio Licínio esteja sabendo dessa prisão. Precisamos ir até Roma o quanto antes e avisá-lo.

– Sim, minha tia. Mas como me apresentarei ao imperador para que ele se digne a me conceder uma audiência? Por certo deve ser muito difícil falar com ele.

– Apresenta-te apenas como um mensageiro de Domênico Lúcio, informando que é um caso de vida ou morte. O imperador compreenderá e te permitirá a entrevista. Amanhã mesmo, porém, vou tentar uma visita à prisão para pedir que Domênico escreva uma carta ao seu amigo, com o fim de dar maior autenticidade às tuas palavras.

Assim, então, combinaram a tia e o sobrinho, realizando no dia seguinte a visita a Domênico Lúcio, que a princípio relutou em incomodar o imperador, mas foi convencido por seu sobrinho a pensar na igreja e nos fiéis, bem como no muito que ele ainda tinha de contribuir para a obra do Cristo na Terra. Com a carta de seu tio em mãos, partiu Lúcio Paulo rumo à capital romana, onde poderia conhecer o imperador e sua família, sem saber que iria ter um contato com sua verdadeira mãe. Domênico Lúcio imaginou que, depois de quase dezoito anos, seria impossível Galieno e sua esposa perceberem que seu sobrinho, na verdade, era o primeiro filho de Salonina, que fora rejeitado e abandonado pelo então cônsul das Gálias.

Após a cansativa viagem de Lugdunum até Roma, o sobrinho de Domênico Lúcio entrou com emoção na capital do império, a famosa e poderosa Roma, cujos prédios suntuosos e vias pavimentadas, além do grande movimento comercial, contrastavam com a realidade que vivia nas Gálias, em simplicidade e calmaria. Lúcio Paulo tratou logo de se informar onde poderia encontrar a residência do imperador, que também era a sede do império. Ao chegar ao luxuoso prédio, o pregador cristão percebeu que não seria fácil obter uma audiência com Galieno, pois a sua origem social não permitia que ele adentrasse aquele lugar se não fosse por intermédio de uma ordem superior. Com receio de que a carta de seu tio caísse em mãos erradas, Lúcio Paulo recusou a oferta dos soldados no sentido de eles entregarem o documento aos prepostos mais diretos do imperador. Sem outra alternativa, o cristão resolveu então fazer vigília em frente à entrada principal do prédio, para tentar abordar Galieno ou Salonina quando estes saíssem ou entrassem no recinto.

Assim decidido, Lúcio Paulo acabou pernoitando ao relento, na frente da residência imperial. No dia seguinte, após se alimentar e fazer a sua higiene em uma taberna próxima, Lúcio Paulo voltou a vigiar a movimentação da entrada do prédio, quando notou que os soldados organizavam-se rapidamente, dando a entender que uma autoridade iria sair da casa. Era a corte de Salonina, que se preparava para acompanhar a despedida de seu filho Públio Salonino, o qual partiria para assumir o posto de governador da Germânia, a fim de tentar controlar as terras reconquistadas pelo general Póstumo Galo.

Ao ser informado por transeuntes de que aquela movimentação se tratava da corte de Salonina, Lúcio Paulo tentou se aproximar o quanto pôde, para gritar:

– Imperatriz, por favor, atendei-me, pois é da parte de Domênico Lúcio, das Gálias!

Os soldados, que já estavam acostumados com aquele tipo de abordagem pelo povo, que vivia pedindo coisas aos imperadores e aos seus familiares, afastaram com força o jovem cristão, que não se intimidou e repetiu a frase em voz alta. A liteira de Salonina se afastou da entrada em direção à rua principal, parecendo ignorar as palavras de Lúcio Paulo. Contudo, quando ele repetiu pela última vez a frase, notou a corte de Salonina parar o ritmo da caminhada, quando o apóstolo de Jesus viu então uma jovem mulher descer da literia imperial e dirigir-se aos soldados, ordenando-lhes que permitissem Lúcio Paulo se aproximar.

– A imperatriz Salonina quer saber do que se trata e o que o senhor traz das Gálias para lhe importunar a agenda de compromissos.

– Eu preciso entregar esta carta de Domênico Lúcio ao imperador Galieno. Por misericórdia, é um caso de vida ou de morte!

Após voltar e consultar Salonina, a acompanhante da imperatriz romana falou:

– Nossa ama ordena que me entregues a carta e que aguardes a sua volta ao palácio. Se for o caso, deverás prestar maiores esclarecimentos sobre o seu conteúdo.

Lúcio Paulo então obedeceu e entregou o rolo de pergaminho para a serva de Salonina, que voltou à liteira imperial, cujo cortejo tornou a se movimentar até sumir da vista dos que ficaram na entrada do palácio. O pregador cristão ficou aguardando com ansiedade a volta de Salonina, para poder saber qual seria a sua reação ante as notícias de Lugdunum. Por toda aquela manhã fria de Roma, o sobrinho de Domênico Lúcio esteve observando a movimentação daquela cidade, sem imaginar que, a partir dali, iniciava o seu momento de testemunho à obra do Cristo, com o desenrolar dos acontecimentos que envolveriam ele e a família imperial.

Quando a corte de Salonina retornou ao palácio, frustrou a expectativa de Lúcio Paulo, pois a imperatriz não parou para atendê-lo e sequer fez qualquer ação que indicasse que ele seria ouvido. Entristecido, o jovem cristão aguardou por mais uma hora em vão, quando decidiu que era o momento de voltar. A carta fora entregue e Deus saberia conduzir o destino de seu tio, pensou, tentando consolar a si mesmo. Estava para sumir da vista dos guardas da portaria do palácio de Galieno, quando ouviu uma voz a lhe chamar:

– Senhor Lúcio Paulo! A imperatriz Salonina ordena que entreis para prestar esclarecimentos!

Ao ouvir a voz do chefe da guarda, Lúcio Paulo imediatamente agradeceu a Deus em pensamento, voltando rápido em direção aos portões do palácio. Dois pretorianos o acompanharam, conduzindo-o ao encontro de Salonina, que aguardava na sala destinada à realização das audiências de Galieno. O jovem cristão impressionou-se com o luxuoso prédio residencial do imperador, principalmente ao admirar as belíssimas esculturas em homenagem aos imperadores anteriores, pois que a perfeição do talhe no mármore branco parecia dar vida aos olhares de cada busto imperial. As grandes colunas, os tetos delicadamente decorados e o piso límpido e brilhante chamavam a atenção de Lúcio Paulo, que logo percebeu o contraste entre a pobreza da maioria do povo e a riqueza de seus governantes.

Ao chegar a uma espécie de sala de espera, os três homens se posicionaram em frente a uma imensa porta de madeira ricamente trabalhada, quando um dos guardas bateu três vezes em uma sineta de bronze, que funcionava como uma campainha. Daí a poucos instantes, Plínia, a mesma serva que falara com Lúcio Paulo na entrada do palácio, abriu a porta, indicando aos dois soldados que deveriam ficar montando guarda, porém, pelo lado de fora da sala. Convidando o cristão a adentrar a grande sala de audiências do imperador Galieno, a serva de Salonina pediu para que o mesmo aguardasse, pois logo a imperatriz iria atendê-lo. Lúcio Paulo continuava impressionado com a riqueza de detalhes da casa imperial. Um busto de Galieno, perfeitamente esculpido no mármore de Carrara, posicionava-se bem à sua frente, como se estivesse vigiando as ações dos visitantes. A placa de bronze indicava o nome do imperador "César Públio Licínio Egnátio Galieno Augusto", com a inscrição do ano em que foi proclamado imperador.

O escritório de Galieno era repleto de obras artísticas, desde esculturas, quadros, tapetes, até molduras contendo citações filosóficas de Heráclito e Platão, em letras perfeitamente manuscritas. Uma imensa estante servia de fundo à mesa principal de atendimento, que parecia uma espécie de biblioteca, em face do incalculável número de pergaminhos, cuidadosamente guardados em escaninhos identificados por pequenas placas metálicas, as quais pareciam ordenar os documentos por assunto. A decoração do ambiente confirmava a fama de Galieno como o imperador que amava a cultura de seu povo e suas tradições, principalmente aquelas relacionadas aos pensamentos filosóficos, desde as origens gregas até os dias daquela época.

A admiração de Lúcio Paulo foi interrompida pelo barulho da porta que parecia dar acesso à área íntima da família do imperador quando a mesma foi aberta por Plínia, que, solenemente, baixou a cabeça em reverência à chegada de Júlia Cornélia Salonina. Instintivamente, sem saber como se comportar diante de tamanha autoridade, Lúcio Paulo dobrou um dos joelhos e se apoiou no chão, também baixando a cabeça em sinal de reverência. Salonina, quando entrou, já encontrou o cristão ajoelhado e com a cabeça baixa, o que lhe chamou a atenção.

– O senhor Lúcio Paulo pode ficar à vontade e me relatar o que está havendo em Lugdunum para que o exército tenha descumprido o salvo-conduto que o imperador deixou em poder de Domênico Lúcio.

Ao ouvir as palavras firmes, porém melodiosas de Salonina, Lúcio Paulo levantou-se lentamente e olhou respeitosamente para o rosto da imperatriz. Ambos os interlocutores se surpreenderam ao se olharem, deixando transparecer na expressão dos rostos a admiração recíproca. Lúcio Paulo impressionou-se com a beleza do porte daquela senhora, perfeitamente vestida em estola de seda branca com detalhes dourados e com os cabelos delicadamente arrumados à moda das respeitáveis matronas romanas. Apesar de sua idade, Salonina conservava a beleza da juventude, agora mais imponente, em face da madureza de seus traços mais marcantes, que eram o porte elegante, o olhar brilhante e o sorriso meigo. A imperatriz, por sua vez, ao olhar o jovem sobrinho de Domênico Lúcio, quase desmaiou, pensando que estava voltando no tempo e reencontrando Caio Márcio, primo de seu esposo. Desconcertada por seus próprios pensamentos, Salonina virou-se de costas e olhou para Plínia, que logo percebeu o mal-estar de sua ama. Imediatamente, a serva ajudou-a a sentar na cadeira que ficava atrás da mesa de Galieno, perguntando-lhe em seguida:

– A senhora está bem? Quer que eu chame os médicos?

– Não, minha boa Plínia, foi somente um mal-estar súbito, mas está passando.

A imperatriz procurou se recompor para não chamar a atenção nem de sua serva, nem tampouco do visitante, evitando que lhe percebessem a surpresa. Em sua mente, entretanto, uma voz lhe insistia em dizer que aquele homem era seu filho perdido, o qual julgava estar morto. Salonina, então, retomou o controle da audiência, dizendo a Lúcio Paulo em tom de ordem:

– Senhor, aguardo os vossos esclarecimentos sobre os fatos narrados pelo amigo de meu marido nesta carta recheada de informações tristes.

– Senhora imperatriz, agradeço a vossa bondade em receber este humilde mensageiro. De acordo com o explicado na carta, chamo-me Lúcio Paulo, sobrinho de Domênico Lúcio, que é chefe da Igreja de Lugdunum, o qual foi covardemente preso pelas autoridades romanas, sem ter cometido qualquer crime, envolvendo-se tão somente com a prática do bem, conforme ensina Nosso Senhor Jesus. É oportuno ressaltar que o salvo-conduto a que Vossa Majestade se referiu foi sempre o documento apresentado por meu tio como a chave para a liberdade da igreja todas as vezes que alguém questionava o seu funcionamento. Entretanto, o general Póstumo justificou a sua atitude alegando que o salvo-conduto perdeu a validade diante do novo édito imperial, o qual, segundo consta, proíbe severamente as nossas atividades cristãs. Como líder de nossa humilde igreja, meu tio foi feito prisioneiro e aguarda o momento de seu julgamento. Na carta, como Vossa Majestade pode verificar, Domênico Lúcio não pede a sua liberdade, mas sim a liberdade da igreja, mesmo que ele tenha que testemunhar com a própria vida, se esta for a condição para salvar a comunidade cristã. Eu, de minha parte, aproveito para vos implorar que também liberte meu tio Domênico, que já está velho e não representa qualquer ameaça ao império, pelo qual sempre manteve o devido e absoluto respeito, seguindo a orientação dos homens, a fim de dar a César o que é de César. Se vos for possível, por misericórdia, libertai meu tio e nossa humilde igreja!

As últimas frases de Lúcio Paulo foram ditas com singular ternura e amor, deixando marejados seus olhos azuis, sem evitar que caíssem lágrimas de emoção sincera. Salonina também se emocionou ao ver o amor daquele homem por seu tio e por sua igreja. Ao se levantar, a imperatriz disse ao rapaz com voz calma:

– Levarei a carta de Domênico Lúcio ao conhecimento de meu marido e lhe relatarei os fatos. Tenho certeza de que o imperador não permitirá que o general Póstumo Galo mantenha essa prisão e o futuro julgamento. Entretanto, tereis que aguardar até amanhã, pois ele ficará fora do palácio durante todo o dia, em face dos compromissos já assumidos. Aconselho-vos a esperar na cidade, para que vós mesmo leveis em mãos outro documento de salvo-conduto, desta vez assinado por Galieno, não mais na condição de cônsul, mas sim de imperador de Roma.

– Muito obrigado, senhora imperatriz. Meu tio estava certo de que Vossa Majestade demonstraria compreensão e tolerância, não sendo outra a resposta que não a bondosa liberdade de nossas atividades pacíficas.

– Por certo deverá vossa igreja agradecer à magnanimidade do imperador, que sempre foi um homem justo. Mas, senhor, há uma pergunta que gostaria que me respondêsseis: nos anos que moramos nas Gálias, Domênico Lúcio era assíduo visitante de meu marido, quando conhecemos também sua esposa Sílvia. Mas não me recordo de que ele tenha mencionado possuir um sobrinho que também era pregador do Cristianismo. Dizei-me, quantos anos o senhor tem e onde morava nas Gálias?

A pergunta de Salonina soou estranha aos ouvidos de Lúcio Paulo, porque não imaginava que tamanha autoridade de Roma pudesse se interessar por sua vida pessoal, que julgava ser insignificante. Entretanto, tratou logo de responder com o costumeiro hábito de falar sempre a verdade.

– Senhora, atualmente conto com quase dezoito anos e sou filho de Ana, irmã de minha tia Sílvia, que por sua vez é a esposa de meu tio Domênico. Vivíamos em uma pequena vila, que ficava a meio-dia de Lugdunum. Na verdade, segundo minha família, fui adotado quando minha mãe morreu durante meu parto, após saber que meu pai também havia tombado nas fronteiras, pois que era soldado do exército romano.

Salonina novamente precisou sentar-se para evitar que desmaiasse com as últimas informações de Lúcio Paulo. Diferentemente do que pensava, o filho que teve com Caio Márcio não estava morto, mas sim fora criado pela família de Domênico Lúcio e agora estava ali, diante dela, como se os deuses quisessem lhe mostrar que o seu antigo erro ainda estava vivo, o que, mais uma vez, tornaria dramática a sua vida com Públio Galieno.

Uma forte emoção tomou conta de Júlia Salonina, obrigando-a a virar-se de costas ao jovem visitante para que ele não percebesse o choro que tinha dificuldades em conter. Plínia imediatamente levantou-se para amparar a sua ama, que agradeceu procurando se justificar:

– Obrigada, Plínia, estou bem. Minha emoção nasce quando percebo que o tempo passou como um raio em nossas vidas. Parece que foi ontem que chegamos a Lugdunum, recém-casados, mas hoje constatamos que os anos se passaram céleres.

A justificativa de Salonina convenceu os dois que a acompanhavam, mas não acalmou, no íntimo, o coração da imperatriz. Lúcio Paulo se despediu respeitosamente, sendo conduzido pelos guardas para fora do palácio. Informou-se sobre onde poderia se alojar para o necessário pernoite, sendo-lhe indicada uma humilde hospedaria que ficava um pouco distante de onde estava, mas que lhe era a única opção de hospedagem, em face dos parcos recursos financeiros de que dispunha.

No caminho a pé até o local informado, o sobrinho de Domênico Lúcio refletia sobre a figura inesquecível de Júlia Salonina. Nunca havia sentido atração tão forte por uma mulher como sentiu pela imperatriz. Não conseguia entender, mas sabia que não era atração física, mas sim uma forte simpatia por aquela senhora, cujo olhar o conquistara para sempre. Nem a mais empolgada descrição feita por seu tio sobre a esposa de Galieno chegava ao nível do que ele mesmo pôde verificar, principalmente em relação à postura firme, mas ao mesmo tempo doce de Salonina. A emoção que ela demonstrou ao se recordar do tempo vivido em Lugdunum comprovava que a imperatriz possuía um coração sensível, enchendo de esperanças o jovem pregador, que passou a demonstrar mais alegria em seu semblante.

Júlia Salonina, ao contrário, após a entrevista com Lúcio Paulo, trancou-se em seu quarto para cair em nova crise de choro convulsivo, vindo novamente à tona em sua mente todos os acontecimentos do passado. Lembrou-se do dia em que deu a luz ao seu primeiro filho, a irritação de Galieno ao descobrir a verdade, o momento do parto e a saída de Domênico Lúcio e de sua família, levando consigo o fruto do seu ventre, que nem sequer teve a oportunidade de ver ou tocar. Agora ele estava novamente próximo, como se fosse um fantasma de Caio Márcio a chegar para lhe atormentar a vida, mas que, ao mesmo tempo, causava-lhe a natural emoção de uma mãe que havia perdido um filho e que depois de muito tempo o encontrava.

A situação, entretanto, não era simples. Ela não podia revelar-se ao filho, nem tampouco deixar que ele se apresentasse a Galieno, pois tinha certeza de que o imperador também reconheceria o filho de seu primo. Mais uma vez, Salonina via a necessidade de decidir-se a agir com emoção, revelando ao filho perdido tudo o que ocorrera e, a Galieno, contando toda a verdade, ou evitar que ambos soubessem dos fatos para não criar possíveis reações inesperadas que tornassem mais dramáticos aqueles momentos. Deitando em sua cama luxuosa, Salonina adormeceu envolta em lágrimas sentidas, para receber em sonho a intuição necessária que lhe favoreceria a decisão.

O imperador Galieno voltou ao palácio somente no início da noite, após providenciar todo o necessário para a instalação de seu filho Salonino na Germânia, quando lhe outorgou a governança daquela região recém-tomada de volta dos Alamanes, por intermédio da força do exército de Póstumo Galo. Ao chegar aos seus aposentos, estranhou que Júlia Salonina estivesse deitada em sua cama, adormecida, em horário tão inabitual. Ao acordá-la carinhosamente, como era de seu feitio, quis saber se a esposa estava bem, sendo logo informado por ela sobre a carta trazida por um mensageiro de Domênico Lúcio. Galieno leu a carta e revoltou-se com a atitude insolente de Póstumo Galo.

– O general Póstumo decerto procura provocar-me, pois mesmo que meu salvo-conduto tenha sido assinado por mim na qualidade de cônsul, o meu cargo atual exigiria, da parte dele, no mínimo uma consulta formal antes de tomar essa decisão precipitada. Responderei hoje mesmo a carta e emitirei um novo salvo-conduto, advertindo formalmente Póstumo Galo por essa imperdoável insubordinação. Mandarei os guardas comunicarem ao mensageiro que venha comigo amanhã, nas primeiras horas, para receber minhas ordens e os documentos que libertarão Domênico Lúcio e sua pobre igreja.

Não foi difícil para os guardas obter a localização de Lúcio Paulo, uma vez que foram eles mesmos quem indicaram a hospedaria onde o cristão haveria de passar a noite. As intenções de Galieno de entregar pessoalmente o novo salvo-conduto ao mensageiro de Domênico Lúcio, entretanto, foram frustradas pelas recentes notícias do levante das tropas de Valeriano e pelos boatos de que o imperador do Oriente havia sido capturado pelos persas. As informações eram desencontradas, mas o impacto que elas causaram na família de Galieno foi profundo. Se a notícia se espalhasse pelo império, poderia causar uma onda de levantes por toda parte, visto que havia a crença geral de que os imperadores eram diretamente protegidos pelos deuses. Caso Valeriano realmente tivesse sido preso, o que seria algo inédito na história imperial de Roma, a população poderia pensar que os deuses haviam abandonado o imperador, indicando assim que teriam escolhido um novo dignitário para Roma. Para evitar o alastramento dessa notícia, Galieno convocou o comando geral de seu exército para anunciar que partiria em direção à Edessa, a fim de auxiliar as tropas de Valeriano no combate aos persas. Tendo se envolvido quase a noite inteira nessas estratégias políticas, Galieno apenas assinou o salvo-conduto que mandou redigir e o entregou à Salonina, orientando-a que ela mesma recebesse em audiência o mensageiro de Domênico Lúcio, tendo em vista que aquele assunto dizia respeito a uma questão pessoal de Galieno.

Salonina também ficou triste com as notícias do Oriente envolvendo o seu sogro, mas de certa forma aliviou-se por saber que Lúcio Paulo não se encontraria com seu marido, evitando uma possível situação embaraçosa para ela. No dia seguinte, enquanto Galieno se dirigia ao Senado para espalhar a notícia de que ele mesmo iria se juntar às tropas de Valeriano no combate aos persas, Salonina recebia novamente o cristão Lúcio Paulo, para lhe entregar o documento assinado pelo imperador.

– A minha pobreza é imensa diante de Vossa Majestade e não tenho como agradecer o vosso empenho em conseguir este salvo-conduto que certamente salvará a vida de meu velho tio. Rogarei a Deus todos os dias, incluindo a senhora e vossa bela família em minhas preces diárias, pedindo que as suas bênçãos recaiam sobre vós, cuja bondade e solicitude, a partir de hoje, ficarão gravadas de forma indelével em minha mente. Muito obrigado!

As palavras de Lúcio Paulo caíram serenas e doces no coração de Salonina, que a custo segurava a emoção de ver o fruto de seu ventre diante de si, a lhe endereçar tão belas exortações. Procurou manter a postura distante, mas não hesitou em pedir-lhe que falasse um pouco mais, naquela linguagem mansa dos cristãos, cuja humildade acostumou a compreender no convívio semanal que tinha nas Gálias, durante as reuniões com Domênico Lúcio.

– Não deveis nada a mim, e sim à magnanimidade de meu marido, o imperador Galieno. Agradeço as vossas palavras, que demonstram a vossa origem sincera e humilde, assim como a de vosso tio, a quem muito estimamos. Dizei-me, conheceis o conteúdo daquela carta de um apóstolo do Cristo, que falava sobre o amor? Certa vez tive a oportunidade de lê-la, mas circunstâncias diversas não permitiram que eu pudesse obter do vosso tio o entendimento que ele possuía sobre aquele conteúdo, do qual não me recordo muito bem, mas que à época lembro que me tocou profundamente a alma.

Lúcio Paulo surpreendeu-se com a pergunta da imperatriz, pois não poderia imaginar que na casa de César Augusto pudesse haver pessoas daquele quilate, que se interessavam pelos ensinos cristãos. Seu tio Domênico Lúcio comentara sobre as reuniões semanais com Públio Galieno, mas nunca quis se aprofundar no teor das conversas, para não comprometer a vida particular do então cônsul das Gálias. Percebendo, entretanto, que ali Deus operava para lhe oportunizar mais um momento de testemunho, fechou os olhos por alguns segundos, buscando concentração, e falou ao abri-los, olhando respeitosamente em direção aos olhos de Salonina:

– Senhora, Vossa Majestade deve estar se referindo à primeira carta de Paulo aos Coríntios, que é uma das escrituras preferidas de meu tio Domênico. Infelizmente não a tenho aqui, mas, se me permitirdes, posso vos apresentar as minhas impressões pobres e despretensiosas sobre o assunto. Em minha opinião, toda a vida de Nosso Senhor Jesus foi um verdadeiro poema de amor, sendo qualquer ato executado ou qualquer palavra proferida por Ele uma exaltação a esse sentimento maior do ser humano, cuja totalidade e magnitude ainda não compreendemos, mas instintivamente sentimos. O amor que Ele nos ensina é o amor puro, que não impõe qualquer condição e que não discrimina qualquer pessoa. Jesus exemplificou como devemos amar quando mostrou seu amor à sua família terrena, tendo em vista que cumpriu suas obrigações de filho, amparando sua mãe e seus irmãos[14] com trabalho e dedicação até aproximadamente os trinta anos de idade. Ele amou quando escolheu homens simples e iletrados para lhe acompanhar a missão, mostrando que os verdadeiros valores da vida são aqueles que vêm do íntimo do ser, como a humildade e a boa vontade. O Cristo muito amou quando atendeu a todas as pessoas indistintamente, fossem doutores, autoridades, ladrões ou prostitutas, coletores de impostos, judeus, samaritanos ou romanos, amigos ou inimigos. Nosso Senhor exemplificou o amor quando se entregou pacificamente à imolação na cruz infame, sem nada reclamar, sem reagir ou lutar, no sacrifício maior para a salvação de todos nós que nEle acreditamos e que por Ele vivemos. Ainda nos ensinou e viveu o amor máximo que podemos alcançar, mesmo tendo sido preso e humilhado, covardemente torturado e crucificado, sendo inocente e puro, perdoou os seus algozes do alto da cruz, ao dizer "Pai, perdoa-lhes, pois clcs não sabem o que fazem"[15], levando-nos a perceber o mar de ignorância espiritual no qual ainda o homem navega e que o faz cometer tantos erros diante da lei de Deus. Se compararmos a vida do Cristo aos ensinamentos do apóstolo Paulo sobre o amor, veremos que o famoso pregador retirou

[14] **Nota da Editora:** a palavra "irmão", nos tempos de Jesus, possuía um significado mais amplo. Originado da palavra "aha" em aramaico, "ah" em hebraico, significava irmão, meio-irmão, primo e até mesmo um parente próximo. A título de exemplo, tem-se: em Genesis (Gn 13, 8), Abraão falando a Ló, que era seu sobrinho, diz: "porque somos irmãos"; no primeiro livro de Crônicas (1Cr 23, 21-22), os filhos de Quis são descritos como irmãos das filhas de Eleazar, enquanto na verdade eram primos. Cogita-se também que estes irmãos, referenciados no texto bíblico, tratam-se de filhos de José antes de desposar Maria, pois que, conforme o apócrifo Proto Evangelho de Tiago (cap. 9, 1-2), ele era viúvo e tinha filhos.

[15] **Nota da Editora**: Lucas 23:34.

do exemplo de Jesus todos os adjetivos que utilizou para definir o amor que devemos exercitar no mundo. Que o amor não se irrita, é benfazejo, não suspeita mal, não se acomoda com a injustiça, mas combate-a, tudo espera, tudo crê e tudo sofre, foram definições vividas por Jesus em toda a sua vida, para nos exortar a que O sigamos no exemplo. Temos a consciência, entretanto, de que ainda estamos distante de amar como o Cristo nos amou, mas o que importa é o esforço que fazemos para alcançar esse estágio de amor. Cada um de nós, na intimidade, pode vivenciar essas qualidades amorosas que dormem em nossos corações, mas que precisam de um estímulo para serem despertadas. O coração de mãe, por exemplo, que é o vosso caso, é um manancial do amor de Deus no mundo, quando a mãe se dedica e se entrega à sua santa missão de encaminhar seus filhos na vida, com a responsabilidade de torná-los homens de bem, exemplo que mais se aproxima desse amor de Deus aos homens, pois independe de crenças ou religiões que seguirem. A mãe ama seus filhos de forma igual, estejam longe ou perto, sejam seus ou sejam filhos de outras mães, que é o meu caso, em uma demonstração inequívoca de que é possível que o amor se instale na Terra, como o meio pelo qual o homem poderá viver em paz com seus irmãos, apesar das muitas diferenças que os distinguem.

Lúcio Paulo falava à imperatriz como se estivesse diante de uma plateia imaginária de mil pessoas. A cada frase e a cada palavra se emocionava, demonstrando a forte influência espiritual que experimentava naquele momento. Salonina, por sua vez, emocionava-se duplamente, pela beleza dos ensinamentos e por ver a beleza completa daquele homem, que era seu filho. O destino a impediu de amar aquela criança que hoje se apresentava com uma lucidez impressionante. Comparando-lhe a personalidade a dos seus três filhos com Galieno, Júlia Salonina chegou à conclusão de que os deuses agiram para que um de seus rebentos fosse preparado para missão mais nobre no mundo, que não os combates por conquistas terrenas, os quais invariavelmente terminavam em mortes sangrentas. Uma lágrima de agradecimento caiu de seus olhos quando recordou o seu passado de dor, mas, a partir daquele momento, podia compreender o quanto os deuses de alguma sorte agiam em seu favor. Lúcio Paulo também deixou que lágrimas invadissem seus olhos quando viu a emoção da imperatriz. Instintivamente, como era hábito entre os cristãos e sem se dar conta das regras sociais que impediam qualquer pessoa de tocar a família imperial sem o devido consentimento, o filho abandonado de Salonina aproximou-se dela e a abraçou carinhosamente, falando-lhe mansamente:

– Minha senhora, vosso coração de mãe por certo ama muito, e se as palavras do Cristo Jesus vos tocam a alma, é porque Ele também já vos salvou, mesmo sem que precises proferir isso de público. O Cristo não se importa com a condição social e religiosa de cada um, mas sim exorta-nos a proceder com amor em nossas atividades do dia a dia. Sois uma autoridade no mundo e tendes uma vida ligada a muitas convenções sociais, mas em vosso íntimo, deveis envidar esforços para amar sem demora a quantos puderdes amar!

Salonina deixou-se abraçar para sentir o calor de seu filho, ao menos uma única vez na vida. Desejou naquele momento ímpar contar-lhe toda a sua história e toda a sua origem. Desejou chamar-lhe de filho, mas a sua razão novamente lhe pedia que voltasse à sua condição de imperatriz. Desvencilhou-se calmamente do abraço de Lúcio Paulo, para lhe dizer em seguida:

– O jovem sobrinho de Domênico Lúcio demonstra a mesma sinceridade do tio. Agradeço-vos as palavras e o gesto de carinho, mas não podemos ultrapassar aqui as barreiras que nos impedem de trilharmos o mesmo caminho, pois que sois cristão e eu imperatriz de Roma. Perdoar-vos-ei a ousadia porque reconheço nela a intenção pura de consolar-me a emoção, já que não a escondo de ninguém, quando assim tenho vontade. Peço-vos agora que ide sem demora viajar em direção a Lugdunum, para levardes este documento que libertará vosso tio. Já mandei providenciar mantimentos para que vossa viagem de volta seja menos penosa que a de vinda. Levai à vossa família nossas sinceras lembranças, na certeza de que podem contar conosco, caso ainda persistam as perseguições à vossa igreja naquela região.

Lúcio Paulo compreendeu que passou dos limites, mas alegrou-se com as palavras sinceras da imperatriz. Ele, então, em um gesto um tanto desconcertado, ajoelhou-se diante da nobre mulher e agradeceu:

– Senhora, em minha vida toda que me resta, jamais poderei encontrar formas de agradecer-vos, que não seja com as minhas humildes palavras. Sabei que a partir de hoje conquistastes mais um coração no mundo, que vos será eternamente grato e cujo carinho, onde quer que eu esteja, sempre será como o de um filho para com sua mãe. Em minhas preces, vós e vossa família far-se-ão presentes, quando pedirei fervorosamente que Deus vos abençoe a vida para sempre.

A única viagem de Lúcio Paulo a Roma se encerrou naquele dia, quando deixou para trás a suntuosidade da cidade velha, levando dela um tesouro incalculável, que era o amor de Salonina por ele e o dele por ela. Mesmo não tendo a plena consciência da verdade que o ligava àquela mulher, o destino se encarregou de uni-los em sentimentos e em pensamentos para o resto de suas vidas.

A viagem de Lúcio Paulo transcorreu sem eventos que mereçam destaque, tal a tranquilidade em seu trajeto. O sobrinho de Domênico Lúcio passou todo o tempo da volta a Lugdunum pensando no seu encontro com a imperatriz Salonina, em que exaltava para si mesmo as qualidades morais daquela bela mulher. Jamais poderia imaginar que pudesse ser recebido pessoalmente pela família imperial, pois a sua intenção era entregar um documento e receber outro que pudesse libertar seu tio, sem pretensões de ter qualquer contato com aquela família. Quanto mais pensava em Salonina, mais a sua admiração aumentava.

Ao chegar à capital das Gálias, entretanto, precisou agir rápido e entregar o salvo-conduto pessoalmente ao general Póstumo Galo. Diferentemente do palácio imperial, onde era quase impossível se aproximar sem que seguranças o vissem, Lúcio Paulo teve mais facilidade em obter a entrevista com o comandante das tropas romanas, pois, ao anunciar que trazia uma ordem do próprio imperador, os guardas logo o deixaram entrar, após a permissão de Póstumo Galo. O cônsul das Gálias recebeu o cristão com enfado e desprezo, sem qualquer esforço em demonstrar simpatia, solicitando imediatamente o documento que dizia trazer. Ao lê-lo, Póstumo Galo se irritou ao ponto de esmurrar a mesa na qual estava apoiado.

– Este documento é ridículo! Como pode um imperador de Roma defender uma igreja cristã desta forma? Além de me admoestar formalmente, como se eu tivesse me insubordinando contra o império! Galieno não sabe o que é uma insubordinação verdadeira, mas por certo um dia saberá!

Possesso de raiva, Póstumo Galo ordenou que trouxessem o prisioneiro até ele, sendo obedecido imediatamente. Domênico Lúcio estava abatido fisicamente, pelos longos vinte e cinco dias que esteve preso. Sua expressão, entretanto, continuava serena, demonstrando a sua fé em Deus diante daquelas provas difíceis. Ao chegar à sala do general, foi recebido por seu sobrinho, que o abraçou comovido, sendo os dois interrompidos pelas palavras rudes do comandante romano.

– Deixem essas manifestações ridículas para depois. Domênico Lúcio, chefe da igreja sacrílega cristã, estás livre por um salvo-conduto do imperador Galieno. A partir de hoje, tu e tua igreja poderão se reunir, desde que seja somente uma vez por semana e que não haja mais atividades que não seja essa reunião semanal. Não hesitarei em invadir e aniquilar todo cristão que for flagrado exercendo atividades que não as que estão determinadas por mim. Também não admitirei mais de um líder da igreja nesta cidade. Ou tu, ou teu sobrinho deverá cuidar dela, respondendo por suas ações. Um dos dois deverá se afastar para outra localidade, para que não haja conluio por parte dos cristãos.

Os dois cristãos não quiseram argumentar contra o general, pois sabiam que o salvo-conduto de Galieno não fazia alusão às restrições impostas por Póstumo Galo. Evitando o embate, os dois saíram do quartel onde despachava o comandante romano, dirigindo-se à sede da igreja na cidade. Felizes com o retorno de seu líder, os cristãos receberam Domênico Lúcio com alegria, reconhecendo o esforço que Lúcio Paulo empregou para conseguir o salvo-conduto de Roma. Após o líder cristão cumprimentar um a um aqueles que foram recebê-lo, encerrou aquela recepção com uma prece de agradecimento a Deus. Explicou a todos que a igreja somente poderia se reunir aos domingos, devendo todos manter as preces em favor da unidade da igreja do Cristo nesses momentos difíceis. Quando ficou sozinho com seu sobrinho, Domênico Lúcio o abraçou demoradamente, em um gesto de carinho e gratidão.

– Meu filho, confesso que já preparava meu espírito para ser entregue ao testemunho, pois apesar da certeza da bondade de Galieno para conosco, não tinha a confiança necessária em que ele fosse se expor para defender nossa igreja, após um édito assinado por seu pai. Mas, pelo visto, tu conseguiste convencê-lo a isso, ficando eu eterno devedor desta tua coragem e persistência.

– Meu querido tio, de fato a família imperial me surpreendeu muito pela forma gentil como fui recebido. Não tive a honra de conhecer o imperador Galieno, mas tive a felicidade de ser recebido pela imperatriz Salonina, que é uma mulher encantadora, gentil e humana. Confesso que voltei de Roma com a sensação de que nosso imperador merece as bênçãos de Deus por ocupar aquele cargo e de que sua esposa é uma verdadeira mãe para todos nós romanos.

Domênico Lúcio lacrimejou ouvindo as referências de seu sobrinho à bondade de Galieno e à forma carinhosa como fora recebido por Salonina. Pelo que relatou, percebeu que Deus conduziu aquela visita no sentido de evitar que Galieno cruzasse olhares com o filho de Caio Márcio e de permitir que Salonina pudesse contemplar o rebento que gerara, pelo menos uma vez na vida.

– Sim, meu caro Lúcio. O imperador e sua família são pessoas abençoadas por Deus. O fato de Galieno não estar perseguindo nossa igreja na parte ocidental do império certamente é obra de Nosso Senhor Jesus. A imperatriz Salonina, por certo, agiu com a bondade que lhe é peculiar. O sofrimento, meu filho, transforma pessoas e Salonina é um exemplo de transformação moral. Após algumas dificuldades, tornou-se esposa fiel e dedicada, protetora de seus filhos e carinhosa com seu marido. Ela de fato é encantadora. Mas precisamos mudar o curso de nossa conversa para decidirmos onde irás morar, tendo em vista as ordens do general Póstumo Galo. Pretendes voltar à tua pequena vila?

– Voltarei lá, com certeza, para rever meus pais amados. Entretanto, pretendo sair por toda a Gália pregando a palavra de Deus em todos os lugares. Irei até as fronteiras possíveis, em direção à Germânia, ajudando a fortalecer a fé dos meus irmãos em Cristo e também colaborando para fundar núcleos cristãos onde não os haja. Sinto que esse é o meu destino.

– Que Deus te abençoe, meu filho!

Assim, após dois dias, partiu Lúcio Paulo em direção à sua pequena vila, para reencontrar seus pais e iniciar sua jornada de pregação por todo o norte daquela região do império. Esse seria o último encontro de Domênico Lúcio com seu sobrinho, pois acontecimentos trágicos iriam separá-los para sempre no plano físico, quando experimentariam o início de seus testemunhos pelo Cristo.

EVANGELHO E LUTAS

CAPÍTULO X

Lúcio Paulo passou dois anos viajando por toda a Gália em visita aos núcleos cristãos do norte do Império Romano. Em cada cidade, vila ou povoado por onde passava, procurava trabalho digno para sobreviver com suas próprias forças, para não se tornar pesado para a comunidade que o recebia com alegria. Dependendo do lugar onde se encontrava, estacionava por mais ou menos tempo, conforme as necessidades do núcleo – se já era ou não bem estruturado, se já possuía unidade de pensamentos ou mesmo se seus líderes precisavam igualmente de fortalecimento na fé – dedicando-se integralmente às atividades de estruturação ou manutenção do trabalho cristão após a jornada de trabalho que lhe garantia o sustento. Em suas reuniões de pregação e culto do Evangelho, Lúcio Paulo sempre conquistava os corações com sua palavra doce e simples, ressaltando sempre a necessidade do exemplo com o trabalho no bem. Uma de suas mais longas estadias, pelo tamanho do núcleo cristão e pela forte influência de costumes pagãos na região, foi na cidade de Lutetia Parisiorum[16], uma pequena cidade que ainda emergia no seio das Gálias, margeando-se o seu crescimento ao longo do Rio Sena. Em uma de suas memoráveis palestras, em meados do ano de 260 d.C., Lúcio Paulo reuniu-se em uma espécie de depósito onde se improvisava uma igreja cristã, mas que pelo seu tamanho podia abrigar um grande número de fiéis.

– Irmãos de Parisiorum! Quis nosso Deus Pai que estivéssemos aqui reunidos para louvá-Lo e agradecê-Lo por tantas bênçãos que recebemos a cada dia de nossas vidas. Como filhos ainda ingratos que somos, envolvidos pelo nosso egoísmo imenso, que nos faz sempre estar ocupados com os nossos interesses, esquecemo-nos de agradecer ao Senhor pela vida que vibra em nosso pobre corpo material. Comumente deixamos passar o tempo sem creditar o devido valor a Deus, olvidando que somente a Ele pertence o nosso destino. Mas, se estamos aqui hoje, é para reconhecer que somos devedores de gratidão pelo muito que recebemos dos céus. Quem de nós já parou para refletir na bênção que é estarmos vivos, respirando esse ar maravilhoso, presenteado por Deus com abundância para a manutenção de nossas vidas? Nossas terras férteis igualmente são dádivas divinas, que nos concitam ao trabalho do arado e do plantio, para que colhamos os frutos do nosso suor. Quem de nós já verificou que Deus nos reúne em família para a abençoada convivência fraterna, com seres que amamos, dando-nos a oportunidade de exercitar o amor que Jesus nos ensinou, pela paciência, pela tolerância e pela

---

[16] **Nota da Editora**: atual Paris (França).

compreensão das diferenças que cada um possui? O Senhor Deus é pai amoroso que nos oferta as dádivas da natureza como lar sagrado e nos coloca juntos neste mundo, como irmãos na grande família universal. Infelizmente, somos uma família doente e que precisa de ajustamentos. Não obstante termos a mesma origem paternal divina, ainda não conseguimos nos entender e nos amar. Dividimo-nos em povos pela natural afinidade, mas ao invés do entendimento, procuramos as guerras sanguinolentas para aniquilarmo-nos na disputa por riquezas que a traça irá um dia destruir. Preferimos matar ou morrer a perdoar e viver. Escolhemos escravizar e subjugar a libertar e ajudar. Entretanto, depois da passagem do Cristo pela Terra, há quase trezentos anos, iniciamos a transformação do mundo pelo combate do amor e pela guerra da tolerância. Nossas armas são unicamente nossas palavras e nossas ações de trabalho constante para nos melhorarmos e ajudarmos os outros a fazer o mesmo. Essa é a nossa bandeira e a nossa insígnia é a cruz do Senhor, que espalha seu amor cada vez mais distante, para que, um dia, todo o mundo reconheça que Ele é o único caminho que de fato nos levará à felicidade e à salvação.

A palestra de Lúcio Paulo, ouvida com sentimento pelos fiéis, foi interrompida pelo barulho que vinha da porta de entrada. Eram quatro pessoas que seguravam um homem tido por endemoninhado, pois se debatia e falava com voz diferente, espumando pela boca e desferindo insultos a todos que se aproximavam. Uma das pessoas que o segurava era uma pobre senhora de rosto macilento, cujos traços denunciavam que o sofrimento campeava o seu coração de mãe há muito tempo.

– Senhor Lúcio, tem piedade do coração desta pobre mãe que sofre todos os dias com esse filho doente, que mais parece um demônio enlouquecido. Há anos, dia sim, dia não, ele fica neste estado, quando me vejo obrigada a acorrentá-lo para que não nos agrida fisicamente, já que com palavras vive nos acusando de ladrões e assassinos. Por Deus, senhor! Ajude-me!

O jovem pregador compadeceu-se daquela mulher que se ajoelhava aos seus pés chorando convulsivamente. Encontrava-se ali um coração materno que exemplificava dedicação e amor constante ao filho doente. Lúcio Paulo compreendeu de pronto que aquela doença era da alma e não do corpo. Levantou a pobre mulher e, segurando-a pelos braços, falou olhando em seus olhos lacrimosos:

– Minha irmã! Teu sofrimento é real e tua intenção provém do mais puro amor de tua alma. O teu pobre filho tem a alma doente desde o teu ventre. Tem fé em Jesus que Ele irá libertá-lo. De minha parte, apenas posso pedir ao Senhor que opere o seu poder, para que tu e tua família tenhais aliviados os vossos sofrimentos.

Impondo as mãos sobre a cabeça do jovem possesso, Lúcio Paulo orou em voz alta, em sentida prece ao Senhor Jesus:

– Mestre Divino e Governador de nossos corações! Sabemos, Senhor, que nossas dívidas são imensas e que mais temos a pagar que a receber na contabilidade celestial. Não obstante reconhecermos a nossa pequenez e o nosso imenso saldo negativo diante de ti, não temos mais a que recorrer, se não for ao teu amparo amigo e à tua palavra suave e doce. Somente Tu, Senhor, sabes o que se passa em nossos corações sofridos e renitentes. Somente Tu, Senhor, podes nos compreender o passado, o presente e visualizar o futuro que nos aguarda. Quem somos nós para querermos julgar as ações daqueles que erraram no passado ou que erram agora, Senhor? Quem somos nós para culpar este ou aquele irmão, quando nós mesmos somos um repositório de pecado ao longo de nossa existência? Não, querido Amigo, não temos essa autoridade. Todavia, Senhor, encontramo-nos agora diante de um dos teus filhos amados, que provavelmente muito ama e muito é amado, mas que no momento está possuído por forças estranhas à sua consciência, que lhe fazem sofrer e que torturam o coração daqueles que o cercam com amor e dedicação. Não por nós que somos indignos, Mestre, mas por sua família, que sofre todos os dias, é que Te pedimos que perdoes esse pobre irmão, olvidando-lhe os pecados, mesmo que temporariamente, para que ele tenha a oportunidade de também Te louvar e agradecer!

O jovem, a cada frase da oração de Lúcio Paulo, mais se debatia e murmurava, como se estivesse amordaçado. Ao final da prece, emocionado e emocionando a todos os que lhe assistiam, o pregador de Jesus pegou no rosto do pobre menino e, olhando em seus olhos arregalados, disse em voz alta:

– Irmão! Em nome de Jesus Cristo, ordeno-te que saias daqui e sigas o teu caminho!

Imediatamente, uma forte convulsão tomou conta daquele rapaz, que caiu no chão desmaiado, sendo amparado por seus irmãos e por sua mãe, que choravam de emoção. Lúcio Paulo abraçou a velha senhora com os olhos cheios de lágrimas e lhe falou humildemente:

– Minha irmã, teu filho está liberto, mas é necessário que ele mantenha a mente voltada para o bem, evitando que o mal volte e com mais força. Sugiro que venhas com ele aos nossos cultos, quando ele poderá refletir sobre a sua vida e decidir o caminho que quer escolher. De tua parte, continua amando, pois pelo teu amor conseguiste a bênção da liberdade espiritual do teu filho. És nossa irmã querida e esta casa estará sempre aberta para receber-te.

– Senhor! Não tenho como te agradecer o carinho que não vejo nem em meus próprios filhos. Deus por certo opera em ti e Jesus com certeza te enviou como mais um profeta do bem. Seguirei teus conselhos e virei, a partir de hoje, com meu pobre filho, para que nossas vidas finalmente sejam mais felizes.

Os cristãos da igreja de Parisiorum impressionaram-se com o que chamaram de milagre do apóstolo Lúcio. Cada vez mais a fama de Lúcio Paulo se espalhava, não mais somente como pregador cristão, mas também como profeta e realizador de milagres de cura, pois que as cenas como a desse jovem possesso se repetiriam a cada culto, sendo o resultado semelhante para quem o procurava.

Enquanto as atividades evangélicas de Lúcio Paulo prosseguiam crescendo na região central das Gálias, as notícias que vinham da Germânia eram de que o filho de Galieno, Públio Cornélio Salonino, iniciava uma nova onda de perseguições aos cristãos radicados em Colônia Agrippina[17] e em seu derredor. Muitas famílias precisaram fugir daquela desenvolvida capital germânica, para não ter suas vidas ceifadas pelo governador. Diversos eram os relatos recebidos por Lúcio Paulo dos cristãos que procuravam abrigo na igreja de Parisiorum, descrevendo o ódio que Cornélio Salonino despendia gratuitamente contra as atividades desenvolvidas pelos seguidores do Cristo. A perseguição crescente no extremo norte do império chegou ao conhecimento de Domênico Lúcio, que a princípio estranhou o fato, mas depois se recordou de que o filho de Galieno convivera com seu avô Valeriano, por certo adquirindo o mesmo ódio que movia as perseguições do imperador na parte oriental de Roma. Tendo recebido uma carta emocionada de Lúcio Paulo, na qual o sobrinho lhe relatava a sua vontade de se estabelecer em Colônia Agrippina para tentar fortalecer a fé dos cristãos naqueles tempos de sofrimentos, Domênico Lúcio resolveu então ir até Roma para conseguir um salvo-conduto que impediria a continuidade da perseguição de Salonino, o que facilitaria o trabalho de Lúcio Paulo quando fosse se estabelecer na capital dos germanos. Assim procedendo, o velho cristão retribuiria ao sobrinho os esforços que o mesmo empreendeu, quando a sua viagem até Roma resultou na libertação da igreja de Lugdunum, livrando-o da morte certa pelas mãos de Póstumo Galo.

---

[17] **Nota da Editora**: atual Colônia (Alemanha).

Após cansativa viagem, ao chegar a Roma, Domênico Lúcio obteve êxito, tendo em vista que Galieno acabara de retornar de uma viagem ao Leste, ocasião em que, voltando em retirada, conduziu as tropas derrotadas de seu pai Valeriano que se insurgiram contra o comando de Máximo Macrino. Àquela altura dos acontecimentos, apenas tinha-se a notícia da prisão de Valeriano, mas não se sabia ao certo se ele havia sido morto, pois as informações chegavam sempre desencontradas. O imperador Galieno, no íntimo, sabia que seu pai já teria sido executado, mas ordenou a todos que continuassem a considerar Valeriano como imperador, até que ele, Galieno, se posicionasse oficialmente, após obter a certeza do que houvera ocorrido na Pérsia.

Naquele início de primavera do ano de 260 d.C., Domênico Lúcio foi recebido por seu amigo Galieno, depois de quase nove anos desde a última vez que se falaram, nas despedidas apressadas em Lugdunum, quando Valeriano assumiu o cargo de Governador da Réscia e Norisco. Os cabelos embranquecidos pela idade e pelas constantes preocupações com a segurança de sua igreja sensibilizaram o imperador Galieno, que se esmerou em atenção e respeito ao amigo, não obstante estar seu coração triste e amargurado pelas notícias a respeito da sorte de seu pai no Oriente.

– Querido amigo Domênico! Os deuses por certo te conduzem até a minha casa para que as tuas palavras, sempre sinceras e coerentes, possam trazer um pouco de paz ao meu coração angustiado.

De fato, o pregador de Lugdunum, ao avistar-se com Galieno, percebeu de pronto que os anos em que seu amigo assumiu o poder pareciam ter lhe causado muito mal, em face das alterações físicas que lhe modificavam o semblante, em comparação à última vez em que se viram. Galieno havia engordado bastante, possivelmente pela ansiedade do cargo, mas também, denunciava nos olhos fundos e escuros pelas olheiras, a fadiga pelo trabalho à frente do império, que lhe exigia constante atenção aos menores acontecimentos de relevância política, para que não sofresse pela traição, assim como sofreram os seus antecessores.

– Sim, senhor imperador. Estou aqui sempre disposto a levar a palavra amiga, que nunca é minha, mas do Cristo Jesus que nunca nos abandona.

– Pelo visto as atividades cristãs em Lugdunum voltaram ao normal, após o atrevimento de Póstumo em querer prender-te, já que tu te encontras a falar do teu mestre com a alegria de sempre.

– De fato, meu amigo. Minha vinda até aqui foi para agradecer-vos imensamente a generosidade, que tem nos proporcionado seguir em paz em nossa humilde igreja. Mas também, venho até a vossa nobre presença para mais uma vez vos implorar o auxílio quanto à intervenção sofrida por nossas atividades na Germânia, governada atualmente por vosso filho Públio Salonino.

Ao ouvir o nome do filho, Galieno olhou para Júlia Salonina, que acompanhava a audiência a pedido do imperador, imprimindo um ar de preocupação.

– Mas o que aconteceu com meu filho? – indagou Salonina preocupada.

– Que eu saiba, senhora, vosso filho está bem. Entretanto, infelizmente ele deve estar sob alguma influência menos feliz, pois iniciou uma perseguição injustificável aos nossos irmãos cristãos que moram em Colônia Agrippina e nos seus arredores, obrigando-os a cumprir o édito que o imperador Valeriano assinou. Centenas de pessoas estão fugindo da cidade, preferindo o estabelecimento em Parisiorum e em Lugdunum, onde ainda encontram certa liberdade religiosa, graças à vossa intervenção bondosa.

– Estranho o fato de Salonino estar agindo dessa forma, pois sempre demonstrei minha vontade em deixar os cristãos livres nessa religião que considero inofensiva – disse Galieno, pensativo. – Por certo, como disseste, meu filho deve estar agindo sob a influência de alguém, provavelmente do prefeito Silvano, que fora por muito tempo conselheiro de meu pai no Senado e que hoje está comandando as tropas militares naquela região.

– Confiamos em vossa bondade, senhor. Por isso vim rogar a vossa proteção no sentido de convencer vosso filho a nos deixar em paz, da mesma forma como nos encontramos em Lugdunum e em Parisiorum.

– Sim, claro. Não sairás daqui sem um salvo-conduto para que continues exercendo tuas atividades em qualquer lugar que esteja sob meus domínios. Não voltarei atrás em minhas convicções políticas sobre os cristãos. Continuo tendo a certeza de que o império declina por suas próprias forças, que estão contaminadas pela corrupção e pela ausência de valores morais, e não pela influência do Cristianismo.

Ainda conversaram os dois amigos sobre suas atividades e preocupações íntimas, quando relatou Galieno o seu pessimismo quanto à sorte de seu pai, deixando a entender a Domênico Lúcio que somente aguardava o momento certo para anunciar oficialmente a morte de Valeriano. Antes de iniciar a escrever o salvo-conduto, Galieno precisou se retirar para atender a uma situação de ordem administrativa que lhe reclamava urgência, pedindo a Júlia Salonina que fizesse companhia ao velho amigo das Gálias. Sempre muitíssimo educada, Salonina aproveitou a oportunidade para contar a Domênico Lúcio as suas impressões e suspeitas quanto à origem de Lúcio Paulo, relatando-lhe o encontro que tiveram naquele mesmo gabinete de audiências, em que tanto as impressões físicas quanto o seu sentimento de mãe confirmaram que o sobrinho do líder das Gálias era de fato o filho rejeitado por Galieno.

– Minha nobre senhora, bem o sabeis que sempre tive o máximo de respeito quanto ao relacionamento do imperador com Vossa Majestade, e que sempre procurei ajudar no que as minhas pobres condições me permitiam. O drama envolvendo o primeiro filho gerado no início de vosso casamento foi uma prova dura para vós e para o nobre Galieno, por isso, não poderia deixar de ajudá-los naquele momento difícil. Passados vinte anos, entretanto, parece-me que Deus quis vos abençoar com esse reencontro inusitado. Não posso mentir para a senhora, que tanto nos ajudou e tanto nos tratou e trata com deferências que não merecemos. Sim, minha amiga, aquele jovem que veio procurar bravamente Galieno para me salvar é, de fato, a criança que vós gerastes, mas que as circunstâncias o encaminharam para ser criado por minha cunhada Ana e por seu marido Agripa, na pequena Vila Antonia, nos arredores de Lugdunum. Ele cresceu sob os auspícios do Evangelho de Jesus e hoje é um dos principais pregadores cristãos de nossa região. Tal qual o apóstolo Paulo, ele sai de cidade em cidade fundando núcleos de nossa igreja onde eles não existam. Tomei a liberdade, na época, de não entregar o recém-nascido aos mercadores, temendo que ele fosse escravizado e sofresse o mesmo que eu sofri. Por isso, agi sob o comando de minha consciência, sem, no entanto, descuidar no sentido de evitar qualquer aproximação dele com a vossa família.

– Fizeste bem, senhor. O modo simples e ao mesmo tempo digno como ele se comporta demonstra que a sua criação foi a adequada. A forma como ele fala sobre os ensinos cristãos é de fato tocante. Lamento muito que meu filho Salonino esteja lhes causando problemas, por destoar dos pensamentos de Galieno quanto aos cristãos.

– Sim, minha senhora. Mas tenho a certeza de que agora o nobre governador vai amenizar seu ímpeto e nos deixar em paz. Além disso, Lúcio Paulo pretende fundar uma igreja em Colônia Agrippina e o salvo-conduto será de fundamental importância.

– Diz-me, senhor Domênico, achas que um dia poderás contar a verdade a Lúcio Paulo sobre a sua origem?

– Se houver uma utilidade para isso, creio que meu sobrinho é suficientemente maduro para conhecer a sua história, mantendo o necessário sigilo que resguarde a vossa família. Mas sem um motivo plausível, creio que o melhor é deixarmos as coisas como estão, evitando maiores desdobramentos.

Salonina baixou a cabeça e relembrou novamente todos os fatos do passado, emocionando-se ao pensar na vida sofrida que seu primeiro filho devia ter tido, comparada com o conforto que lhe era familiar desde sempre. Sentia uma vontade muito forte em querer contar a verdade ao filho, mas temia as consequências deste ato.

– Domênico, achas que seria útil aliviar meus remorsos de mãe falida, contando a verdade a Lúcio Paulo para lhe pedir o necessário perdão?

O velho pregador cristão compreendeu o sentimento angustiado daquela mulher, fruto não de um só momento, mas de anos de sofrimento íntimo, e que sua consciência lhe era juiz implacável, cobrando-lhe a respectiva reparação.

– A verdade é sempre o melhor caminho a seguir, minha senhora, mesmo nos momentos em que ela parece ser o menos adequado a escolher. Vossos sentimentos são justos, pois provêm de arrependimento e de vontade de reparação. Deus sempre valoriza aquele que se esforça em se levantar da queda e volta a caminhar para frente. Neste momento, dentro de vossas possibilidades, é isto que fazeis. Só não saberia como podereis contar-lhe a verdade, tendo em vista a distância que vos separa e também porque dificilmente Lúcio Paulo retornará a Roma, pois já decidiu trabalhar naquela região que cresce a olhos vistos.

– Se tu te comprometeres em entregar pessoalmente, posso escrever-lhe uma carta em que contaria a sua história, sem muitos detalhes, mas o suficiente para que ele soubesse que o meu desejo é que me perdoe o passado.

– Claro, minha senhora. Creio que dessa forma poderá ser feito. Comprometo-me em atender ao vosso justo pedido, pois isto é o mínimo que posso fazer em agradecimento a tudo o quanto vossa família já nos proporcionou.

Assim, enquanto Galieno voltava ao gabinete de trabalho para terminar a sua audiência com Domênico Lúcio, Salonina retirava-se para o quarto, a fim de redigir a carta na qual se apresentaria a Lúcio Paulo como sua mãe e lhe pediria perdão por tudo o que ela não pôde fazer por ele.

Os amigos ainda conversaram longamente naquele dia, quando Galieno fez questão de apresentar seu amigo e filósofo Plotino ao velho cristão, para falarem sobre a filosofia platônica. Domênico Lúcio pôde também falar de Jesus e de sua doutrina de amor, enchendo aquele ambiente de agradáveis vibrações. No outro dia, de posse do salvo-conduto e da carta sigilosa de Salonina, voltou às Gálias o amigo de Galieno, feliz pela missão cumprida e pelos bons momentos vividos naquela Roma, mesmo que, no íntimo, ele soubesse ser aquela a última vez que avistaria o lindo casal de amigos.

Quando retornou a Lugdunum, Domênico Lúcio ainda demorou-se algumas semanas em preparação de viagem, pois ele mesmo pretendia levar em mãos o salvo-conduto de Galieno que permitiria o funcionamento das atividades cristãs em toda a Gália e na Germânia. Além disso, pretendia também avistar-se com seu sobrinho para lhe entregar a carta de Salonina e lhe explicar as circunstâncias da época, evitando possíveis mal-entendidos e reações adversas por parte de Lúcio Paulo. As intenções elevadas de Domênico Lúcio, entretanto, foram frustradas por um acontecimento novo que mudaria o destino dos cristãos naquela região de domínio romano.

O general Póstumo Galo – que sempre fora gratuito desafeto de Galieno – desde o último episódio envolvendo a libertação do pregador cristão, em virtude do salvo-conduto expedido pelo imperador, encheu-se ainda mais de rancor, sentindo-se humilhado pelas admoestações formais que Galieno fez chegassem às suas mãos, em uma carta que acompanhava o documento de libertação da igreja de Lugdunum. Considerava o general Póstumo Galo já não haver mais motivos que o fizessem obedecer ao imperador Galieno, cujos atos julgava como maus exemplos, por desprezar as tradições romanas e agir em desacordo com o pensamento de Valeriano, tido por Galo como o verdadeiro imperador.

Movido por esses sentimentos que cresceram até se tornarem ódio doentio e desejo de vingança, aliados à ambição pessoal, Póstumo Galo decidiu rebelar-se contra o governo de Públio Galieno, principalmente quando os boatos da morte de Valeriano vieram a se confirmar. Reuniu a sua tropa do exército, que à época era a maior do lado ocidental do império, para declarar a região das Gálias livre do jugo romano. Todas as autoridades da região foram formalmente notificadas, sendo obrigadas a assinar um termo de reconhecimento, no qual aclamavam Póstumo Galo como o imperador da mais nova nação, chamada por todos de Império Galo ou Império das Gálias. Para ressaltar a sua vingança contra Galieno, o novo imperador determinou a prisão de todas as pessoas ligadas ao imperador de Roma, incluindo Domênico Lúcio, que teve a sua igreja invadida, fechada e destruída, sendo preso o líder religioso. Antes disso, porém, percebendo Domênico Lúcio que as ações de Póstumo Galo iriam descambar inevitavelmente para a sua prisão, resolveu designar um irmão de sua igreja e de sua confiança para substituí-lo na viagem até Parisiorum e até a Germânia, aonde deveria levar a carta de Salonina e o salvo-conduto de Galieno. Assim, um dia antes de Domênico Lúcio ser preso por ordem de Póstumo Galo, partira o jovem Plínio Marcos Venturo em direção ao norte das Gálias, para encontrar o pregador Lúcio Paulo.

Foram dias difíceis para a igreja de Lugdunum. Póstumo Galo fez valer todas as proibições contidas no édito de Valeriano, agora emitindo o seu próprio decreto de perseguição aos cristãos, dessa vez executando as determinações cruéis com mais ódio. Quinze dias após a prisão de Domênico Lúcio, determinou que todos os cristãos deveriam abjurar a sua crença e jurar lealdade ao novo império. Aqueles que assim não o fizessem, teriam os seus bens confiscados e seriam considerados inimigos do Império Galo, com a consequente prisão e execução. Centenas de cristãos foram obrigados a assinar o termo de reconhecimento e abjurar de sua crença para se manterem vivos. Entretanto, outras centenas se recusaram a abjurar Jesus, sendo levados às prisões do novo império. À medida que as celas iam amontoando mais prisioneiros, Póstumo Galo ia decretando a morte dos presos mais antigos, pois não tinha o interesse em manter nem a alimentação nem a vigilância de tantos presos, à custa do império e da constante atenção de suas tropas, respectivamente. Na primeira leva de executados, encontrava-se Domênico Lúcio e sua esposa Sílvia, que eram os líderes dos cristãos na cidade. Para exemplificar as suas intenções, Póstumo Galo decidiu que os dois seriam executados em praça pública, em um evento simbólico que contaria com a participação de todas as autoridades de Lugdunum e do próprio imperador das Gálias.

Assim ordenado, toda a população de Lugdunum amontoou-se na praça da cidade para assistir à primeira execução do governo de Póstumo Galo, que pretendia demonstrar pela força que seu novo império não toleraria qualquer atividade contrária às suas ideias. Naquele final de tarde chuvoso, a natureza parecia entristecida pelo ambiente de terror estabelecido na cidade. Pássaros chorosos entoavam seus cantos tímidos, enquanto o casal de prisioneiros era levado amarrado ao local da execução. Um ao lado do outro, procuravam se aproximar ao máximo para sentirem o calor recíproco pela última vez. Sílvia, apesar de visivelmente emocionada, com os olhos vermelhos pelas lágrimas abundantes, toda vez que dirigia o olhar ao seu marido, emitia um sorriso sincero, transmitindo a mensagem visual de que estava bem e que entendia que ali se processava seu testemunho ao Cristo Jesus. Domênico Lúcio, por sua vez, tinha a única preocupação de amparar a esposa, emitindo frases de incentivo e consolação, prometendo a ela que logo estariam juntos para viver a glória do reino dos céus.

– Meu amor! Tenhamos fé em Cristo e agradeçamos a oportunidade do testemunho diante de todos. Jesus nos prepara a viagem ao seu reino de paz, onde poderemos viver juntos para sempre!

O velho pregador falava com dificuldades pelas constantes estocadas que recebia dos guardas insensíveis e cruéis. Quando chegaram ao tablado de madeira, foram colocados lado a lado de frente para a praça. Póstumo Galo pessoalmente resolveu subir ao palco sinistro para apresentar-se como a autoridade responsável por aquela execução. A população reagia atônita, em um misto de perplexidade e surpresa, tendo em vista que em sua maioria conhecia a personalidade pacata, bondosa e caridosa daquele casal.

– Lugdunum testemunhará agora o início do movimento que farei limpar de nossas terras todas as atividades contrárias às nossas tradições. Livramo-nos de Roma e também devemos nos livrar de todos os vícios que a contaminaram e que a permissividade conivente de Públio Galieno exacerbou. A seita cristã é um desses vícios que destroem nossas famílias e nossos valores. Por isso, hoje, estes dois líderes cristãos servirão de exemplo para todos aqueles que ousarem descumprir as minhas ordens. À espada devem morrer estes vermes sacrílegos!

Afastando-se do palco improvisado de madeira, Póstumo Galo deu a senha aos carrascos para a execução do casal de cristãos. Dois soldados encapuzados se posicionaram ao lado de Sílvia e de Domênico Lúcio, os quais foram afastados um do outro para terem vendados os olhos. Os dois seguidores de Jesus sentiram um estranho torpor em suas mentes quando a proximidade da escuridão das vendas os forçou a se olharem pela última vez.

– Amo-te para sempre, meu amor! – disse Sílvia ao marido, em choro convulsivo.

– Eu também, minha querida! Confiemos em Jesus!

Ao invés de experimentarem as trevas das vendas, ambos os cristãos viram uma forte luz invadir o palco, quando apareceram dois seres espirituais radiantes, a sorrir-lhes, estendendo-lhes os braços.

– Sílvia e Domênico, vinde conosco, pois vivereis na glória excelsa do Senhor. Nosso amado Jesus ordenou-nos vir buscar-vos, para que vós, que fostes justos e bons, amando como Ele nos amou, participeis do grande banquete do reino dos céus. Trocareis agora o pão perecível pelo alimento do amor e da vida eterna!

O casal de cristãos viu-se livre das amarras das cordas que lhes doíam nas mãos, sentindo-se ambos aliviados e experimentando uma alegria intraduzível. Em um gesto inconsciente, Sílvia correu para seu marido, abraçando-o e beijando-lhe o rosto com carinho. Domênico Lúcio chorava como uma criança, desta vez precisando do amparo de sua esposa. No ápice do seu choro, ajoelhou-se no tablado de madeira, aos pés de sua mulher e dos seres espirituais, juntando as mãos para orar agradecido.

– Oh! Senhor de infinita bondade e misericórdia! Que fiz eu, pobre e ignorante ser, para merecer tão grande ventura? Quem sou eu, Senhor, para que Tu dediques um segundo do teu valioso tempo em consideração a este trapo humano, que não chega nem perto da sublimidade do teu exemplo? Obrigado, Jesus, pela tua imensa misericórdia. Por teres me dado esta mulher santa a acompanhar-me os passos em minha vida pobre e também na hora de minha morte. Por ela, Senhor, agradeço-Te. Obrigado, Senhor!

Ao final da prece de Domênico Lúcio, Sílvia também já se encontrava de joelhos, abraçando seu esposo. Os dois foram amparados pelos espíritos de luz que os levantaram e os abraçaram ternamente.

– Vamos, irmãos. Deixemos este lugar. Necessitamos retornar!

– Mas o que será de nossa igreja? – perguntou Domênico Lúcio, ainda chorando.

– Domênico, tuas preocupações são reais e provêm do teu coração paternal e bondoso. Mas os planos do Senhor para a Humanidade estão sendo cumpridos. Deixemos que o livre-arbítrio dos homens seja respeitado. A cada um será dado conforme as suas obras. A Igreja do Cristo não é circunscrita nem por prédios, nem tampouco por divisas territoriais.

Ela está em todo o mundo e, um dia, habitará o coração de cada homem e de cada mulher que aqui vier a viver. Por ora, voltemos, pois o teu trabalho está apenas começando.

Domênico Lúcio parou de chorar, mas emocionou-se ao olhar para trás e ver o seu corpo e o de sua mulher estendidos no madeiro, sendo alvos da curiosidade da turba inflamada. Mentalmente, fez uma prece de agradecimento por aquele veículo carnal, pelo qual pôde viver por mais de setenta anos. Partiu, então, a pequena caravana espiritual rumo ao infinito, enquanto na Terra os homens continuavam suas jornadas evolutivas, ainda desabrochando na compreensão das verdades espirituais pelos ensinamentos de Jesus, que, apesar de tudo, espalhavam-se a cem por um, como Ele mesmo havia profetizado.

COLÔNIA AGRIPPINA

CAPÍTULO XI

Em Colônia Agrippina, ao mesmo tempo em que Domênico Lúcio e sua esposa eram submetidos à força das espadas de Póstumo Galo, Lúcio Paulo se estabelecia na pequena comunidade cristã da Germânia. Por causa das perseguições de Públio Cornélio Salonino, as reuniões se tornaram esparsas e em variados lugares, sempre sigilosos, para não chamar a atenção do governador Salonino e principalmente do prefeito Silvano, que era seu braço direito nas investidas anticristãs. Em uma dessas reuniões escondidas, Lúcio Paulo ensinava a importância do perdão naqueles dias de provas pelos quais passavam os cristãos de Roma.

– Para Deus, meus irmãos, como nos ensinou Jesus, o perdão deve ser irrestrito e infinito. Por mais que soframos as torturas físicas e mentais; por mais que a traição por meio de seres amados nos encontre desprevenidos; por mais que a mentira seja descoberta por nós, desvendando a verdadeira face dos que nos cercam; por mais que experimentemos a humilhação e a vergonha pela ação de outrem que se move pelo desejo de vingar-se; por mais que o erro alheio pareça ser tamanho que nossas forças espirituais se recusem à prática da misericórdia, Deus nos concita a perdoar sempre. Aquele que comete o mal e peca deliberada ou inconscientemente contra nós aprisiona-se ao seu erro até que encontre a porta da liberdade pela reparação, que é o pagamento do último ceitil o qual ensinou Jesus. Ao agir pela reparação, o devedor se quita com a sua consciência e habilita-se a seguir adiante, de coração limpo. De nossa parte, ao sermos vítimas do irmão pecador, que muitas vezes nos surpreende pela inesperada traição ou maldade, temos duas opções a seguir: a porta do perdão e do esquecimento ou a porta do sentimento do ódio e da vingança. Muitas vezes, quando nos deixamos invadir pelo ódio e pela vingança, tornamo-nos mais prisioneiros que os nossos próprios algozes, pois em todos os momentos estaremos pensando doentiamente em uma forma de nos vingar, querendo honrar o nosso amor-próprio, que julgamos ferido. Enquanto assim pensamos, estacionamos na lama de nossas fraquezas, prejudicando a nossa caminhada rumo ao reino dos céus. Quase sempre, aquele que pecou contra nós se liberta antes, seja em reparação do mal, seja por nos implorar o perdão que o negamos. Quando decidimos sinceramente perdoar nossos algozes, quebramos as algemas que nos prendem àquele erro, libertando-nos para sempre daquela prisão mental. Por isso, ao contrário do que muitos pensam, o perdão ao erro do próximo não é simplesmente um gesto de bondade aos outros, mas sim o exemplo de amor a si mesmo. Quando assim decididos, tornamos nossa alma livre para elevar-se rumo à glória de Deus.

O jovem pregador prendia a atenção de quase cem ouvintes, que se amontoavam naquela catacumba escura, que se iluminava com as luzes do Cristo. Em dado momento, foi interrompido por uma velha senhora, que chorava ouvindo as palavras de Lúcio Paulo, quando se aproximou para dizer:

– Meu filho, vejo que és um santo de Deus, pois as tuas palavras parecem amolecer meu coração endurecido pelo ódio a esses novos governantes romanos. Hoje, não tenho mais vontade de viver, pois meu marido e meu único filho foram mortos pela perseguição injustificada que atualmente sofremos. Vim até aqui para dizer-lhes que não aguento mais a solidão e que me inclino a seguir as vozes que invadem a minha mente, sugerindo-me o suicídio, para que me encontre com meu amado filho e meu amado marido. Confundes-me a cabeça agora, ao me falar desse perdão infinito. Por Deus! Existirá perdão para esses homens cruéis que nos tiram a réstia de felicidade no mundo?

O choro daquela velha senhora dramatizava ainda mais as suas palavras, ditas em tom de histérica súplica. Ninguém na pequena assembleia ficou impassivo, todos se deixaram emocionar com o sofrimento justificado da pobre viúva. Lúcio Paulo não ficou indiferente à emoção do momento. A cada palavra daquela senhora, parecia que dardos pontiagudos eram enfiados em seu coração, tamanha a dor que experimentava ao ouvir o choro sentido da cristã desesperada. De fato, ela experimentava o nível mais difícil da experiência de perdoar.

– Minha irmã, venha aqui abraçar-me, pois, neste momento, quero ser o teu filho amado, ousando substituí-lo, nem que seja por um segundo, em teu coração sofrido. Quem sou eu, doce mãe do sofrimento, para ter a ousadia de te pedir que perdoes, se não posso nem chegar a imaginar como deve ser a dor de uma mãe, quando perde, seja da forma que for, um filho amado? Não posso sequer pensar qual a extensão da tua dor, quando relembras, por certo com imenso carinho, os momentos que viveste com teu filho, desde a sua gestação até o teu último carinho por ele. Certamente fruto do teu amor por teu marido, teu filho fora a alegria da tua casa, quando brincava a correr pelos cantos, no sonho infantil de todas as crianças e cuja pureza nos encanta a todos. Com certeza ele também deve ter sido o teu amparo e tu o dele, nos momentos difíceis que todos experimentamos um dia na vida. De minha parte, boa senhora, não tenho nada a oferecer-te, a não ser o meu abraço afetuoso de filho, colocando-me à tua disposição para amparar-te como eu puder. Não obstante, convido-te a refletir comigo na lição do Evangelho de Nosso Senhor, que é o farol de nossas vidas e o consolo de nossas dores, sejam elas quais forem.

O gesto acolhedor de Lúcio Paulo sensibilizou aquele coração de mãe, que prontamente dispôs-se a receber o esclarecimento que aliviaria as suas dores. O jovem pregador, então, como se desenrolasse o pergaminho de Mateus em sua própria mente, passou a considerar:

– Meditai no exemplo de Maria, a santa mãe de Jesus, quando acompanhou passo a passo o calvário de seu filho amado, tendo, ao mesmo tempo, que testemunhar, perante os algozes do fruto de seu ventre, a mais cruel e injusta execução que a Humanidade já viveu, como também que vivenciar, na prática, os ensinamentos do seu filho-mestre, que dizia para perdoar seja em qual circunstância fosse. Imaginemos a luta interior da mãe-protetora com a mãe-seguidora, que certamente a fez chorar mais intensamente as dores do filho morto. Maria é o exemplo que em minha pobre memória aparece para tentar te abrandar o coração, fazendo-te o convite para a necessária reflexão. Como deve ter sido imenso o sofrimento daquela mãe ao ver tamanha injustiça se processar na mente humana! Logo Jesus, que era santo, que não tinha pecados, que desde pequenino ensinava e praticava o bem, que curava os doentes do corpo e da alma, que pregava a bondade, a paz e o perdão, que praticava a justiça, que amava a todos e que amparava os pobres, os desvalidos, os famintos e os discriminados. Ele que, torturado, humilhado e crucificado, não tinha um só motivo para sofrer o que sofreu, mas, ao final, exemplificou a máxima experiência do perdão humano, ao dizer: "Pai, perdoa-lhes, pois eles não sabem o que fazem"[18]. O choro sentido de Maria, ao colocar o corpo inerte do seu filho no colo pela última vez, por certo se equipara ao teu, minha amada senhora. As vossas dores certamente são iguais, nesse sentido da perda que somente as mães podem sentir. Entretanto, mesmo com tamanha dor no coração, outro sentimento da mãe de Nosso Salvador não foi senão o perdão irrestrito. Apesar de saber que Jesus era santo e inocente, Maria também deve ter se colocado na posição das mães dos algozes do Cristo de Deus. Aqueles que O julgaram, aqueles que O condenaram ou mesmo aqueles que executaram a sua sentença, certamente também possuíam um coração de mãe que estava por eles a velar, a sofrer e a ampará-los no momento que precisassem. Elas também amavam os seus filhos e por eles também Maria deve ter orado, ao perdoar aqueles que vilipendiavam o nome de seu filho Jesus. Por isso, minha mãe

---

[18] **Nota da Editora**: Lucas 23:34.

amada, oremos a ela, que sofreu as dores de cada chibatada, de cada prego e de cada palavra humilhante aplicada ao seu amado filho, mantendo, contudo, o sentimento do perdão que aprendeu com o Mestre Jesus.

O pregador cristão segurou as mãos trêmulas da velha senhora, fechando os olhos para melhor concentrar-se, dizendo em voz alta, para que todos o acompanhassem em pensamento:

– Oh! Maria, mãe excelsa e santa de todos nós! A maioria dos que estamos aqui, mãe santíssima, nem sequer consegue imaginar a extensão de teus sofrimentos íntimos, quando viste teu filho amado, justo e inocente, estirado em teu colo, com o corpo cravejado pela ignomínia humana, no auge da ignorância espiritual. Não, mãe santa e gloriosa, quase todos nós não conseguimos alcançar a tua dor vivida naquele momento de trevas da experiência humana no mundo. Entretanto, doce mãe excelsa, eis aqui dentre nós um coração de mãe que pode dialogar com o teu coração em quase mesmo nível de experiência dolorosa. Somente tu podes ampará-la, Senhora, envolvendo-lhe o coração com o necessário amor pela vida e com o libertador perdão aos inimigos. Digna-te, santa mãe, a receber esta pobre mãe sofredora e perdida, orientando-a no caminho do bem, protegendo-a de todo o mal e das sugestões do espírito maligno, que certamente deseja que ela sofra ainda mais. Ajuda-a, Maria, para que ela siga teus exemplos e passe a ver em toda a Humanidade, em cada pessoa necessitada e desamparada, um filho amado, ou um marido fiel. Como tu, ela também perdeu um filho, mas passou a ganhar infinitas possibilidades de amparar os filhos de outros ventres e assim honrar a memória de seus parentes, mortos como mártires de nossa comunidade, e que hoje temos a certeza absoluta de que comungam com Jesus a glória do reino dos céus. Sê conosco, Maria Santíssima, e recebe-nos como teus filhos amados e sempre necessitados do teu infinito amor!

Ao final da prece, o ambiente encontrava-se radiantemente iluminado por seres angelicais que envolviam Lúcio Paulo e a velha senhora, que se acalmara aos poucos, não obstante chorar sentida, agora não mais pelo ódio, mas pela emoção da visão espiritual que estava tendo.

– Meu filho e meu marido! Eu estou vendo meu filho e meu marido! Filho meu, quanta falta que você me faz. Meu velho, como eu te amo!

A assembleia de cristãos imediatamente se ajoelhou ao ver materializadas as figuras radiantes do filho e do esposo da velha senhora, quando uma luz irradiava-se partindo da cabeça de Lúcio Paulo, envolvendo as entidades espirituais.

– Mamãe, perdoa e segue amando! Estamos bem e aguardamos a tua chegada, após completares a tua missão, que é amar a todos os que te cercam, assim como nos amaste. Perdoa e ama, minha mãe, pois nós também continuamos a te amar eternamente.

– Sim, meu filho, seguirei os teus conselhos e saberei esperar a minha vez de estar na glória de Deus, onde irei reencontrá-los!

As luzes espirituais foram diminuindo, enquanto todos emudeciam maravilhados pelas bênçãos de Deus, operadas pela força daquele jovem pregador. Lúcio Paulo saiu do transe em que se encontrava e voltou a falar, dando caminhos de encerramento às suas palavras.

– Sim, minha senhora. Hoje fomos todos abençoados pela bondade de Deus, para que fortalecêssemos nossa fé nestes tempos difíceis. Porém, tu, em especial, recebeste tripla bênção, quando, além dos ensinamentos, pudeste ver teus amados entes, certificando-te de que em verdade ninguém morre, como também, a partir de agora, tens a oportunidade de exercitar o perdão e o amor verdadeiro, não somente pelos teus parentes, mas por todos aqueles que te cercam a curta existência de uma vida. Vai, minha mãezinha, ama e perdoa!

Aquela noite tornou-se inesquecível na memória daqueles que a vivenciaram. Rapidamente a notícia correu de boca em boca, confirmando a fama de Lúcio Paulo como o novo profeta de Jesus. Tal notoriedade também chegou aos ouvidos das autoridades de Colônia Agrippina, que passaram a ter o sobrinho de Domênico Lúcio como o principal alvo a ser destruído e eliminado do seio daquela comunidade cristã.

Nos dias seguintes à assembleia cristã, uma nova onda de perseguição foi iniciada pelo prefeito Silvano, agora com o objetivo de prender o novo pregador, cujos feitos haviam chegado ao conhecimento do governador Salonino. Muitas casas foram violentamente invadidas à mínima denúncia de que houvesse a possibilidade de Lúcio Paulo estar escondido em uma delas. Diversos cristãos foram presos e torturados, a fim de que revelassem o paradeiro do jovem pregador. Incomodado com a situação, Lúcio Paulo decidiu se entregar, a contragosto da comunidade cristã, apresentando-se de espontânea vontade ao prefeito Silvano, com a condição de que cessassem as perseguições às famílias cristãs da Colônia Agrippina. Para sua surpresa, entretanto, o prefeito Silvano reagiu com violência, considerando a exigência como uma afronta à autoridade de Roma.

– Quem és tu para impor condições a Roma? És traidor de nossas tradições e verme feiticeiro, que ilude nossos patrícios pelo embuste e pelas palavras fáceis! O que mereces mesmo é a morte!

Dessa forma sendo recebido, Lúcio Paulo foi levado às celas de Colônia, ficando isolado dos demais presos para evitar um levante ou qualquer reação dos cristãos. Apesar de não atender às condicionantes de Lúcio Paulo, o prefeito Silvano, na prática, acabou por interromper as perseguições, quando passou a se concentrar na forma como iria ganhar prestígio junto ao governador Salonino, pelo fato de ter conseguido prender o líder cristão procurado. Silvano decidiu manter em segredo a prisão de Lúcio Paulo, pois queria fazer uma surpresa a Salonino durante a festa que estava preparando em homenagem ao governador.

As notícias da rebelião de Póstumo Galo ainda não haviam chegado ao conhecimento da Colônia Agrippina, mas o novo imperador das Gálias preparava-se para subir ao norte e dominar Lutetia Parisiorum e depois a Germânia. O imperador Póstumo Galo tinha especial interesse em pessoalmente invadir a Germânia, pois eliminar o filho de

Galieno seria para ele uma grande vitória, quando se vingaria por ter sido obrigado a libertar a igreja cristã após cumprir o édito do então imperador Valeriano, fato que considerou uma humilhação. O jovem Plínio Marcos, que era portador da carta de Júlia Salonina a Lúcio Paulo e do salvo-conduto expedido por Galieno, conseguiu chegar à Colônia Agrippina três dias após a prisão do líder cristão, que se encontrava completamente isolado, sem poder receber visitas. Todas as suas tentativas de se encontrar com o pregador cristão foram frustradas pela intransigência dos comandados do prefeito Silvano. Como não podia revelar o real motivo de querer avistar-se com Lúcio Paulo, que era lhe entregar os documentos imperiais, Plínio Marcos passou a fazer vigília próximo à prisão onde se encontrava o pregador das Gálias, decidido a invadir o local caso percebesse que Lúcio Paulo estivesse sendo levado para ser executado.

Na prisão, o sobrinho de Domênico Lúcio foi tratado com sarcasmo pelos soldados romanos, sendo diariamente humilhado e torturado, de acordo com as ordens de Silvano. O pregador do Evangelho sentia que o momento do testemunho ao Cristo estava se aproximando, e permanecia calado, em prece, o que deixava ainda mais irritados os seus algozes.

No dia da festa preparada por Silvano, Plínio Marcos conseguiu obter a informação de que Lúcio Paulo seria apresentado a Salonino, o que pensou ser excelente oportunidade de entregar a carta da mãe do governador, mesmo que tivesse que ser preso pela invasão do recinto. Assim decidido, deslocou-se da prisão às imediações do grande salão onde seria realizada a festa do prefeito, aguardando o momento em que todos estivessem no local para se apresentar como portador de documentos da imperatriz e do imperador.

Os preparativos da festa foram detalhadamente executados pelo prefeito Silvano, que se esmerou em propiciar uma noite em que todos os convidados se sentissem na própria capital romana. Artistas foram contratados, lutadores foram convocados para se exibirem ao governador e muitas escravas dançarinas e atrizes-cortesãs foram designadas para divertir e satisfazer as vontades dos convidados. O ponto ápice da noite seria a apresentação, por parte de Silvano, do famoso prisioneiro cristão, que era o troféu com o qual o prefeito pretendia conquistar homenagens de reconhecimento do governador Salonino. Toda a sociedade de Colônia Agrippina e autoridades de outras cidades próximas ficaram surpresas com tamanha riqueza nos detalhes da festa, decorada com guirlandas de flores e tochas de luz. A quantidade de comidas, bebidas e de serviços envolvidos no evento era de espantar. Mais de trezentos convidados testemunhavam a mais grandiosa festa que Colônia Agrippina havia realizado. Salonino, que era o centro das atenções, não cansava de elogiar o prefeito Silvano pela organização, enchendo o anfitrião de orgulho pelo êxito alcançado.

– O nobre Silvano por certo deve ter empenhado muitas moedas neste evento grandioso, que muito me honra – disse Públio Salonino, em tom de elogio.

– Sim, meu governador. Mas não precisei esvaziar os cofres do vosso governo, pois contei com a compreensão de muitos dos convidados ricos de nossa Germânia, que não colocaram dificuldades quando souberam que este evento era em vossa homenagem.

– Dessa forma, a festa fica muito mais interessante! – respondeu Salonino, brindando com Silvano mais uma taça de vinho.

Após quase uma hora e meia de apresentações artísticas e de exibições de lutas à moda romana – quando todos os convidados encontravam-se no ápice da afloração dos sentidos pelos estímulos mundanos das insinuações dos escravos e escravas, das dançarinas e particularmente das atrizes-cortesãs – o prefeito Silvano, então, decidiu apresentar o que chamou de uma singela homenagem ao governador Salonino. A uma ordem sua, os guardas trouxeram o jovem Lúcio Paulo ao salão, amarrado pelas mãos, em condições deploráveis. Completamente sujo e maltrapilho, evidenciando escoriações pelo rosto e pelos braços, causadas por dias seguidos de torturas, com a barba e cabelos crescidos e mal cuidados, o pregador cristão foi obrigado a ajoelhar-se e baixar a cabeça diante do governador da Germânia.

– Magnânimo governador Salonino, não vos anunciei antes a prisão deste homem que há muitos dias vínhamos perseguindo, para aproveitar este momento e homenagear o vosso governo, que certamente nos trará prosperidade e alegrias. Este que aqui se curva diante de vossa autoridade é o famoso pregador e líder cristão do qual lhe falei, cujos sortilégios e feitiçarias têm iludido milhares de romanos desprecavidos e ingênuos, arrastando-os para as fileiras da seita sacrílega e ilegal do Cristianismo. Trata-se de Lúcio

Paulo, conhecido por toda a Gália e agora pela Germânia, e cuja ação, em determinação às vossas ordens, foi estancada de vez, frustrando as intenções criminosas deste homem que insiste em arruinar nossas tradições. Ei-lo aqui, diante de vós, para que decidais o que fazer, determinado o gênero de morte que desejais executar, a fim de que este líder cristão seja um exemplo para os demais.

Salonino realmente recebeu a homenagem de seu prefeito com surpresa, mas satisfeito pela eficiência demonstrada por seus liderados. Evidentemente que Silvano não deixou transparecer que, em verdade, foi o próprio Lúcio Paulo que se entregara, para que o seu mérito não fosse desvalorizado.

– Excelente, meu nobre Silvano! De fato provais mais uma vez a vossa competência, quando cumpris a determinação de aniquilar da Germânia esses traidores de Roma. Não obstante, estamos em um ambiente de festa e creio que o senhor Lúcio Paulo não está devidamente trajado para se apresentar a mim e aos nossos dignos convidados. Soube que ele anuncia entre os cristãos um reino onde o Cristo é o soberano. Ora, se este homem é um embaixador de um reino, que receba de nós as honras de uma autoridade. Silvano, levai-o daqui e vesti-o adequadamente, para que eu possa dar-lhe um fim digno de uma autoridade inimiga!

O sarcasmo de Salonino surpreendeu até mesmo o prefeito Silvano, que, a princípio contrariado, ordenou que três cortesãs levassem o pregador para ser cuidado e posteriormente trazido de volta ao salão. Os convidados riram-se da atitude de Salonino, aplaudindo as suas ordens que humilhavam ainda mais Lúcio Paulo e sua representatividade perante o mundo. Levantado à força pelos guardas, o pregador das verdades do Cristo foi levado a uma sala anexada ao grande salão, onde ficou acompanhado das três atrizes-cortesãs. A mais nova delas, indignada, protestou pela situação em que se encontravam, reclamando de sua própria sorte.

– Era só o que nos faltava. No auge da diversão da festa, quando nos apresentávamos para conquistar aqueles belos oficiais romanos, eis que nos encontramos a ter de cuidar deste pobre homem condenado a morrer!

– Não reclames, Helena, e trata de te apressar no cumprimento das ordens, mesmo que sejam estranhas e inusitadas. Quanto mais rápido as cumprirmos, mais rápido voltaremos aos nossos clientes – respondeu Plutarca, a atriz mais velha do grupo.

A terceira atriz, entretanto, chamada Lúcia, estava sensibilizada pelas condições em que se encontrava aquele belo homem cristão. Ao cuidar das feridas expostas em seu rosto inchado, para que ele se apresentasse de forma mais digna, a jovem atriz perguntou com ternura:

– Pelos deuses, meu senhor! O que fizeste para que te tratassem assim com tamanha crueldade? Onde está o teu Cristo agora? Por que não pedes para que ele venha te salvar da morte certa que te aguarda?

Lúcio Paulo, que se mantinha em silêncio, mas colaborando para que as mulheres não perdessem tempo em arrumá-lo, sentiu que aquela pergunta também era oportuna, no sentido de que aquelas três mulheres que se encontravam perdidas no mundo dos homens pudessem ouvir um pouco dos ensinamentos do Cristo.

– Enganas-te, minha boa Lúcia, pois o próprio Cristo me permitiu estar aqui. O que pensas ser a minha condenação é na verdade a forma pela qual Jesus me liberta do mundo e de minhas próprias imperfeições.

– Como sabes o meu nome? – perguntou espantada a jovem atriz. – E que Senhor é esse que entrega o servo à morte humilhante?

– Quem me disse o teu nome foi uma senhora de cabelos alvos, que sorridente está ao teu lado, em espírito, solicitando que eu te fale de Jesus.

– O que dizes?! Seria a minha mãezinha que enfim veio me visitar? – perguntou Lúcia com lágrimas nos olhos, olhando para os lados.

– Sim, é ela! – confirmou Lúcio Paulo, após se certificar com a entidade espiritual ali presente. – Ela diz que chegou a tua hora de também conhecer o Cristo Jesus.

– Então, pelos céus, diz-me o que tens a dizer!

– Por certo desvairas, Lúcia! – disse Plutarca, repreendendo a amiga. – Tu também vais te deixar iludir pelas feitiçarias desses cristãos?

Lúcio Paulo, que estava sentado no meio das três atrizes, levantou-se e passou a olhar profundamente nos olhos arregalados e fortemente maquiados das suas assistentes. Todas elas, principalmente as duas mais renitentes, sentiram uma força estranha a lhes envolver a mente, obrigando-as a ficar em silêncio e enchendo-as de uma emoção sem motivo aparente, mas que as faziam lagrimar. O jovem pregador, então, dirigindo o olhar fixo primeiramente à jovem Lúcia, falou mansamente:

– Minhas irmãs, em vossas curtas existências nesta vida, habituastes-vos aos palcos do mundo, onde utilizais de forma equivocada os talentos de vossas sensibilidades para a arte ofertada por Deus. Quando deveríeis vos voltar para a divulgação de sentimentos nobres, decidistes utilizar vossas habilidades para a manifestação dos sentimentos mais baixos dos homens, no estímulo aos sentidos pelo prazer mundano e infeliz. Em eventos como este, vos humilhais, entregando-vos a esses homens que mais se assemelham aos animais, quando se tornam cegos pela satisfação de seus instintos mais doentios. Hoje, porém, o Cristo Jesus vem ao vosso encontro, para vos anunciar o início de vossa regeneração. O que chamais agora de sortilégio é a mais pura manifestação de seu amor, quando vos convida a que venhais fazer parte do verdadeiro espetáculo da vida, que é a transformação íntima de cada um de nós, por meio da arte de amarmo-nos uns aos outros, assim como Jesus nos amou. Não mais os palcos sombrios do erro e do abismo em que vos encontrais, mas sim as luzes eternas e os aplausos do Alto por vossos esforços em vos melhorar constantemente. Não mais a criação artística para exacerbar os sentidos humanos em troca do pão perecível, mas sim a execução da arte que desperta sentimentos elevados de estímulo à prática do amor universal, que transforma e edifica. Talvez hoje ainda não vos inclineis a essa transformação que é essencial em vossas vidas, pela dureza ainda presente em vossos corações, mas dia virá em que utilizareis este momento como o marco do vosso encontro com o Cristo, para que decidais, por fim, engajar-vos em sua companhia de arte divina, transmitindo àqueles que vos assistirem, a manifestação das belezas eternas de Deus, por intermédio dos vossos santos talentos. Lembrareis, a partir de agora e para sempre, o santo nome de Jesus, o qual passareis a respeitar para a vossa salvação!

As três amigas choravam sem compreender o porquê, diante da força das palavras de Lúcio Paulo. Jamais sequer haviam pensado que aquela atividade artística que exerciam, discriminada pela sociedade, pudesse ter importância como elemento de transformação do mundo, como anunciava o pregador cristão. Tentavam sair da espécie de transe em que se encontravam, mas debalde esforçavam-se, permanecendo apenas fortemente emocionadas. Lúcio Paulo compreendeu a angústia daquelas pobres mulheres, abraçando-as, uma a uma, para depois finalizar suas palavras.

– A surpresa na qual vos encontrais deve ser para que vossos corações compreendam que acima dos homens existe a santa vontade de Deus, que a todos nós preside e ordena. Vossas vozes, a partir de agora, serão convidadas a cantar louvores a Deus; vossos corpos, traduzidos em gestos e expressões diversas, deixarão pouco a pouco os palcos do mundo, para atuarem nas fileiras dos palcos de Deus, que verdadeiramente vos conduzirão para a glória entre os homens, arrancando-lhes não mais aplausos ocos e vazios, mas sim a vontade de amar e de se transformar para o bem. Lúcia, Plutarca e Helena, o Cristo chegou para vós, como verdadeiro artista divino, abrindo-vos as cortinas do mundo, ofertando-vos o palco da vida, para que vós encontreis a felicidade que há tanto tempo sonhais encontrar!

Ao finalizar suas palavras, Lúcio Paulo voltou a sentar-se, deixando as três amigas desvencilharem-se, ao poucos, do transe em que se encontravam. As reações das atrizes-cortesãs foram diversas, exprimindo o estágio espiritual em que ainda estacionavam.

– Feiticeiro! Confirmas toda a tua fama quando nos aprisiona mentalmente com essas palavras estranhas e impossíveis – acusou Plutarca, a mais velha, retirando-se da pequena sala para chamar os guardas.

– Tens razão, Plutarca! Este homem por certo usa de sortilégios para nos enganar. Onde já se viu, sermos seduzidas pelas palavras desse feiticeiro. Deves realmente morrer, cristão imundo! – falou Helena, a mais jovem, cuspindo no rosto de Lúcio Paulo, que não esboçou qualquer reação.

– Senhor, perdoa as minhas pobres amigas, pois elas não te compreendem. Por certo és um enviado dos deuses e não mereces esta morte infame. Tuas palavras são belíssimas e me fizeram transportar para um mundo estranho, onde eu pude me ver em palcos iluminados e coloridos, suntuosos e repletos de pessoas que me assistiam emocionadas. Eu falava desse Cristo que tu anuncias e que ainda não conheço. Quem é esse Cristo, meu senhor, que me faz chorar só pela citação de seu nome?

– Sim, minha boa Lúcia. O Cristo Jesus é o filho do Deus único do mundo, que a tudo preside em nossas vidas e que jamais nos desampara. Hoje, por certo, não poderei falar do Cristo como eu gostaria, pois os guardas já se encaminham até aqui, para me levar diante da justiça dos homens.

Entretanto, a partir de agora, já podes sair pelo mundo em busca de conhecer melhor o Cristo Jesus, e iniciar, assim, a tua jornada gloriosa rumo ao sucesso nos palcos divinos. Aproveita a oportunidade, minha irmã, e atua no mundo, amando verdadeiramente assim como Jesus nos amou. Vai e sê feliz!

Quando a jovem Lúcia tentou falar mais, em agradecimento ao momento ímpar em que estava tendo a oportunidade de viver junto à figura terna daquele jovem cristão, foi surpreendida pela entrada abrupta dos soldados romanos, que levantaram violentamente Lúcio Paulo, amarrando-o novamente e empurrando-o em direção à porta.

– Vamos, verme imundo, o governador vos aguarda!

Lúcia olhou pela última vez nos olhos azuis de Lúcio Paulo, emocionando-se. Com este olhar, despediu-se daquele homem que lhe apresentou Jesus Cristo, momento mágico que ficaria eternamente guardado em sua memória.

Lúcio Paulo foi levado rapidamente pelos guardas até o salão de festas, sendo posicionado diante do governador, que, na oportunidade, estava ladeado por Silvano e outras autoridades e por convidados importantes da região. Tendo sabido do que ocorrera junto às atrizes que estavam arrumando o cristão, Salonino iniciou aquele momento de forma mais dura, em contraste às primeiras palavras proferidas quando o recebeu:

– As tuas atitudes de feitiçarias parecem que não escolhem lugar e hora para serem realizadas, visto que até estas pobres mulheres foram vítimas dos teus sortilégios quando lhes dominou as mentes para tentar, por certo, fugir daqui. Já que a tua audácia chega a tanto, por que não utilizas os teus ditos poderes agora, para te libertares da morte da qual certamente és merecedor?

Lúcio Paulo não reagiu às provocações sarcásticas do governador, permanecendo calado e imóvel, mas mantendo o olhar fixo nos olhos de Salonino, como se respondesse mentalmente ao seu inquisidor. A autoridade máxima da Germânia irritou-se com a indiferença do cristão, levantando-se em sua direção para lhe desferir um soco que abriu novamente filetes de sangue no rosto do pregador cristão.

– Pensas que a tua audácia passará incólume, verme maldito? Pois saibas que não sossegarei enquanto não eliminar o último cristão de nossas terras, para extirpar de uma vez todas as mazelas que a proliferação desta seita criminosa tem causado em nossa Roma!

O jovem seguidor de Jesus virou o rosto ao ser atingido, mas logo voltou a mirar os olhos de seu algoz. Estavam agora a dois palmos de distância um do outro.

– Enganai-vos, senhor, ao pensar que com a força podereis eliminar o Cristo da Terra, pois Nosso Senhor Jesus não habita os lugares físicos, mas sim os corações e as mentes das pessoas que o amam, sendo esses lugares íntimos de cada um, o reino onde Ele preside e governa. Lá, a força do vosso exército é insignificante e toda a vossa honra não passa de mísera pobreza, digna da piedade do mais simples cristão do mundo. O Cristo Jesus já plantou as sementes do seu Evangelho pelo mundo e elas dão frutos incontáveis. Nenhuma força humana será capaz de conter o crescimento dessa lavoura santa que um dia fará com que todos os impérios efêmeros reconheçam o poder de Deus e se curvem diante dos ensinamentos do Cristo Jesus!

Salonino virou-se de costas a Lúcio Paulo, emitindo uma gargalhada longa, no que foi acompanhado por todo o seu séquito. Quando ia voltar a falar, para que ordenasse a morte daquele homem, eis que entram dois guardas no ambiente, trazendo o jovem Plínio Marcos, que gritava dizendo que tinha uma carta da imperatriz ao governador. Chamando à ordem aqueles soldados, Silvano exigiu uma explicação para a abrupta entrada dos mesmos, sendo informado de que aquele jovem dizia ter uma carta da imperatriz, a qual devia ser entregue imediatamente e em mãos ao governador Salonino. O prefeito, então, solicitou a carta ao mensageiro, que a retirou de uma pequena bolsa, juntamente com o salvo-conduto assinado por Galieno, que liberava todos os cristãos para a prática de suas atividades em toda a região das Gálias e da Germânia. Ao ver as insígnias do império de Galieno que lacravam os pergaminhos entregues por Plínio Marcos, Silvano olhou para Salonino, que com o olhar confirmava a origem daqueles documentos. Imediatamente o governador pegou os dois rolos das mãos de Silvano, abrindo primeiramente o salvo-conduto e lendo-o em silêncio. Ao terminar a leitura, olhou para o pregador cristão com desprezo, sem dizer nada, apenas murmurando algumas palavras de baixo calão. Ao analisar o segundo documento, percebeu que a insígnia do lacre era de sua mãe Júlia Salonina, o que lhe aguçou a curiosidade. Quando abriu e começou a ler o documento, Salonino esboçou um gesto de grande surpresa, ao mesmo tempo em que se irritava com o avanço da leitura.

– Levem estes dois homens até uma sala, onde eu mesmo irei interrogá-los sobre o conteúdo desses dois documentos!

Para Salonino, o brilho da festa havia ali terminado, pois as duas missivas de seus pais lhe eram profundamente desfavoráveis. O salvo-conduto iria humilhá-lo, pois teria que voltar atrás em todas as suas ordens, além de ir de encontro às suas próprias convicções anticristãs. A carta de sua mãe, que não era endereçada a ele, mas a Lúcio Paulo, relatava uma história que julgava absurda e desconhecida, afirmando que Salonina seria a verdadeira mãe do pregador cristão. As palavras doces e recheadas de carinho e afeto, escritas pela própria mãe do governador, irritavam ainda mais o coração de Salonino, que já estava saturado de ódio por aquele homem, o qual, não obstante acabasse de conhecer, trazia consigo tantos elementos de perturbação à sua vida, que uma ação enérgica e definitiva seria necessária para evitar que males maiores se sucedessem após aquela noite.

Os dois cristãos foram retirados do salão e levados para a mesma sala onde as atrizes vestiram Lúcio Paulo, que era o local mais apropriado para o interrogatório do governador. Salonino, entretanto, ordenou que somente Lúcio Paulo fosse colocado na sala. Tendo em vista o caráter estritamente pessoal da carta de sua mãe, o filho de Galieno não quis que outras testemunhas tivessem acesso ao conteúdo da mesma, para que ele pudesse tomar a decisão que julgasse mais adequada, sem posteriormente ter de ser questionado. A sós com Lúcio Paulo na sala anexada ao grande salão onde a festa continuava, estando os convidados alheios ao drama que se passava junto ao governador, Salonino iniciou o interrogatório com o objetivo de sondar o cristão sobre a veracidade do que sua mãe havia escrito na carta.

– Responde-me diretamente: quantos anos possuis, qual a tua origem e quem são teus pais?

As perguntas soaram estranhas para Lúcio Paulo, que esperava indagações a respeito da igreja e de seus seguidores. Mas, para não ferir ainda mais a suscetibilidade de Salonino, respondeu também de forma direta.

– Conto com vinte e um anos de idade, sou natural de Lugdunum e meus pais chamam-se Ana e Agripa, moradores de Vila Antonia, pequeno povoado a meio-dia da capital das Gálias.

– Mas teus pais são legítimos? Sabes algo a respeito de teu nascimento?

A pergunta mais inusitada ainda chamou a atenção de Lúcio Paulo, quando percebeu que o interrogatório de cunho pessoal tinha relação com a carta lacrada por Salonina que se encontrava na mão do governador. Instantaneamente, o jovem pregador cristão lembrou-se do carinho da imperatriz e do modo maternal como ela o tratou, de sua reação ao vê-lo pela primeira vez e das perguntas que ela fez sobre a sua origem e idade, exatamente as mesmas perguntas que o governador lhe fazia naquele interrogatório estranho. Lúcio Paulo então viu um clarão espiritual encher a pequena sala onde se encontrava, percebendo que um ser iluminado se formava à sua frente. Era a figura terna de seu tio Domênico Lúcio, que lhe aparecia para acompanhar o seu momento de testemunho a Jesus, justamente na hora da revelação de sua origem de nascimento. A entidade espiritual caminhou em direção ao governador, colocando a destra em sua testa para abrir a visão de Salonino para o mundo invisível. O filho de Galieno encheu-se de terror ao ver Domênico Lúcio e outros espíritos no ambiente, mas não conseguia gritar por socorro. Como se uma força maior o obrigasse, ajoelhou-se diante da luz que envolvia o velho líder cristão, no que foi acompanhado espontaneamente por Lúcio Paulo, que disse em meio a lágrimas:

– Meu tio! O que fazes aqui se apresentando como se já estivesses na glória do Senhor?

– Sim, meu filho! Jesus já me concedeu a honra de vir habitar o seu reino de amor, mas me incumbiu de auxiliar-te nestes teus últimos momentos de testemunhos. Quis o senhor Deus que tu te encontrasses com teu irmão de sangue, Públio Cornélio Salonino, para que Roma também testemunhasse que o poder do Altíssimo é maior que todos os míseros poderes do mundo. A imperatriz Salonina, em sua bondade e movida pelo sentimento de remorso, arrependimento e amor maternal, enviou-te essa carta para te relatar que ela é a tua verdadeira mãe, fruto de uma relação inconsequente com o oficial Caio Márcio Centúrio, primo de Galieno. O teu nascimento foi motivo de dor para aquele então jovem casal, tendo Galieno, pela influência santa dos ensinos de Jesus em sua vida, perdoado a imperatriz, mas decidido não te reconhecer como filho, em face da cultura romana e às convenções sociais ainda muito enraizadas na consciência do imperador. Este aqui ao teu lado, portanto, é teu irmão por parte de mãe, sendo que ele está tendo a oportunidade única de conhecer a verdade espiritual ao teu lado, para que se encha de coragem e decida acolher-te. Deverá ele, se assim decidir, ser mais uma autoridade romana a tolerar o Cristianismo no mundo, colaborando com a obra de Jesus para a edificação do bem em toda a parte, como já assim o faz seu pai. Caberá a ele decidir os desígnios da Igreja do Cristo nesta região carente de luzes espirituais. Esta decisão, que poderá apressar ou retardar a marcha do Cristianismo em Roma, será o marco da vida de Salonino, que terá a chance de entrar para os anais da história humana com honra, ou simplesmente passar despercebido pela Humanidade. Voltarão agora, saindo do transe em que se encontram, para darem o destino que aprouver aos vossos livres-arbítrios. Que Deus vos abençoe!

As luzes espirituais se desfizeram e os dois irmãos saíram do transe em que se encontravam envolvidos. Pela diferença de entendimento de ambos sobre as verdades espirituais, as reações foram também diferentes. Lúcio Paulo permaneceu ajoelhado, em prece, agradecendo a seu tio pelas orientações e revelações recebidas. Salonino, ao contrário, levantou-se assustado, parecia se libertar de amarras e mordaças apertadas, falando em tom de ameaça:

– Como tu ousas usar de feitiçaria comigo! A tua audácia te custará caro, cristão maldito!

– Senhor! Não vedes que Deus vos conclama a seguir os passos da razão? Vossa mãe, que agora sei que também é a minha, enviou uma carta para me revelar a verdade, com certeza sem a pretensão de que vós e vossa família soubésseis dessa história dramática. Mas eis que o Senhor Deus cuidou que vós tivésseis acesso à verdade dos fatos, para que pudésseis comprovar com os próprios olhos que Jesus nos conduz os caminhos para o nosso próprio bem. Meu irmão, aceitai a verdade e libertai a Igreja do Cristo, tolerando as suas atividades, assim como já o fazem vosso pai e vossa mãe!

Salonino foi envolvido pela força espiritual das palavras de Lúcio Paulo, entretanto, lutava consigo mesmo para que seu orgulho vencesse aquela batalha íntima. Viu-se diante de forças que não conhecia e que, por isso, repelia veementemente. Ademais, se reconhecesse Lúcio Paulo como seu irmão, ele poderia ser mais um a concorrer ao trono de Roma na linha sucessória do poder. Essas perspectivas lhe turvavam a mente, evitando que sentimentos mais nobres o dominassem para que utilizasse o livre-arbítrio em favor de uma mudança digna de honra. Ao contrário, encheu-se de mais cólera, reagindo violentamente às palavras de Lúcio Paulo.

– Teus planos de poder apoiados por sortilégios e feitiçarias não terão guarida comigo, cristão maldito! – falou desferindo um novo soco na face de Lúcio Paulo, que não reagiu. – Pensas que enfeitiçarás a mim, como por certo o fez com meus pais? Pois te enganas! Hoje mesmo irás sentir a força da minha autoridade. Esta história ridícula escrita nesta carta sem sentido, bem como este salvo-conduto, nunca chegaram às minhas mãos!

Salonino utilizou-se de uma lamparina que iluminava o local para atear fogo aos dois documentos enviados por seus pais. Enquanto os queimava, deixava transparecer nos olhos arregalados todo o seu ódio por aquelas informações. Ao ver as chamas consumirem os pergaminhos, gargalhou como se estivesse possuído por entidades malignas. Lúcio Paulo, por sua vez, compreendeu que seu irmão preferira continuar a caminhar pelas trevas, a ter de se iluminar para a vida. Pensou nas palavras de seu tio, orando a Jesus pela sorte de Salonino. O governador, entretanto, impermeável às dúlcidas claridades do bem, gritou pelos guardas, ordenando que levassem Lúcio Paulo e Plínio Marcos de volta ao salão de festas.

Ao retornarem, os convidados, ao vê-los, silenciaram com dificuldade, tendo em vista que estavam no auge da inconsciência mental, em face do consumo de bebidas e alucinógenos comuns naquela época. Salonino expressava um rosto transtornado e enlouquecido pelo ódio doentio. Dirigiu-se ao centro do salão e falou em tom austero:

– Senhores e senhoras de Roma! Este homem foi por mim interrogado e eu mesmo pude testemunhar a sua fama de feiticeiro e traidor de nossas caras tradições. Pela ousadia que demonstra e porque recalcitra sem querer abjurar dessa seita ilegal e sacrílega, condeno-o à morte pela decapitação! Para o deleite de todos vós, ordeno que a execução seja imediata. A sentença estende-se ao jovem que foi mensageiro das supostas cartas de meus pais, mas que eu mesmo pude comprovar a sua falsificação!

Lúcio Paulo entendeu que se aproximava ali o seu momento de testemunho, mas ainda teve forças para pedir por Plínio Marcos, falando em voz firme:

– Senhor governador! Entrego-me às vossas ordens, acatando-as em nome de Jesus! Todavia, clamo a vossa misericórdia por esse jovem rapaz, que nada fez e que é inofensivo para vosso governo. Ele sequer sabe ler e por certo não teve acesso ao conteúdo das cartas. Portanto, não pode ele ter sido o seu autor. Pelo amor que por certo nutris por vossa mãe, a imperatriz Salonina, por favor, libertai este jovem e preservai a sua vida!

Salonino ouviu a rogativa de Lúcio Paulo tentando demonstrar indiferença. Entretanto, quando o pregador citou o nome de sua mãe, ele foi tocado no íntimo, pois sabia que as cartas eram verídicas e seus conteúdos por certo tinham fundamento. Para demonstrar que também era magnânimo e porque de fato Plínio Marcos não representava perigo algum, ordenou:

– Sim! Acederei a este teu último pedido, para demonstrar que a família imperial é magnânima. Ele deve ir-se e contar a todos os cristãos o que viu aqui. Mas antes, ele também será testemunha da tua morte, para que se espalhe a notícia de minha força sobre a tua imunda igreja!

Os convidados da festa, já completamente saturados de vibrações menos nobres, aplaudiram a decisão de Salonino, pois que mais uma atração iria completar aquele evento recheado de espetáculos horrendos. Plínio Marcos foi solto, sendo, entretanto, colocado ao lado dos guardas que lhe seguravam os braços, obrigando-o a ficar de frente ao centro do salão, para que fosse forçado a assistir com detalhes à execução de Lúcio Paulo. A uma indicação do governador, os pretorianos posicionaram Lúcio Paulo no meio daquele ambiente, sem vendá-lo. O próprio cristão tomou a iniciativa de ajoelhar-se, baixando a cabeça para entregar-se à espada de seu carrasco. Quando o guarda encarregado de efetuar o último ato daquela execução preparava-se para finalizá-lo, Lúcia, a atriz-cortesã que havia reconhecido o Cristo por meio das palavras de Lúcio Paulo, correu em direção ao centro do salão, gritando desesperada:

– Senhor governador! Pelos céus, este homem é inocente! Libertai-o!

Salonino acompanhou os presentes na reação de surpresa que sentiu, levantando-se para falar irado:

– O que fazeis, loba maldita? Não vedes que ousais questionar uma ordem do representante de César?

– Mas este homem não vos fez nenhum mal! Por que agis assim? – perguntou a atriz, ajoelhando-se em frente a Lúcio Paulo.

O jovem pregador, percebendo que aquela mulher arriscava-se em nome de Jesus para tentar salvá-lo, falou-lhe com firmeza:

– Lúcia, as tuas intenções são boas, mas é preciso que a vontade dos homens seja cumprida, para que também eu siga na glória do Senhor. Levanta-te, pois que ainda não chegou o momento do teu testemunho.

– Tirem esta maldita prostituta daqui! Era só o que me faltava, uma loba insaciável apaixonada pelo cristão condenado. Nem os mais célebres autores de nossas comédias poderiam pensar em tão inusitado enredo para uma peça!

As palavras ao mesmo tempo ríspidas e sarcásticas de Salonino fizeram soar gargalhadas na plateia, que encarava tudo como simples espetáculo. Lúcia foi retirada à força, desta vez mais resignada, sem, contudo, estancar o choro de sua face. O carrasco, então, posicionou-se para continuar seu ritual de execução, mirando o pescoço de Lúcio Paulo, que aguardava de cabeça baixa, em prece. Instantaneamente, o jovem cristão lembrou-se de seu tio Domênico Lúcio, que prometeu estar com ele naqueles últimos momentos. De fato, ao ser evocado pelo pensamento de Lúcio Paulo, o velho cristão apareceu iluminado, sendo somente percebido pelo executado, por Plínio Marcos e pela jovem Lúcia. Ao ver a luz de seu tio invadir o recinto, Lúcio Paulo levantou-se e correu para abraçá-lo, sem se aperceber de que seu corpo tombava aos olhos dos homens, sob os aplausos ensandecidos dos convidados daquela festa suntuosa. Após abraçar afetuosamente o velho tio, Lúcio Paulo ajoelhou-se a seus pés, para orar a Jesus, em agradecimento por viver aqueles momentos sublimes.

– Senhor Jesus! Não sou digno de que entres em minha morada, mas por tuas palavras abençoadas encontro-me aqui, na tua glória santificada, vivendo a salvação que tanto almejamos. Entretanto, Senhor, permite-me rogar-Te não por mim, mas pelos irmãos que ainda continuam nas lides terrenas e que necessitam do teu concurso salvador, para que eles se fortaleçam na fé e na coragem, nesses dias de perseguição injustificada a todos os que Te seguem os caminhos. Para eles, Senhor, imploro a tua proteção!

– Meu filho, levanta-te, pois Jesus não nos abandona nunca e seu trabalho também jamais cessa. A jornada do Cristianismo no mundo apenas está começando e muitos ainda precisarão sofrer como tu sofreste, para que o exemplo de Jesus na cruz seja lembrado. A cada execução de um mártir, ao contrário do que as autoridades pensam, mais se fortalece a igreja do Senhor e mais ela avança na consciência dos homens. Agora vem, pois que teu trabalho também não vai parar, pelos muitos irmãos que precisamos orientar e consolar neste momento ímpar da fixação do Evangelho do Senhor no mundo.

Aos olhos de Plínio Marcos e da jovem Lúcia, os dois seres espirituais desapareceram, deixando os homens envoltos em suas trevas naquela festa que continuaria até altas horas da madrugada, enquanto houvesse convidado disposto a beber e desfrutar dos excessos alcoólicos e dos jogos sensuais comuns àquela época. Lúcia e Plínio Marcos foram colocados para fora da sede daquele evento, indo os dois se refugiar na casa da jovem atriz-cortesã, que ficava em uma zona comercial de Colônia Agrippina. Ambos adormeceram com dificuldades naquela noite, sem poder livrar-se das lágrimas que lhes invadiam a alma, não pelo sofrimento e pelo testemunho de Lúcio Paulo, mas pelo júbilo da visão espiritual que puderam presenciar, confirmando todas as promessas do Evangelho do Cristo quanto ao reino dos céus que aguardava a todos os que faziam a vontade de Deus no mundo.

A noite fria de Colônia Agrippina terminou com uma forte chuva que assustou os seus moradores, como se também a natureza quisesse se manifestar em sua emoção, chorando por mais um inocente que morria pelas mãos dos homens ignorantes, mas que ascendia rumo à glória de Jesus, em seu reino de paz e de amor.

TEMPOS DE COLHEITA

CAPÍTULO XII

A morte de Lúcio Paulo serviu para que Públio Salonino provasse a sua autoridade perante os cristãos da Germânia, mas também foi motivo para que ele sofresse uma crise de consciência que o atormentaria até o fim dos seus dias. Não raro, o prefeito Silvano encontrava o representante do imperador na Germânia absorto, olhando para o nada, como se estivesse hipnotizado por forças estranhas ao olhar dos homens. Em muitas noites, a insônia o incomodava, relembrando as cenas daquela festa ocorrida há meses, nas quais a execução de Lúcio Paulo se repetia em sua memória sem cessar, deixando-o quase louco. Quando conseguia adormecer, vivia pesadelos assustadores, com personagens que imaginava serem demônios a lhe cobrar contas dos erros de um passado distante, mas que não sabia qual era. A imagem de crianças, velhos e mulheres acusando-o de assassino e traidor era repetida nesses sonhos, que invariavelmente terminavam com seus gritos histéricos, o que obrigava os guardas e servos que lhe faziam companhia a muitas vezes terem de amarrá-lo durante as crises de loucura em que se debatia.

A essa altura, o Império das Gálias, ou Império Galo como ficou mais conhecido pela homenagem ao seu primeiro imperador Póstumo Galo, invadia territórios adjacentes a Lugdunum, logo anexando toda a região das Gálias ao seu domínio. Em poucos meses, o general Póstumo, pessoalmente, chegou com suas tropas à Colônia Agrippina para dizimar facilmente as forças debilitadas do exército comandado pelo prefeito Silvano. O imperador das Gálias chegou à sede do governo germânico, onde se encontrava Salonino, que acabara, na noite anterior, de ter uma de suas crises de loucura, estando amarrado junto à sua cama. Quando Galo dominou toda a segurança pessoal de Salonino, que se entregara jurando fidelidade ao novo imperador, encontrou o governador da Germânia preso às cordas que o fixavam em sua cama, gritando em voz alta, como se o quarto estivesse repleto de pessoas.

– Saiam daqui, vermes miseráveis! Eu não sou traidor e nem assassino! Sou o filho do imperador que defendeu e defenderá Roma até o fim!

Póstumo Galo olhou ao seu redor e viu que apenas ele e mais dois guardas que faziam sua segurança estavam no quarto, sendo que Salonino falava olhando para o nada, em completa loucura, estando alheio à presença de seu novo dominador.

– Seus cristãos malditos, saiam daqui, imundos! Que o vosso Cristo viva no limbo infernal em que também todos vocês se encontram! Soltem-me, vermes imundos!

O imperador Galo compreendeu que Salonino estava louco e que seria presa fácil, e de sua reação não esperava mais que o debater de um doente mental, envolto em seus pensamentos sem sentido. Naquele mesmo dia da invasão, Póstumo Galo levou Salonino para a execução em praça pública de Colônia Agrippina, mostrando aos seus moradores que a Germânia não mais pertencia ao Império Romano, liderado por Galieno. A vingança do imperador Galo diante de Galieno se completava com a morte de seu filho dileto, notícia esta que o próprio Póstumo Galo fez questão de comunicar ao imperador de Roma, por meio de uma carta recheada de insultos à família imperial, destacando ainda os fatos ocorridos há mais de vinte anos, quando o imperador romano ainda era cônsul das Gálias. Junto à carta, Póstumo Galo enviou o dedo de Salonino que continha o anel da família imperial, com a insígnia do clã de Galieno, para provar-lhe que seu filho, de fato, havia sido executado.

Ao receber as notícias vindas das Gálias, Galieno e sua esposa Salonina choraram sentidamente. A dor da perda do filho foi maior que o sentimento da perda dos territórios ocupados, em face da figura marcante que Salonino sempre demonstrou ser no seio de sua família. A carta de Póstumo Galo se referia também à execução de toda a família de Domênico Lúcio, inclusive de seu sobrinho Lúcio Paulo. A imperatriz Salonina teve mais um motivo para chorar, pois além do filho legítimo, recebera também a notícia da morte do filho perdido, que em pensamentos também aprendeu a amar e cujas lembranças lhe eram por demais caras ao coração. Galieno enfrentava ali o seu mais duro momento à frente do império, tendo que conviver tanto com as mortes do pai e do filho amado, quanto com a de seu amigo dileto, o cristão Domênico Lúcio. A sua primeira reação foi a de reunir as tropas para marchar em direção às Gálias, mas foi convencido pelos senadores e por Plotino a concentrar-se apenas no reforço do efetivo nas fronteiras que lhe restavam.

O Império Romano, àquela altura, encolhia sobremaneira. Entretanto, o que parecia uma derrota acabou se transformando no motivo pelo qual se justificou a permanência de Galieno por mais um longo período no poder, tendo em vista que a redução dos territórios a serem administrados facilitou o controle dos mesmos. Assim, demonstrando habilidade política, Públio Galieno conseguiu governar por mais oito anos, sendo reconhecido como um imperador querido pela população romana, espalhando a sua fama de justo junto a todos os territórios que formavam o agora reduzido império de César.

A segunda fase do reinado de Públio Galieno foi marcada por sua habilidade política. Para que se mantivesse no poder, permitiu que muitos poderosos assumissem o controle de regiões menores, dividindo praticamente a sua administração com um grupo de senadores, bem como com militares sitiados nas fronteiras. Apesar dessa divisão política, o imperador obteve êxito, mantendo a unidade do império em torno de seu nome, que foi amplamente divulgado à população por meio da cunhagem de moedas, seguindo os conselhos do seu finado pai. No campo de suas ações de governo, Galieno se destacou por tentar fomentar em Roma o gosto dos jovens pela cultura clássica, deixando que o filósofo Plotino assumisse a coordenação dos projetos nessa área. Aquela gestão ficou conhecida pelos romanos como a república platônica de Galieno, em referência às ideias inovadoras que o filósofo Plotino quis engendrar, mas que o tempo e a falta de apoio não permitiram, tendo em vista as muitas reações contrárias provindas não só de parte do Senado, como também de muitos militares que julgavam estas metas sem importância real, portanto, não merecedoras de investimentos financeiros.

Além do levante de Póstumo Galo, muitas foram as rebeliões que Galieno teve de enfrentar, obtendo êxito em muitas delas, graças à habilidade dos seus comandantes, o general Cláudio, conhecido como "o Gótico", e o comandante Aureliano, que era um dos militares que cuidava das fronteiras romanas. Em meados do ano de 268 d.C., após o sucesso do sufocamento de mais uma rebelião na província das Ilírias, Galieno foi surpreendido pela invasão da região de Milão por parte do general Auréolo, um de seus homens de confiança. Após alguns meses de preparação, o imperador partiu com suas tropas comandadas por Cláudio e por Aureliano, a fim de sufocar as investidas do agora traidor Auréolo. A imperatriz e toda a família imperial acompanharam Galieno no trajeto, e iriam ficar instalados na cidade campestre de Ancona, onde Galieno possuía uma propriedade destinada aos seus raros momentos de descanso junto de sua família.

As tropas de Galieno estavam divididas em duas grandes fileiras, sendo uma comandada por Cláudio e outra por Aureliano. Àquela altura do governo, entretanto, o prestígio de Galieno junto aos militares já não era unânime, em face das dificuldades financeiras em manter atualizado o pagamento dos soldos, bem como ao que os militares chamaram de desagregação do império, que foi a concessão outorgada por Galieno a algumas famílias de senadores, distribuindo regiões em zonas administrativas quase que independentes. A ala militar se dividia entre os que apoiavam as decisões de Galieno, no caso de Cláudio, e os que lideravam uma onda de insatisfação, que era o caso de Aureliano.

Em uma dessas reuniões em que os militares discutiam os rumos do governo de Galieno, durante a marcha até Milão e na ausência do imperador, Cláudio e Aureliano, acompanhados pelos demais oficiais que constituíam o comando das forças do império, travavam uma batalha de ideias.

– General Cláudio, essa campanha rumo a Milão é a grande oportunidade que temos para encerrarmos de vez o desastroso império de Galieno e colocarmos novamente a ordem e a unidade do Império Romano, que a cada dia se esfacela para garantir a riqueza desses malditos senadores corruptos – disse o comandante Aureliano, sendo apoiado por quase todos os oficiais presentes no acampamento do general Cláudio.

– O nobre comandante deve reconhecer que o imperador tudo faz para não desamparar o exército, inclusive correndo riscos de sofrer levantes, como é o caso desse que iremos combater contra Auréolo, que se aproveita do poder concedido pelo próprio Galieno para lhe trair covardemente.

– Não estamos aqui discutindo as qualidades do imperador, que tem lá os seus méritos, pois não é à toa que permanece há tanto tempo no poder. A questão aqui é de amor a Roma, pois da forma pela qual Galieno dividiu o império, levantes como o de Auréolo se repetirão, obrigando que romanos lutem contra romanos, o que findará enfraquecendo nossas tropas, tornando-nos alvos fáceis para os inimigos estrangeiros. Se não agirmos logo, Roma será completamente dizimada.

– E o que sugeres?

– Estamos todos aqui reunidos em vossa companhia para lhe dar o necessário apoio com o fim de eliminarmos Galieno e sua família, proclamando-vos como nosso novo imperador. Temos a certeza de que esta mudança será suficiente para fazer com que Auréolo se renda, unindo-se ao novo império, que com as graças dos deuses trará nova unidade a Roma.

O general Cláudio percebeu que as intenções de todos os oficiais do exército eram definitivas e que a tomada de poder era iminente, com ou sem a sua concordância. Se fosse contra, ele próprio seria vítima do levante, quando possivelmente Aureliano assumiria o poder. Entretanto, Galieno era seu amigo pessoal, a quem muito devia em vida.

– Sim, Aureliano. Concordo com as intenções do exército, pois vejo que todos os senhores estão unidos por essa causa. Assumirei o poder para tentar unir novamente Roma, pelo bem comum de seus cidadãos e para fortalecer nosso império. Todavia, imponho a condição de que preservemos a vida dos familiares de Galieno, pois não vejo motivos para eliminá-los, em face das despretensiosas intenções daquela família, que reconheço ser mais voltada para a cultura que para a política. São, portanto, inofensivos para nós. Além do mais, exijo uma morte digna ao imperador, de forma que ele não sofra, sendo que eu mesmo faço questão de conduzir seu último ato, para garantir-lhe essa dignidade a qual julgo ser ele merecedor.

Nenhum dos oficiais impôs restrições às condições do general Cláudio, combinando para a noite seguinte as providências da execução de Galieno e do banimento de sua família para a casa de campo que possuíam na cidade de Ancona.

Na noite que antecedeu a chegada da família imperial à sua residência de campo, o general Cláudio se dirigiu ao acampamento do imperador Galieno, onde também estava a sua esposa Júlia Salonina. Aureliano e os seus liderados acompanharam o general, mas, a seu pedido, permaneceram montando guarda do lado de fora, a postos para invadir a uma ordem do general Gótico. Ao anunciar-se solicitando uma entrevista urgente com Galieno, Cláudio foi convidado a entrar, percebendo que o imperador e sua esposa já haviam se recolhido, pois estavam com roupas próprias ao descanso.

– O general Cláudio decerto tem algo urgente para relatar, tendo em vista a forma inusitada que nos aborda, pois que passamos o dia em reuniões estratégicas, nas quais acreditava ter definido todas as ações necessárias para esta nossa campanha.

– Sim, imperador! Infelizmente a minha vinda até aqui é para trazer-vos algo urgente. Venho informar-vos que todo o exército uniu-se contra o vosso governo e exige que um representante legítimo dos militares volte a assumir o poder em Roma para lhe trazer novamente a unidade e evitar o seu esfacelamento. Neste momento, portanto, venho declarar que as horas do vosso império terminarão aqui, quando deverás entregar a vossa vida em nome da paz de Roma, para que um novo imperador assuma o comando, em honra dos deuses que nos guiam as ações.

– O que dizes, Cláudio?! Não esperava de ti tamanha demonstração de traição! Então, por certo, tu deves ser o novo imperador?

– Senhor, acreditai que esta iniciativa não partiu de mim. Assumo o poder neste momento porque se assim não o fizer, os homens de Aureliano o farão, tendo em vista que estão todos decididos a assim proceder. As minhas intenções são por amor a Roma, mas também para que vossa família seja preservada e para que Vossa Majestade tenha uma morte digna, sendo estas as condições que impus, para a honra de vosso passado, que para mim foi o de um homem justo.

Galieno compreendeu que Cláudio ali falava a verdade, pela entonação triste que empregava em suas palavras. Poderia ele, naquele momento, reagir com a espada, mas seria facilmente eliminado pelos militares, o que poderia também colocar em risco a vida de seus familiares que o acompanhavam naquela campanha militar. Percebeu, então, que a sua hora realmente havia chegado e que o momento de sua morte era iminente. De certo modo, pensou que a forma digna a qual Cláudio lhe oferecia para ultimar seus atos era o reconhecimento de seu honrado período à frente do império.

– Sim, general! Entrego-me pacificamente em nome do meu amor por Roma e por minha família, cuja integridade lhe peço que preserve. Que os deuses protejam Roma!

– Senhor, garanto que vossa esposa, vossos filhos e vossos servos serão preservados e mantidos em segurança e com o conforto necessário na casa de campo de vossa propriedade. Quanto à vossa execução, trouxe-vos este pequeno frasco contendo uma bebida que vos fará adormecer para sempre, evitando o sofrimento da morte pela espada.

Antes que Galieno respondesse, Júlia Salonina se adiantou e disse com os olhos marejados pela emoção:

– Senhor, minha vida sem marido não tem valor qualquer. Não saberia viver sem a sua presença e sem o seu amor. Por isso, imploro que a sentença seja a mim estendida, para que eu depois não caia na loucura pela solidão, que por certo me abaterá as forças, e por não poder lhe dedicar o amor que um dia jurei ser eterno!

Galieno quis reagir contra o ímpeto passional de sua mulher, mas a emoção lhe tomou a alma, quando a abraçou demoradamente, sendo observado pelo olhar respeitoso e paciente do general Cláudio.

– Senhor! Deixo-vos a sós com as vossas consciências, quando caberá a vós decidirdes. Os guardas ficarão à porta de vosso acampamento para evitar que qualquer pessoa adentre. Amanhã cedo retornarei, quando espero que tudo esteja consumado, para não ter eu mesmo que executar a sentença por minha própria espada.

Retirando-se solenemente, Cláudio deixou o casal imperial abraçado para que decidisse a sua sorte naquele momento final. Júlia Salonina chorava, sendo acompanhada pelo seu marido, que não economizava palavras de demonstração de amor por sua esposa. Os dois, então, decididos que estavam em acabar dignamente com o período do reinado que se iniciara com Valeriano, vestiram-se com seus trajes oficiais de imperador e imperatriz, sentaram-se um em cada lado da cama e dividiram o líquido contido no frasco trazido pelo general Cláudio, preparando-se para ingeri-lo ao mesmo tempo. Antes, porém, Públio Galieno falou solenemente à Salonina, demonstrando nos olhos cheios de lágrimas a sua grandeza de espírito.

– Júlia, quero aqui ressaltar todo o meu amor por ti e toda a minha lealdade a este amor, que sempre moveu as minhas ações. Garanto-te que nenhuma mágoa existe em meu coração pelos fatos passados, quando percebi que a tua grandeza de mulher e esposa dedicada é bem maior que um deslize ocorrido quando tu ainda possuías tenra a consciência de mulher. Por mim, saibas que me encaminho para a vida infinita com a esperança da tua companhia e de poder usufruir eternamente desse teu amor!

– Públio, como eu te amo! Não sabes como estas tuas palavras me trazem alívio ao coração arrependido e sofrido. Também é esta a minha esperança, de poder viver contigo eternamente junto aos deuses, que por certo nos compreenderão os sentimentos e nos ampararão nos céus.

Os dois ainda permaneceram abraçados por um longo período, quando se deixaram envolver em lágrimas abundantes. Galieno, entretanto, decidido corajosamente a iniciar o último ato, pediu à sua esposa que também ingerisse o líquido, para que adormecessem juntos. Assim combinados, o casal imperial então tomou o líquido mortal e deitou-se abraçado na cama, adormecendo para sempre aos olhos dos homens, que anunciariam a morte de Públio Galieno e de sua esposa Salonina no dia seguinte.

Quando caíram em sono profundo, entretanto, após a perturbação natural da passagem, o casal imperial se viu separado em espírito. Júlia Salonina foi recebida na vida maior por seu filho Lúcio Paulo, que a abraçou emocionado, para orientá-la na nova fase que estava vivendo.

– Minha mãe! Por fim posso novamente abraçar-te, desta vez para te anunciar que todas as angústias dessa última existência passaram. Deverás agora viver a necessária preparação para a nova fase do reino do Cristo na Terra, onde tu continuarás a tarefa que começaste.

Júlia Salonina chorava copiosamente, amparada pelos braços fortes de Lúcio Paulo. Estranhando a ausência de seu marido, indagou a seu filho onde ele estaria, obtendo a resposta que lhe surpreenderia o espírito.

– Galieno é merecedor de muitas honras, minha mãe, pois, além do que realizou em favor dos cristãos, na hora de sua morte entregou a própria vida para proteger tanto a unidade do império, quanto seus familiares. Por isso, encontra-se em uma região por hora inacessível para ti, mas que com a graça de Deus, quando estiveres em condições, poderás visitar, para que usufruas do fruto de tuas ações em favor do reino de Deus no mundo[19].

Salonina, então, compreendeu que a escolha de encerrar sua vida para acompanhar seu marido demonstrou seu amor aos olhos do mundo, mas infringiu a lei de Deus, pois ela tinha a possibilidade de continuar suas provas na Terra. Precisaria, assim, experimentar os necessários ajustes de sua consciência arrependida, para que pudesse viver a glória do convívio de seu marido[20].

Galieno, por sua vez, após o momento natural da perturbação que o acometeu findo o transe da morte, foi recebido por Domênico Lúcio, seu velho companheiro das Gálias. O pregador do Cristo apresentou-se mais jovem e com o mesmo sorriso sincero no rosto, abraçando o amigo com alegria e emoção.

– Meu amigo, retornas agora à verdadeira casa do Senhor! Tu foste digno no plano da escola da vida, quando agiste de acordo com o que te foi designado no teu planejamento reencarnatório. Enquanto estiveste no poder temporal à frente dos homens, evitaste que muitos cristãos morressem, permitindo que a marcha do Cristianismo no mundo prosseguisse e até crescesse. As sementes plantadas por nós que lá estivemos hão de frutificar e de suprir as necessidades espirituais que o homem ainda possui de iluminar-se pela

---

[19] **Nota da Editora**: ver a questão 951 de O Livro dos Espíritos.

[20] **Nota da Editora**: ver as questões 944, 956 e 957 de O Livro dos Espíritos.

luz de Nosso Senhor Jesus. Estás aqui, neste momento, para o necessário descanso e para uma nova preparação, na qual tu completarás a tua obra junto ao poder dos homens, estabelecendo uma nova era para a Humanidade e fazendo com que Roma e todos os impérios do mundo reconheçam a doutrina de Jesus como única. Teu nome, diferentemente da honra obscura que a História te dedicará pela vida como Galieno, será lembrado para sempre como o imperador que se dobrou ao Cristo de Deus e estabeleceu um novo tempo para o mundo. Por isso, vem ao encontro do trabalho de preparação para este novo futuro, que demandará anos do necessário estudo e recolhimento.

Públio Galieno não compreendia totalmente as palavras do velho amigo, mas sentia inexplicável sensação de paz e de alegria, e suas lágrimas abundantes lhe denunciavam a emoção. Instintivamente lembrou-se de Júlia Salonina, a esposa amada, sendo logo consolado por Domênico Lúcio.

– Sim, meu amigo! Teu amor por Júlia é imortal e poderás em breve visitá-la. No momento, ela não se encontra em condições de receber-te e nem tu, da mesma forma, de encontrá-la. Lúcio Paulo, o filho primeiro que ela gerou, está encarregado de ampará-la nesse momento de adaptação natural. Por certo Jesus permitirá que tu a encontres em breve, para que tu e ela possam também caminhar juntos, na nova vida que terão, existência que por certo vos ensejará gloriosa ascensão.

Galieno, então, mais refeito da primeira emoção, falou ao amigo, ajoelhando-se humildemente aos seus pés.

– Domênico, encontro-me aqui diante de ti com o espírito cheio de vergonha pela soberba com que me portava à frente dos homens, mas principalmente quando ficava à tua frente, que és uma autoridade nesse império de Jesus, que eu não soube compreender plenamente no mundo. Não entendo muitas de tuas palavras, mas espero que a tua bondade me ensine a compreendê-las. Encontro-me fatigado, não obstante o incrível sentimento de paz e de alegria que me invade o ser. Por isso, amigo, rogo-te que ores como tu fazias ao final de nossas memoráveis conversas nas Gálias, quando invariavelmente eu me sentia melhor.

O velho pregador cristão sorriu, compreendendo que aquele espírito de fato voltara ao seio do amor de Jesus. Em um gesto de humildade, ajoelhou-se em companhia de Galieno e segurou as suas mãos. Ao fechar os olhos e concentrar-se, uma chuva de luz azulada caiu sobre os dois amigos, enchendo seus espíritos de dúlcidas vibrações. Domênico Lúcio, então, orou com sentida emoção, deixando que transparecesse o choro calmo em suas palavras e em seus olhos serenos.

– Senhor Jesus! A tua grandiosidade é sempre infinita diante de nossa pequenez insignificante e de nossa imensa dívida na contabilidade divina. A tua glória, ainda não nos é possível compreender na totalidade, não obstante já possuirmos uma réstia dela dentro de nós. Hoje, Senhor, estamos aqui para louvar-Te e agradecer-Te, Mestre Querido, pois que recebemos em teu reino de amor este coração amado, que em um minuto do tempo de Deus vivenciou muitas emoções, cujas páginas ficarão para sempre registradas no livro da vida. A história desse irmão, Senhor, é digna de ser levada à tua presença, para suplicarmos que a tua bondade olvide os erros que cometeu, cujas consequências foram muito menores que as suas virtudes, as quais proporcionaram que teu Evangelho avançasse um pouco mais no mundo e que mais uma etapa da instalação do reino de Deus nos corações dos homens fosse cumprida. Eis-nos aqui, Divino Amigo, a Te suplicar bênçãos misericordiosas para nossos corações falidos, mas que hoje estão repletos de alegria pelo amor que sentimos uns pelos outros, como nos ensinaste. Ampara-nos, assim, Senhor, e nos recebe em teu reino, para que nos preparemos para uma nova jornada de aprendizado, em que o êxito será por certo maior, se assim Tu nos permitires. Graças Te damos, Senhor! Para sempre!

Os dois amigos então se abraçaram emocionados sob a chuva de luz que descia das Altas Esferas, a indicar-lhes que Jesus os ouvia, mostrando-lhes ainda que o júbilo que sentiam representava a colheita das sementes que na Terra haviam plantado e que nos céus estavam a usufruir, fortalecendo-os ante o necessário retorno às lides terrenas, que aconteceria algumas décadas depois.

FIM

GALIENO E A HISTÓRIA

POSFÁCIO

Este Posfácio traz um resumo da pesquisa histórica realizada por integrantes do Núcleo de Pesquisas Espíritas da Fundação Allan Kardec, com vistas a contribuir para a melhor compreensão deste livro no que diz respeito à vida de Galieno. Para tanto, faz uma avaliação da obra "Galieno"[21] à luz das percepções trazidas à tona pelos reabilitadores da história do imperador, o que vem ocorrendo desde o início do século XIX.

Para o leitor interessado apenas na historicidade contida nos relatos da obra "Galieno", o conteúdo aqui apresentado deverá ser suficiente. Entretanto, para aqueles que pretenderem aprofundar o conhecimento acerca da vida do imperador ou fazer análises mais detalhadas sobre o conteúdo da obra, alguns historiadores contemporâneos foram referenciados ao longo deste suplemento e poderão servir como indicação de leitura adicional.

---

[21] A obra intitulada "Galieno, o imperador que se dobrou ao Cristo de Deus", por questões práticas, será designada neste suplemento apenas como "Galieno".

Percepções históricas

Ao longo de sua história, Roma possui períodos de características socioeconômicas bem delimitadas. Para este resumo, convém destacar os seguintes.

Houve a chamada Idade de Ouro, representada pelos governos de Adriano e de Marco Aurélio, em que floresceu uma sociedade predominantemente urbana, burguesa e civil, com uma opulenta diversidade intelectual e religiosa, com produção e vitalidade rural intensa e, acima de tudo, com menor influência militar. As personagens representativas desse período são o senador, o latifundiário, o agricultor, o filósofo e o diletante.

Tempos depois, a História registra a chamada época da conversão de Roma ao Cristianismo, representada pelos governos de Diocleciano e Constantino, quando surgiu uma sociedade predominantemente cristã, militarizada, burocrática e sujeita à infiltração bárbara. As personagens que representam esse período são o bispo, o mártir, o servo civil, o general e o eunuco.

Interessa-nos, sobretudo, o período compreendido entre esses dois estágios da sociedade romana, em especial o que vai de 253 a 268 da Era Cristã, pois foi quando Galieno desenvolveu seu governo. Desses quinze anos, os sete primeiros foram em conjunto com seu pai, Valeriano.

Nessa época, o império foi marcado por uma sucessão de desastres. O imperador Valeriano, em evento nunca antes registrado na História Romana, foi aprisionado, humilhado e morto pelos persas; as invasões bárbaras se tornaram constantes, com os godos varrendo os Bálcãs e deslocando as fronteiras da Ásia Menor, e os germânicos atravessando o Reno e saqueando a Gália e a Espanha; muitos generais ou governadores de províncias instalaram-se ou foram instalados, de forma corriqueira, como pretensos imperadores. No lado oriental, quando a autoridade romana não era frontalmente contestada ou ignorada, tinha de ser compartilhada com governantes locais; a inflação cresceu sem precedentes e as moedas de prata e bronze se desvalorizaram; epidemias varreram o mundo conhecido e dizimaram milhares de pessoas; grande parte da população foi morta pelos bárbaros, por soldados saqueadores ou foi levada como escrava para os confins do império; boa parte da classe média foi arruinada e muitos agricultores e produtores rurais foram expulsos de suas terras.

Em razão desse contexto, o governo de Galieno foi considerado surpreendentemente longo, e apesar de a História reservar a ele pouca importância, ora execrando-o, ora com indiferença, o papel por ele desempenhado no centro de uma época transitória tão conturbada se configurou como um divisor relevante da História Romana, sobretudo para a História do Cristianismo, pois que serviu de base a que cem anos mais tarde a Roma politeísta se convertesse à nova religião.

Somente em pesquisas históricas mais recentes, que ainda não são de domínio geral, é que se tem uma dimensão melhor de sua real atuação.

A execração

A título de exemplo do primeiro caso, está praticamente toda a tradição historiográfica sobre Roma, configurada pela hostilidade com que a memória de Galieno foi tratada, como em **História Augusta**[22].

Ademais, a tradição de desqualificar Galieno alcançou o grande clássico de Edward Gibbon[23], concluído em 1788 – portanto 1.520 anos após o falecimento do imperador – tido como referência indispensável em qualquer obra sobre o Império Romano, o qual, entre outras passagens de teor similar, traz o diagnóstico a seguir:

> É difícil pintar o caráter frívolo, vário, inconstante de Galieno, que ele pôs à mostra sem constrangimento tão logo se tornou proprietário

---

[22] **História Augusta** é o nome de um conjunto de biografias de imperadores romanos, escrita em latim, provavelmente no final do século IV. Engloba o período que vai desde Adriano (117-138) até os governos de Caro, Carino e Numeriano, entre 282 e 284, antes, portanto, de se iniciar uma época de grandes reformas com Diocleciano em 285. Infelizmente, o registro do período entre 244 e 259, no qual transcorreu parte do governo de Valeriano e de Galieno, foi perdido. A obra apresenta-se como a compilação de trabalhos de seis diferentes autores (Aelius Spartianus, Iulius Capitolinus, Vulcacius Gallicanus, Aelius Lampridius, Trebellius Pollio e Flavius Vopiscus), que se declaram escrevendo durante o reinado de Diocleciano e Constantino. Porém, a verdadeira autoria, data e propósitos, nos dias presentes, são generalizadamente contestados, e seu conteúdo, não obstante portar bastante informação útil, incorpora outras tantas que são pura ficção. Seu nome e o formato como ficou conhecida têm origem em trabalho de Isaac Casaubon, em 1603, que buscou reunir as diversas versões que circulavam na antiguidade e serviram de base para as produções sobre Roma em períodos anteriores. Desde esse trabalho e por mais de 300 anos, embora sempre tratada com algum ceticismo, História Augusta foi usada por historiadores como fonte autêntica. Atualmente, pesquisadores têm-na tratado como peça de "deliberada mistificação", escrita em data mais tardia que a que se lhe atribui, e embasada por viés intensamente fundamentalista. Por isso, já não a tratam com confiança e esforçam-se por buscar outras fontes que tenham sido construídas sem sua influência.

[23] GIBBON, Edward. **Declínio e queda do Império Romano**. Organização e introdução Dero A. Saunders; tradução e notas suplementares José Paulo Paes. Edição abreviada. São Paulo: Companhia das Letras, 2005, p. 160.

> único do Império. Em todas as artes a que se aplicou, seu gênio vivaz lhe garantiu êxito; e como tal gênio era destituído de bom senso, ele tentou todas as artes, exceto as que tinham importância, a saber, a guerra e o governo. Dominava diversas, curiosas, mas inúteis ciências; era um orador ágil e um poeta elegante, um jardineiro habilidoso, um excelente cozinheiro e um príncipe assaz desprezível. Quando as grandes emergências do Estado lhe exigiam a presença e a atenção, ele se entretinha em conversações com o filósofo Plotino, malbaratando seu tempo em prazeres triviais ou licenciosos, preparando sua iniciação nos mistérios gregos ou solicitando um lugar no Areópago de Atenas. Sua profusa magnificência insultava a pobreza geral; o solene ridículo de seus triunfos incutia um sentimento mais profundo de desgraça pública.

A referida obra também o acusa de insana crueldade, atribuindo-lhe a autoria de uma bárbara ordem durante a repressão à insurreição do comandante romano Ingênuo[24]:

> Não basta que extermineis quem se erga em armas; a possibilidade de batalha poderia ter me sido igualmente útil. O sexo masculino em todas as idades deve ser extirpado – desde que, na execução das crianças e velhos, possais idear meios de salvar nossa reputação. Que morra quem quer que tenha deixado escapar um dito, que tenha alimentado um pensamento contra mim, o filho de Valeriano, o pai e irmão de tantos príncipes. Lembrai-vos de que Ingênuo foi feito imperador: despedaçai, matai, decepai. Eu vos escrevo de minha própria mão e quero vos inspirar meus próprios sentimentos.

[24] Id., Ibid., p. 164

Mesmo obras recentes sobre a História do Cristianismo, que teve em Galieno um benfeitor, reconhecido pelos líderes cristãos da época, o desclassificam. Um exemplo é a obra de Williston Walker[25], que o chama de "governante fraco e incompetente" e diz que a atitude tolerante pela qual ficou conhecido em relação aos cristãos é uma interpretação errônea dos fatos.

A indiferença

Quanto à indiferença com que Galieno foi tratado pela História, podem ser citadas as obras com estofo histórico de Indro Montanelli[26], escrita em 1959, que não inclui uma linha sequer sobre o período em que ele governou, e a de Mário Curtis Giordani[27], escrita em 1968, que, na cronologia dos imperadores, refere-se a Galieno em apenas quatro curtíssimas (uma linha em cada) referências ao seu nome[28]. Ademais, publicações de cunho mais jornalístico, mesmo de anos recentes, como a de Pierre Grimal[29], escrita em 1993, ou a de Michael Kerrigan[30], escrita em 2009, que tratam

---

25 WALKER, Williston. **História da Igreja Cristã**. Revisado por Cyrill C. Richardson, Wilhelm Pauck e Robert T. Handy.Tradução D. Glênio Vergara dos Santos e N. Durval da Silva. 4ª. Edição. Rio de Janeiro e São Paulo: JUERP/ASTE, 1983. 2vols, p. 120.

26 MONTANELLI, Indro. **História de Roma: da fundação à queda do império**. Lisboa: Edições 70, 2007.

27 GIORDANI, Mário Curtis. **História de Roma: Antiguidade Clássica II**. 17 ed. Petrópolis (RJ): Vozes, 2008, p. 75.

28 Giordani menciona Galieno quando se refere à exclusão dos senadores do governo das províncias imperiais (p. 109); quando cita um édito sustando a perseguição aos cristãos (p. 342); quando noticia sua iniciativa de devolver igrejas e cemitérios antes confiscados dos cristãos (p. 354); e quando diz que, durante a época dele, aumentou a quantidade de soldados cristãos (p. 361).

29 GRIMAL, Pierre. **O Império Romano**. Tradução Isabel Saint-Aubin. Lisboa: Edições 70, 1999.

30 KERRIGAN, Michael. **A história secreta dos Imperadores Romanos**. Tradução Cristina Manso. São Paulo: Editora Europa, 2009.

de aspectos pitorescos dos imperadores, também seguem o mesmo silêncio.

Motivações das pesquisas contemporâneas

Hoje, admite-se que a tradição histórica latina, de indiferença ou de execração, originou-se da aversão da classe senatorial ao imperador, em face das medidas tomadas por Galieno que contrariaram profundamente seus interesses. Sobretudo porque Galieno provinha de pai e mãe da velha classe senatorial, esperava-se que suas ações como governante beneficiassem a elite romana.

Entretanto, contrariamente, logo que ficou sozinho no poder, adotou medidas nada agradáveis aos seus pares: cessou a perseguição aos cristãos e deu-lhes um status quase legal; excluiu os senadores do comando de tropas; criou um corpo militar de cavalaria, largamente influenciado e comandado por oficiais não romanos, e sim dos Bálcãs, como tropa de elite vinculada à pessoa do imperador, e força reserva para ser enviada celeremente onde quer que houvesse ameaças; reduziu a importância da cidade de Roma como sede central do império; adotou, por razões políticas, uma princesa bárbara (irmã de Attala, rei dos marcomanos) como uma espécie de meia-esposa; conferiu as honras consulares a um chefe germânico colocado a serviço de Roma; ampliou o esplendor do cerimonial e das vestes imperiais etc.

Contraditórias também são algumas outras notícias sobre seus costumes. Por um lado, educou-se solidamente na tradição cultural greco-romana, patrocinou e cultivou as ideias filosóficas mais sofisticadas da época, as de Plotino, iniciou-se e desenvolveu-se nos mistérios de Elêusis[31]. Por outro, há relatos de que se deliciava em associações com soldados balcânicos semiletrados; além de demonstrar preferência por princesas germânicas selvagens; buscar prazer noturno em companhias desclassificadas, e outras.

Esses paradoxos motivaram, nos últimos tempos, muitas pesquisas sobre a vida de Galieno, as quais revelaram uma outra personalidade, muito longe da moldura degradante que a História lhe atribuiu.

Como veremos mais adiante, tais estudos, com mais ou menos ênfase, passaram a revelar o papel fundamental de Galieno na construção da nova estrutura imperial, que surgiu algumas décadas após seu governo e que foi gestada em meio às mais graves calamidades.

A reabilitação de Galieno

Um ensaio de Leon Homo[32], de 1913, marca o início das pesquisas que contribuiriam para a reabilitação da memória do imperador Galieno, e que continuaram por

---

[31] Os "mistérios de Elêusis" eram ritos de iniciação ao culto das deusas agrícolas Demeéter e Perséfone, que se celebravam em Elêusis, localidade da Grécia próxima a Atenas. O povo reverenciava em Deméter a terra-mãe e a deusa da agricultura; já os iniciados a tinham como a Luz Celeste, Mãe das Almas e a Inteligência Divina, mãe dos deuses cosmogônicos.

[32] Leon Pol Homo nasceu em Epernay, uma pequena cidade francesa, em 16 de dezembro 1872, e faleceu em Paris em 16 de agosto 1957. Foi um historiador especialista em História Romana. Entre suas diversas publicações, constam: *Ensaio sobre o reinado de Aureliano (270-275)*, Paris, 1904; *O Império Romano: o governo do mundo, defendendo o mundo, a exploração do mundo*, Paris, Payot, 1925; *As instituições políticas romanas da cidade e Estado*, Paris, Livro Renascença, 1927 e *Imperadores romanos e o Cristianismo*, Paris, Payot, 1931.

várias décadas com uma série de estudos de Andrew Afoldi[33]. Em paralelo e posteriormente, outros pesquisadores seguiram aportando avanços na compreensão de seu governo e de sua personalidade. Mais recentemente, na década de 70, Lukas de Blois publicou **A Política do Imperador Galieno**[34], um exaustivo e bem organizado estudo de suas políticas.

Entretanto, quase todos esses estudos, a despeito dos esforços respeitados e bem fundamentados para reabilitar sua figura, buscando justificativas para suas atitudes como indivíduo e governante, guardam reticências e revelam reservas. Lukas de Blois[35], por exemplo, conclui seu trabalho afirmando:

> Galieno concentrou-se demasiadamente nos interesses dos soldados e em ensejar poder aos militares, que mais tarde provou-se excessivo. Ele também alargou o distanciamento entre generais de carreira e aqueles que chegaram a tais postos em razão de pertencerem às classes ricas, aristocráticas e senatoriais, sendo os desta última excluídos, desde então, das forças armadas. Ao lado disso, seu comportamento pessoal era, provavelmente, não desprovido de extravagâncias e excentricidades, e esta pode ser a razão para o indubitavelmente exagerado e retórico relato contido na História Augusta. Um gosto pelo

---

[33] András (Andreas) Ede Alföldi Zsigmond (1895-1981), húngaro, historiador, epigrafista, numismata e arqueólogo. No século XX, foi um dos mais produtivos e inovadores estudiosos do mundo antigo. Teve grande contribuição na extensa História Antiga Cambridge, incluindo o volume 12: *A Crise Imperial e recuperação*. Entre suas diversas publicações, constam *A Conversão de Constantino e da Roma pagã e O festival de Isis sob imperadores cristãos no século quarto*.

[34] BLOIS, Lukas de. **The Policy of the Emperor Gallienus**. Leiden: E. J. Brill, 1976. Trata-se da tradução para o inglês de uma tese de doutorado apresentada na Universidade Livre de Amsterdam, em 1974.

[35] Id., Ibid., p. 215, grifo nosso, tradução nossa.

> espetáculo e pela ostentação dificilmente é bem visto em um imperador cujo governo foi tão permeado de calamidades. Assim, não há razões para reabilitar Galieno inteiramente. Sua política foi a de um amador que era, no mínimo, pouco inteligente. Ele foi, consequentemente, hábil para sobreviver por um certo tempo, mas ele não era inspirado por uma visão larga ou por uma convicção fundamentada em princípios políticos e morais.

Porém, em 1997, foi publicada a obra **Gallienus: a study in reformist and sexual politics**[36], um amplo e exaustivo estudo de autoria de John Jefferson Bray[37] , que trouxe à tona a imagem de um imperador que fica pouco a dever aos grandes governantes romanos. Seu trabalho, que demorou em torno de trinta anos para ser concluído, tem 342 páginas de conteúdo, além de 47 de referências bibliográficas. Trata-se da mais completa, minuciosa e bem documentada biografia de Galieno existente até os dias presentes. Teve sua construção baseada em amplo e diversificado conjunto de fontes, dentre as quais 72 fontes primárias, isto é, aquelas que relatam ou tratam diretamente de fatos ocorridos durante ou próximo à época de Galieno, ou que são fontes originais tratando de temas úteis para o entendimento de sua vida.

---

36 BRAY, John J. **Gallienus: a study in reformist and sexual politics**. Kent Town (Austrália): Wakefield Press, 1997.

37 Foi renomado jurista australiano, Chefe de Justiça da Suprema Corte da Austrália do Sul, Doutor em Direito, Chanceler da Universidade de Adelaide, acadêmico respeitado em direito romano, línguas e literatura clássicas. Faleceu aos 82 anos, em 26 de junho de 1995.

A obra examina suas origens familiares, sua vida antes de ser imperador, seu reinado em conjunto com o pai e na condição de único governante, as usurpações que sofreu, as campanhas militares, suas políticas administrativas, seu vínculo com a Grécia, suas relações com o Cristianismo, sua vida na companhia de esposa e filhos, seu pendor artístico e filosófico, sua relação com os povos e invasores bárbaros, seu caráter pessoal e as circunstâncias de sua morte.

O monumental estudo de Bray termina (p. 313-317) com o Imperador Galieno alçado ao seu merecido lugar na História, pois seus feitos mudaram o curso do triste cenário que se esboçava para o futuro da civilização.

Um novo Galieno e seus êxitos relevantes

Conforme já mencionado, o império passava, à época de Galieno, por uma grave crise, o que tornava iminente sua desintegração. Em suma, estava envolvido por pressão de contínuos ataques dos germanos do Norte e dos persas vindos do Oriente; além de contínuas usurpações, motins militares, peste, fome e perseguições.

Entretanto, esse processo foi interrompido por meio de reformas administrativas e militares, empreendidas por Galieno, que consolidaram o critério eficiência para promoções militares e a ocupação de postos de comandos; permitiram a ascensão de generais e imperadores ilírios; mantiveram afastados os godos e germânicos por mais de um século; e contiveram a ameaça persa, na maior parte do tempo, no distante Oriente. Ao lado de tropas eficientes e de comandantes competentes, contribuíram para esse novo tempo as formas ousadas de organização, as táticas militares e as ações em prol do bem-estar dos soldados, para garantir lealdade e diminuir tentativas de usurpações e motins, particularmente, do corpo de cavalaria e do exército central de campo. Dessa forma, a sociedade não entrou em colapso e o império sobreviveu ainda no quarto e quinto séculos, embora em outras bases[38].

Essas iniciativas impediram que o Império Romano se convertesse em uma série de reinados bárbaros, que abrangeriam toda a população desde o Atlântico até a Ásia Menor, uma vez que os persas dificilmente perderiam a oportunidade de reviver o grande império de Dário e, provavelmente, envolveriam a Síria, o Egito e a Palestina. Isso, de certa forma, favoreceu a sobrevivência do Cristianismo, pois do contrário, pressionado pela selvageria de godos e germânicos de um lado, e pelo fanatismo do zoroastrismo do outro, talvez tivesse desaparecido do Oriente, onde tinha pouca firmeza à época, e a história toda do mundo seria inimaginavelmente diferente e, decerto, com prejuízo do processo civilizatório.

Nesse contexto, tendo feito cessar as perseguições aos cristãos em seu governo, Galieno lhes assegurou condições para florescerem e se multiplicarem sob uma estrutura

---

[38] O império passou a ser cristão; os imperadores passaram a ser balcânicos; a cavalaria passou a ser a arma predominante; a administração passou a ser militarizada e com predominância de bárbaros; a velha classe senatorial foi reduzida em influência e periculosidade; os germânicos foram incorporados às forças armadas e à administração do Estado; a capital foi movida de Roma para Nicomédia, Milão, Constantinopla ou Ravena; o imperador passou a adotar o protótipo esplendoroso dos reis orientais etc.

administrativa e patrimonial que, a despeito das esporádicas e limitadas repressões remanescentes, possibilitou-lhes resistir às grandes perseguições que viriam, quarenta anos depois, com Diocleciano e Galério, de 303 a 311.

Todo esse legado seria suficiente para garantir a Galieno um lugar de honra na História e a gratidão da posteridade no Ocidente. Entretanto, como mencionado anteriormente, os privilégios que fez cessar, as mudanças que instituiu e seu caráter autônomo perante as conveniências e circunstâncias do poder renderam-lhe o ódio da classe senatorial e, posteriormente, a ingratidão dos cristãos. Com isso, sua memória foi estigmatizada por mais de 1.700 anos.

Os pesquisadores contemporâneos envolvidos em pesquisas sobre Galieno registram, sobre ele, um enigma. Tratando-se de administrador, estrategista, comandante militar de muitas vitórias, intelectual, aristocrata da melhor cepa romana, impregnado de cultura grega, estudioso de filósofos e cultor de artes, parece ser paradoxal que ele pouco tenha se importado com as opiniões e os sentimentos da classe da qual provinha, e tenha preferido: valorizar formas estranhas de culto e crença, como o Cristianismo; valorizar e promover, em detrimento de romanos nobres, rudes militares e funcionários civis semisselvagens, como os originários dos Bálcãs; e nobilitar chefes bárbaros, fazendo arranjos políticos que pareciam minimizar a grandeza do poder e dos símbolos romanos, como os acordos com Attala, Odenato e outros. Esses pesquisadores pensam que ele fez tudo isso sacrificando, com sofrimento, valores pessoais e sociais caros e tradicionais, em nome das necessidades do império, e especulam se valia à pena alijar valores essenciais daquela sociedade com o propósito de preservar sua existência. Mas, a verdade é que ele o fez, e as razões dessa atitude são seus segredos.

Nesse sentido, consciente ou inconscientemente, Galieno teria sido capaz de conduzir o império sem perdas relevantes e lhe atribuir rumos novos com fronteiras restauradas, unidade reconstruída e classe governante distante da velha aristocracia senatorial.

Bray registra[39] conclusões de Zonaras dizendo que Galieno foi "destemido e grande de alma, disposto a mostrar bondade para qualquer um e nunca alguém lhe pediu um favor em vão. Nem ele puniu seus inimigos ou os seguidores daqueles que se levantaram contra ele". E complementa que, para um homem, dificilmente poderia existir um melhor epitáfio, mas para um governante daquela época, poder-se-ia indagar se tais qualidades eram úteis ou suficientes.

A obra "Galieno" e a História

Não sendo um compêndio de História, é natural que a obra "Galieno" contenha relatos que nem sempre se encontrem revestidos de detalhes ou contextualizações abundantes de evidências. Entretanto, sem sombra de dúvidas, está permeada de fatos que corroboram sua credibilidade histórica, os quais aparecem em cenas curtas e em pormenores despretensiosos, como se fossem pingentes propositadamente incrustados para legitimar, historicamente, o fato narrado.

---

[39] BRAY, John J. **Gallienus: a study in reformist and sexual politics**. Kent Town (Austrália): Wakefield Press, 1997, p. 317, tradução própria.

Tais fatos encontram registros, convergentes ou similares, nas fontes clássicas ou nas que modernamente buscam reabilitar a memória deste imperador. Relaciona-se alguns, sem o propósito de auditá-los, mas tão somente de contribuir para que o conteúdo da obra receba a reflexão necessária e sem precipitações:

- O período da chamada "anarquia militar" que o Império Romano experimentou em meados do terceiro século coaduna-se com as dificuldades que os historiadores têm de situar fatos e governos, durante este período.

- As circunstâncias que envolveram Cipriano, o Bispo de Cartago, como sua formação de advogado, sua cultura e seu poder oratório, sua vida antes da conversão cristã e os dramáticos momentos ligados ao seu martírio, inclusive com a transcrição do interrogatório que o condenou, encontram registro nas famosas atas dos martírios.

- As origens familiares de Galieno, tanto paternas quanto maternas, têm raízes na nobreza ancestral romana.

- Os registros da trajetória, da importância, dos papéis e dos postos de relevo que teve Valeriano, pai de Galieno, inclusive a condição de *princeps senatus*.

- A descrição de costumes e do convívio social patrício, como a festa na casa dos Severo, uma família com longa participação no poder, e que, à época, embora em declínio, ainda tinha relevo.

- A inclusão, nos relatos, de um irmão de Galieno e de seu último filho, embora pouco conhecidos, possuem atualmente identificação histórica.

- Os principais usurpadores da época de Galieno e o destaque dado a Póstumo Galo, sobre quem a maioria dos detalhes político-militares relatados na obra são verossímeis, à luz dos estudos atuais.

- Os éditos das cruéis perseguições ocorridas na época e os papéis díspares de Valeriano e de Galieno estão sendo modernamente esclarecidos.

- O trágico fim de Valeriano nas mãos de Sapor I é, atualmente, ocorrência bem conhecida, inclusive em relação ao papel de vários personagens da obra, como Macrino, e sua condição de traidor e depois de usurpador frustrado.

- Os fatos envolvendo Salonino, filho de Galieno, como governante da Germânia, inclusive sua crueldade para com os cristãos, possivelmente fruto da influência de seu avô e de seu tutor no governo, Silvano, propositadamente indicado por Valeriano.

- O grande amor de Galieno por sua esposa Salonina, com registro, inclusive, na tradição hostil à sua memória e em moedas com os bustos de ambos, em que aparecem Salonina e ele de mãos dadas e a legenda Concórdia Augusta.

- O papel do filósofo Plotino e a relação com Galieno e esposa, inclusive a tentativa de fundar uma comunidade pacifista, apoiada pelo imperador, a qual contribuiu para levantar desconfiança entre os chefes militares.

- E, por último, vários fatos envolvendo sua morte, como o papel de Cláudio, seu sucessor, a proteção que este se comprometeu a dar à família e aos amigos de Galieno, e a presença de Salonina junto ao imperador.

Noutra esteira, alguns fatos cruciais na narrativa da obra "Galieno" ainda não podem ser encontrados diretamente nos registros dos historiadores. Entretanto, com base neste resumo da história do imperador, procurar-se-á agregar a esses relatos algum suporte que torne plausíveis suas ocorrências. São eles:

- A origem gaulesa de Galieno não possui registros positivos, pois ele é considerado um romano-etrusco ou romano-picênio-etrusco. Porém, a terminação *-ienus* de seu nome em latim pode ser tida como derivada de "*Gallus*", um cognome bem conhecido e, originalmente, talvez denotasse procedência gaulesa.

- A condição de cônsul aos 20 anos parece não se coadunar com as regras do *cursus honorum*, que demandavam idades mínimas para passar de uma posição a outra. Porém, à época, essas regras já se encontravam bastante fragilizadas. Ademais, na prática valia mesmo a vontade do imperador. Como à época de sua chegada a essa posição, seu pai já exercia grande influência junto ao Senado e ao imperador, é plenamente provável que tal condição lhe tenha sido providenciada sob essas circunstâncias.

- O exercício da função de governante da Gália antes de sua elevação à condição de imperador não tem registro histórico, porém, logo após tal fato, ele é situado no comando de importantes batalhas, desempenhando com desenvoltura a gestão do império em uma época de grandes calamidades. A própria decisão de seu pai de legar-lhe a administração da parte ocidental do império inclui-se entre as circunstâncias sugestivas de que ele já possuía experiência como governante de grandes províncias imperiais, isto é, aquelas que ficavam nas fronteiras, onde normalmente os confrontos e dificuldades para governar eram maiores, como no caso da Gália.

- O convívio com o cristão Domênico Lúcio e os estudos que fez em sua companhia sobre os ensinos de Jesus e outros textos cristãos podem ter influenciado suas atitudes de comiseração e generosidade em relação aos cristãos, reconhecidas pelos cristãos contemporâneos.

- As circunstâncias e a época em que se iniciaram as cruéis perseguições aos cristãos ordenadas por Valeriano são apresentadas na obra de forma não totalmente convergente com a História, embora em contexto plenamente plausível. A História registra uma calmaria após a ascensão de Valeriano – fatos registrados, inclusive, na História Eclesiástica de Eusébio – e localiza os éditos que deflagraram as perseguições a partir de 257, portanto somente quatro anos após à sua elevação. Já a obra "Galieno" situa o início dessas cruéis perseguições logo após a elevação de Valeriano, embora não imediatamente. Especula-se, porém, que tal calmaria não tenha sido tão longa, pois Valeriano se apresentava como restaurador das tradições romanas. É mais provável que essa aparente calmaria tenha ocorrido somente nos primeiros meses de seu governo, quando ele devia estar absorvido com providências suscitadas pela divisão do império.

- As circunstâncias específicas da morte de Salonino narradas na obra não são encontradas na História. Entretanto, o contexto, os personagens e os fatos a ele associados se encontram claramente identificados em diversas fontes, antigas e modernas.

- O modo como se deu a morte de Galieno, pela ingestão de sonífero fatal, ato imitado por sua esposa, não reflete a descrição feita sobre sua morte nas diversas fontes que dela tratam. Porém, as circunstâncias em que ela ocorre, com a ida noturna de Cláudio à sua tenda imperial e a presença de Salonina junto a ele – uma situação inusitada – são apontadas nos registros históricos.

Percepção síntese sobre a obra "Galieno"

A obra "Galieno", à qual este texto está associado, apresenta Galieno com uma dimensão absolutamente nova, porém plenamente verossímil historicamente, sobretudo à luz das informações trazidas à tona pelos reabilitadores da memória deste imperador romano. Nesse sentido, os estudos de Homo, Alfoldi, Blois, Bray e outros podem ser considerados antecedentes indispensáveis à obra "Galieno", pois lhe ampliam a legitimidade histórica.

Particular destaque é feito à obra de John Jefferson Bray. Trata-se de uma monumental pesquisa, cujo registro demonstra seriedade, profundidade e autoridade. É, acima de tudo, expressão de dedicação meticulosa, contínua e de longo curso. A qualidade de suas informações sobre Galieno permite confirmar que o trabalho de reconstrução de sua imagem vem de longe e tem passado por mãos responsáveis, a última das quais, parece ser a de um gigante. Isso tudo representa um grande esforço, aparentemente orientado por fios invisíveis, que é bem merecido por esse benfeitor da Humanidade, esquecido ou espezinhado por quase dois milênios.

A leitura da obra "Galieno" enseja a constatação de que ela dá continuidade ao restabelecimento da verdade sobre a memória desse nobre espírito, traz à tona o importante papel que ele teve na implantação do Cristianismo e recupera os exemplos de sacrifício, renúncia e fidelidade dos cristãos primitivos. Só isso já seria suficiente para realçar sua grandeza e importância. Porém, ao cumprir tais objetivos, o faz com riqueza de detalhes perfeitamente identificáveis nos registros dos homens, seja nas obras antigas ou nos estudos modernos.

Se, como se supõe, seu autor é o próprio imperador Galieno – agora sob o nome de Joel – tal obra não teria vindo a lume para requerer aplausos depois de 1.700 anos de hostilidades à sua memória, mas talvez para mostrar a robustez e a segurança de seus relatos, com vistas a ser recebido, sem reservas excessivas, para novos compromissos em prol do progresso humano. Desta feita, entretanto, não mais a partir de Roma, e sim da Amazônia; não mais sob a inspiração de Plotino, e sim de Kardec; e não mais em honra das deusas de Elêusis, e sim para a glória do Cristo.

Tais perspectivas bem poderiam representar, por fim, a reverberação das palavras de Domênico Lúcio nos últimos parágrafos, ao receber Galieno de retorno ao mundo espiritual e que inspiraram o novo título da obra:

> Teu nome, diferentemente da honra obscura que a História te dedicará pela vida como Galieno, será lembrado para sempre como o imperador que se dobrou ao Cristo de Deus e estabeleceu um novo tempo para o mundo. Por isso, vem ao encontro do trabalho de preparação para este novo futuro, que demandará anos de necessário estudo e recolhimento.

Na editoração desta obra, foi utilizado como
fonte padrão Arrus BT, tamanho 13,
capa em papel Ningbo C2S 250 g/m^2,
miolo em papel Norbrite Bulk 66 g/m^2,
sistema de impressão em off-set.